Ephraim Kishon:
Der Fuchs im Hühnerstall
Ein satirischer Roman
Deutsch von Emi Ehm

Deutscher
Taschenbuch
Verlag

dtv

Von Ephraim Kishon
sind im Deutschen Taschenbuch Verlag erschienen:
Drehn Sie sich um, Frau Lot! (192)
Der seekranke Walfisch oder
Ein Israeli auf Reisen (490)
Wie unfair, David! (708)
Pardon, wir haben gewonnen (773)
Nicht so laut vor Jericho (989)
Der Blaumilchkanal (993)
Salomos Urteil – zweite Instanz (1038)
Kein Applaus für Podmanitzki (1121)

Ungekürzte Ausgabe
1. Auflage April 1972
11. Auflage April 1977: 471. bis 500. Tausend
Deutscher Taschenbuch Verlag GmbH & Co. KG,
München

Umschlaggestaltung: Celestino Piatti
Gesamtherstellung: C. H. Beck'sche Buchdruckerei,
Nördlingen
Printed in Germany · ISBN 3-423-00813-X

Inhalt

Amitz Dulnikker zugeeignet.
Trotz allem.
E. K.

Aus Gesundheitsgründen

»... Ich komme nun zum Ende meiner Ausführungen, da meine Zeit abgelaufen ist, aber bevor ich zusammenfasse, möchte ich noch einige allgemeine Bemerkungen zum Thema selbst machen.« Hier hob Amitz Dulnikker die Stimme und hieb mit der Faust auf den Tisch, daß die Gläser hüpften. »Unser Kampf um die politische Unabhängigkeit geht weiter! Unser Kampf um die nationale Disziplin geht weiter! Unser Kampf zur Stärkung unserer Sicherheit, zur Stärkung unserer Kraft, zur Stärkung unserer Macht, zur Stärkung unserer Stärke...«

An diesem Punkt, der eigentlich erst der Beginn seiner Rede war, erlitt Amitz Dulnikker den ersten Herzanfall. Der kleine dynamische Staatsmann, schlampig wie gewöhnlich, hatte seine Zuhörer mit seinen gewohnten rhetorischen Fähigkeiten über zwei volle Stunden lang fasziniert. Plötzlich durchlief ihn ein Schauer, er beugte sich vor und griff sich an die Brust. Sein Gesicht lief rot an, und die Stirnadern quollen vor wie Würmer nach dem Regen. Das Publikum hielt das plötzliche Schweigen des Redners für eine Kunstpause zur Erhöhung der Spannung und merkte daher nicht, was passiert war. Als jedoch Dulnikker vornüber auf den Tisch zusammensackte, durchlief das Auditorium eine zitternde Bewegung. Aus den ersten Reihen ertönte der Ruf: »Ein Arzt! Ein Arzt!«, und einige Leute starteten zur Rednertribüne. Als erster war ein schlaksiger junger Mann zur Stelle, der aus den Kulissen zu Dulnikker hinstürzte und ihn in einen Nebenraum schleifte. Er setzte den Staatsmann hin, lokkerte den Kragen und riß die Fenster auf. »Ein unerwarteter Anfall«, keuchte der Staatsmann und holte mit zitternden Fingern zwei Pillen aus einer Kapsel. »Genau wie letzte Woche bei der Planungssitzung...«

Sein Privatsekretär schaute ihn durch seine randlose Brille mit schlecht verhehlter Ungeduld an.

»Bitt' Sie, Dulnikker, rühren Sie sich nicht, und hören Sie zu reden auf«, sagte er. »Ich hol' sofort den Chauffeur.«

»Nein, Zev, nur ja nicht«, stöhnte Dulnikker und versuchte aufzustehen. »Ich muß in den Vortragssaal zurück.«

»Ich fleh Sie an, Dulnikker, seien Sie jetzt nicht dickköpfig!« zischte der Sekretär und drückte den Staatsmann sanft auf den Stuhl zurück. Als er das Zimmer verließ, sperrte er vorsichtshalber die Türe von außen zu und bahnte sich mit Hilfe seiner besonders spitzen Ellbogen einen Weg durch die Menschenmenge im Gang.

»Bring den Wagen zum Tor«, befahl er dem Chauffeur. »Der Alte hat schon wieder einen Herzanfall gehabt.«

»Verrückt!« versicherte der Chauffeur. »Ich möchte schwören, der fällt demnächst in einer Rede um und ist tot.«

Dulnikker lehnte sich in den gepolsterten Wagensitz zurück und massierte sich genüßlich mit dem Handrücken die Nasenspitze, wie immer, wenn er in Spannung war.

»Bitte, mein Freund«, sagte er mit schwacher Stimme zum Chauffeur, »bring mich schnell heim. Um 8 Uhr 20 kommt meine Rede im Rundfunk.«

Der Chauffeur trat auf das Gaspedal.

»Schön, Dulnikker«, sagte der Sekretär zornig. »Machen Sie, was Sie wollen, Dulnikker.«

Der Staatsmann schien etwas zusammenzuschrumpfen.

»Also gut, vielleicht widme ich den morgigen Tag meiner Erholung«, sagte er. »Aber bevor ich mich endgültig entscheide, möchte ich, daß du mir mein Programm vorliest.«

Der Sekretär zog einen dicken Vormerkkalender aus der gelbledernen Aktentasche neben sich und reichte ihn Dulnikker.

»Also Dienstag«, las der Staatsmann. »Diese Besprechung um 9 Uhr 30 im Büro des Premierministers kann abgesagt werden, da ich den Geheimbericht ohnehin noch nicht lesen konnte, weil ich ihn irgendwo verloren habe. Übrigens, mein Freund, hast du dich schon mit dem Stenogramm meiner Rede in der Sitzung des Hilfskomitees beschäftigen können?«

»Ja. Ich hab' den Schluß ein kleines bißchen gekürzt. Sie haben die Rede geistesabwesend mittendrin wieder von vorn begonnen.«

»Die Eröffnung der Keramikausstellung der Antituberkulose-Liga um 11 Uhr 45 unter meiner Schirmherrschaft«, las Dulnikker. Mit gefurchter Stirn fügte er hinzu: »Was mach' ich dort eigentlich?«

»Das Übliche: Sie begrüßen die Gäste, sagen ein paar Worte über das Keramikhandwerk und verleihen dem Stück, das Ihnen am besten gefällt, den ersten Preis.«

»Schön«, sagte Dulnikker. »Was ist denn eigentlich Keramik?«

»Diese kleinen Tondinger.«

»Ah, ja. Ich habe sogar einige hübsche Stücke daheim, gleich neben den Kristallsachen. Schön, also verständige sie, daß ich verhindert bin, der Eröffnung beizuwohnen, aber ich schicke ihnen eine Grußbotschaft. Ich bitte dich, mein Freund, zuck nicht so! Vor ungefähr zwei Jahren haben wir eine ähnliche Glückwunschnote zur Einweihung des Blumenmuseums geschickt, also brauchst du den Text nur ein bißchen abzuändern. Natürlich wirst du sehr achtgeben müssen, daß alle ›Blumen‹...«

»Ich weiß, Dulnikker«, unterbrach ihn der Sekretär, »redigier' ich so was vielleicht zum erstenmal?«

»Zev, mein Freund, ich sage dir, der Grund, warum man mir zu viele Funktionen aufbürdet, ist einzig der, mich ins Grab zu hetzen. Demnächst wirst du es erleben, daß ich tot umgefallen bin.«

»Herr Dulnikker«, sagte der Chauffeur über die Schulter nach hinten, »dann vergessen Sie bitte nicht, mir dieses Empfehlungsschreiben für eine Wohnung gleich jetzt zu geben.«

»Zev wird es schreiben, und ich unterzeichne es.«

»Entschuldigen Sie schon, Herr Dulnikker, aber es macht einen ganz anderen Eindruck, wenn der ganze Brief in Ihrer Handschrift ist.«

»Das ist ja die Tragödie, meine Herren«, sagte der Staatsmann verbittert. »Immer muß ich alles selber machen!«

Der elegante Wagen hielt am Stadtrand vor einem schäbigen Haus mit abblätterndem Verputz. Dulnikker kletterte langsam, jedoch ohne Hilfe in den zweiten Stock hinauf. Kaum war er in der Wohnung, stellte er zuerst den Rundfunkapparat an, ließ sich dann in einen samtbezogenen Lehnstuhl fallen und bat mit schwacher Stimme um ›Post und Presse‹.

»Was gibt es Neues im Spitalwesen?« ertönte die schmelzende Stimme des Ansagers. »Ein Interview mit Amitz Dulnikker über den Stand unseres Gesundheitswesens.«

Der Staatsmann bedeutete Zev, den Apparat lauter einzustellen, und rieb sich höchst behaglich die Nase. Ja, er erinnerte sich, das war's, worum er damals den Ansager gebeten hatte. Nicht »Amitz Dulnikker, Exmitglied der Knesset« oder »Amitz Dulnikker, ehemaliger Parteisekretär«, sondern schlicht: »Meine Herren, am Mikrofon Amitz Dulnikker.«

Das Telefon läutete:

»Ja«, sagte Dulnikker. »Dulnikker!«

Dabei sah er wieder seine Post durch, ohne Brille, zu seinem großen Stolz: »An Herrn Dulnikker«, murmelte er immer wieder, »A. Dulnikker« ... »Genosse Dulnikker« ... »Amitz Dulnikker« ...

»Herr Dulnikker«, stellte der Ansager seine Frage, »wie steht es heute, nach zwanzigjährigem Bestand unseres Staates, um die staatlichen Spitäler?«

»Die Lage ist äußerst ernst«, erwiderte Dulnikkers Stimme. »Trotz der Schritte, die unsere Regierung unternommen hat, entspricht die Lage den Bedürfnissen einer wachsenden Bevölkerung in keiner Weise...«

Dulnikker verstand nicht genau, um was sich das Interview eigentlich drehte. Schon als es seinerzeit auf Band aufgenommen wurde, hatte er sich nicht besonders in das Thema vertieft. Nach der letzten Koalitionskrise war er irrtümlich zum Stellvertretenden Generaldirektor des Gesundheitsministeriums ernannt worden. Dulnikker hatte das Amt genau eine Woche bekleidet, das jedoch war für die ›Stimme Israels‹ Zeit genug gewesen, ihn zu interviewen.

»Trotzdem hole ich lieber einen Arzt«, bemerkte der Sekretär. »Bin gleich wieder da, Dulnikker.«

»Dulnikker...«, murmelte der schläfrige Staatsmann. »Spitalwesen...«

»Frau Dulnikker«, erklärte Professor Tannenbaum, »nach dem Blutdruck Ihres Mannes zu schließen, kann es jeden Augenblick zu einer Katastrophe kommen.«

»Mir egal«, erwiderte Frau Dulnikker. »Der Idiot hört doch eh nie auf mich.«

Professor Tannenbaum entfernte das Gummiband des Blutdruckmeßgeräts von Dulnikkers Arm und legte es neben die klebrigen Kaffeetassen, die noch vom Morgen her auf dem krümelübersäten Tischtuch standen. Professor Tannenbaum war seit Jahrzehnten der Leibarzt der Parteihierarchie und an die Situation gewöhnt: Die Schöpfer des Staates lebten in erschreckend bescheidenen Verhältnissen. Dulnikkers Wohnung bestand bloß aus zwei kleinen Zimmern, und da Gula Dulnikker aktives Parteimitglied war, hatte sie nie Zeit, gründlich zu fegen. Die abgenutzten Möbel standen, mit Staub und Zigarettenasche bedeckt, in einer Ecke, und an den Wänden hingen zwei Landschaften in Goldrahmen, von der Art, wie sie auf den Straßen verhökert werden. Zwischen ihnen hing ein prachtvolles Original van Goghs, ein Geschenk der jüdischen Gemeinde von Kopenhagen.

Gula Dulnikker, eine dicke, häßliche Person, stand wütend am Bett. Sie war nach einem schweren Arbeitstag, an dem sie apathische Frauenzimmer organisiert hatte, spät heimgekommen und hatte ihren Gatten am Fuß seines Lehnstuhls unter einem Haufen Papier auf dem Boden ausgestreckt vorgefunden. Trotz der Volksmusik aus dem plärrenden Radio stöhnte und schnarchte er vor sich hin, den Telefonhörer noch immer in der verkrampften Hand. Das einzige, das der benommene Dulnikker hörte, als Gula ihn ins Bett verfrachtete, waren ihre äußerst bissigen Bemerkungen. Das Auftauchen Zevs mit Professor Tannenbaum einige Minuten später hatte ihn gerettet.

»Herr Dulnikker«, erklärte Professor Tannenbaum energisch, »ich will offen zu Ihnen sein. Die geringste Aufregung kann eine Katastrophe herbeiführen!«

Dulnikkers Gesicht lief wieder rot an, und die Stirnadern schwollen erschreckend.

»Was«, stöhnte er, »was könnte denn geschehen?«

»Herzinfarkt.«

»Hörst du es, Dulnikker?« sagte Gula. »Hörst du? Wenn du nicht aufpaßt, krepierst du wie ein Hund.«

»Nur eine radikale Änderung der Gewohnheiten des Herrn Dulnikker kann ihn retten. Wenn er weiterhin die Rolle eines wichtigen Politikers spielt...«

»Ich bin kein Politiker. Ich bin Staatsmann!«

»Vom medizinischen Standpunkt aus ist das ein und dasselbe. Mein Herr, Sie müssen sich für lange Zeit aus dem öffentlichen Leben zurückziehen. Sie werden auf alles verzichten müssen, was Sie aufregen könnte. Und dazu gehören auch sämtliche Formen des Vergnügens.«

»Hörst du, Dulnikker?« keifte Frau Dulnikker. »Also keine Reden mehr!«

»Die sind im ersten Monat Ihrer Erholung auf jeden Fall absolut verboten«, versicherte der Parteiarzt. »Nachher, wenn wir Anzeichen einer Besserung sehen, werden wir ihm erlauben, einmal in der Woche einen Vortrag zu halten, aber nicht länger als zwanzig bis fünfundzwanzig Minuten, und vor einem so freundlich wie möglich gesinnten Publikum.«

»Doktor«, kam Dulnikkers heisere Frage, »wie lange muß ich ausfallen?« – »Mindestens drei Monate.«

Da geschah etwas Erschütterndes: Amitz Dulnikker, das Symbol einer Generation der Eroberung und des Aufbaus, brach in Tränen aus.

»Schauen Sie, Dulnikker«, beruhigte ihn Zev, und seine Stimme war voll menschlichen Verständnisses, »wir zwei machen auf zwei Monate eine Reise in die Schweiz und bleiben mit dem Parteihauptquartier in ständiger telefonischer Verbindung.«

»Tut mir leid, aber auch das ist keine Lösung«, lautete die Reaktion des Arztes. »Herr Dulnikker muß alle Brücken hinter sich abbrechen. Er muß sich in irgendeinen einsamen Winkel zurückziehen.«

»Aber meine Herren«, sagte Dulnikker mit ausgebreiteten Händen vorwurfsvoll, »denken Sie doch einen Augenblick an unser Land!«

»Der größte Nutzen für unseren Staat ist Amitz Dulnikkers schnelle Genesung.«

Dieses Argument berührte eine empfängliche Saite in der Seele des erschöpften Staatsmannes. Dulnikker beherrschte sich, setzte sich steil im Bett auf und sagte:

»Genossen, ich bin bereit!«

»Bravo!« rief Professor Tannenbaum und klatschte Beifall. Aber Gula brachte ihn sofort zum Schweigen.

»Hören Sie auf damit, Professor, hören Sie auf! Nichts als Gerede. Dulnikker kann ohne Konferenzen und Presseleute und Radio nicht leben.«

»Nun, Sie sollen wissen, Madame«, brüllte Dulnikker, »daß ich inkognito in ein so winziges Dorf reisen werde, daß dort überhaupt keiner weiß, wer ich bin! Falls es einen so rückständigen Ort in unserem Land überhaupt gibt«, fügte er hinzu.

»Gibt's keinen«, meinte der Sekretär. »Daher ist es besser, wir fahren auf zwei Monate in die Schweiz.«

»Geht nicht. Aus Prinzip nicht«, versicherte ihm Dulnikker. »Ich habe den Schwur getan, daß ich das Heilige Land niemals verlassen werde. Außer in einer Mission.«

»Das ließe sich richten«, murmelte der Sekretär sehr enttäuscht.

Es läutete an der Tür, und Frau Dulnikker meldete: »Der Schultheiß von der Tnuva-Kooperative! Um die Zeit! Elf Uhr nachts! ...«

Dulnikkers Arbeitszimmer paßte gut zu der übrigen Wohnung: Ein breiter, schwerer Schreibtisch in Barock nahm die Mitte des Zimmers ein, beladen mit Wochenzeitschriften, Broschüren, Jahrbüchern, Flugblättern und Parteiliteratur. Eine Büste Dulnikkers, das Werk eines italienischen zionistischen Bildhauers der frühen dreißiger Jahre, beherrschte die eine Ecke des Zimmers. Über dem Schreibtisch hing ein achtflammiger Stillüster, dessen einzige Glühbirne den Raum nur trüb erhellte.

»Guten Abend, Schultheiß, setz dich«, begrüßte der Staatsmann im verdrückten Pyjama seinen Besucher. »Kommt zur Sache, Genossen. Worum geht's?«

Das war wieder der alte, zähe Dulnikker, ›das alte Pulverfaß‹, wie ihn seine engsten Freunde jahrelang genannt hatten. Selbst der Leiter der Tnuva, der riesigen Marktgenossenschaft mit Zweigstellen im ganzen Land, neigte respektvoll den Kopf, bevor er 300000 Pfund aus dem Entwicklungsanleihefonds verlangte.

»Schön«, erwiderte Dulnikker. »Du hast Glück, Schultheiß, daß du nicht einen Tag später gekommen bist. Zev! Setz dich mit der Kreditkommission in Verbindung. Ich bin dafür.«

»Danke, Dulnikker«, sagte der Manager mit einem breiten Grinsen. »Ich weiß wirklich nicht, wie ich dir für deine Hilfe danken soll.«

Nachdenklich saß Dulnikker hinter seinem Barockschreibtisch. »Ich nehme an, Schultheiß, daß du mit den entferntesten Landgemeinden in Fühlung bist.«

Zev begann sich zu räuspern, drang jedoch damit nicht bis zu Dulnikker durch, der sich plötzlich erstaunlich verjüngte.

»Schultheiß, nenne mir das fernste und einsamste Dorf.«

Schultheiß warf dem Staatsmann einen erstaunten Blick zu und brauchte eine Weile, bis er antwortete:

»Im obersten Ostgaliläa, praktisch an der libanesischen Grenze, liegt ein winziges Dorf, von dem noch kaum ein Mensch gehört hat. Der einzige Grund, warum ich mich an den Flecken erinnere, ist der, weil er das ganze Land mit Karawija-Samen versorgt.«

»Karawija?« erkundigte sich der junge Sekretär grollend. »Was ist denn das?«

»In der alten Heimat war es als Kimmel oder Kümmel bekannt«, sagte Dulnikker in Entfaltung seiner berühmten weitreichenden Sprachkenntnisse. Der Manager nickte achtungsvoll zustimmend und erklärte dem Sekretär, daß die Karawijastaude wenig Bewässerung brauche und daher dem dürren, felsigen Bergboden entspreche.

»Zev«, wandte sich Dulnikker mit einem verschmitzten Lächeln an seinen Sekretär, »was sagst du dazu?«

»Ich sage, Dulnikker, daß die Regenperiode bevorsteht.«

»Nu wennschon? Ich nehme den Regenschirm mit.«

»Verzeihung«, stammelte Schultheiß, und sein verblüffter Blick schoß vom Staatsmann zum Sekretär und wieder zurück. »Was hast du vor, Dulnikker? Dort ist nichts Besonderes los. Im Gegenteil, es ist ein völlig abgelegenes Dorf, ein wahres Drecknest. Ich verstehe wirklich nicht ...«

»Wie heißt der Ort?«

Schultheiß starrte Dulnikker an.

»Kimmelquell«, flüsterte er.

Irgendwo auf dem Land

Unermüdlich fraß sich der große Tnuva-Lastwagen über die gewundenen Landstraßen von Obergaliläa vor, Dulnikker und Zev hatten jedoch die Fahrt schon satt. Chef und Sekretär saßen eng aneinandergequetscht in der Fahrerkabine und streckten ihre starren Glieder von Zeit zu Zeit so gut wie möglich, aber sie erstarrten ja doch wieder.

Als die Berge erreicht waren, wurde die Landschaft etwas eintönig, und die Mittagssonne machte die Fahrerkabine unerträglich heiß.

»Wie lange dauert es noch bis Kimmelquell, mein Freund?« fragte Dulnikker.

»Mindestens noch zwei Stunden«, erwiderte der Fahrer mit verschlossener Miene. »Nach der Kreuzung biegen wir auf eine ungepflasterte Straße ab.«

»Warum pflastert man keine Straße zu dem Dorf?« erkundigte sich der Sekretär. Der Fahrer erklärte, das Pflastern stünde kaum dafür, weil er der einzige Mensch sei, der je in das Dorf fuhr.

»Hören Sie, Dulnikker?« sagte Zev. »Ich habe Ihnen ja gesagt, wir hätten Ihren Wagen nehmen sollen.«

»Gott behüte«, meinte Dulnikker, »wie hätte ich mein Inkognito wahren können, wenn ich in einem Parteiwagen daherkomme? Ich hoffe«, wandte er sich an den Fahrer, »daß auch Sie, mein Freund, absolut verschwiegen sind!«

Der Ausdruck des Fahrers wurde etwas feierlich, und er nickte zustimmend. Der Staatsmann entnahm der gelben Aktenmappe einige Zeitungsausschnitte und sah sie flüchtig durch:

Amitz Dulnikker auf Urlaub

Amitz Dulnikker reiste zu einem längeren Genesungsurlaub irgendwo auf dem Land ab. Unser Berichterstatter sprach im Heim Herrn Dulnikkers vor, aber Frau Gula Dulnikker lehnte es ab, den Aufenthaltsort Herrn Dulnikkers bekanntzugeben, und behauptete, sie habe selbst keine Ahnung, wo er eigentlich stecke. Gewisse Quellen verbinden das plötzliche Verschwinden Amitz Dulnikkers mit weitverbreiteten Gerüchten über gewisse internationale Verhandlungen.

Der Staatsmann freute sich über den Unsinn, den er in den Zeitungen las. Also wußte wirklich niemand, wo er war. Das war genau jene Sorte Rätselhaftigkeit, die das öffentliche Interesse zu wecken pflegt.

»Mein Freund«, fragte Dulnikker den Fahrer, »wann erreichen die Morgenblätter das Dorf?«

»Tun sie nicht.«

»Nein? Ja, wie halten sich denn dann die Dorfbewohner über die Weltereignisse auf dem laufenden?«

»Halten sich nicht.«

Schweigen senkte sich über die Reisenden. Der Sekretär starrte den Staatsmann in stummer Anklage an.

»Wunderbar«, bemerkte Dulnikker schwach. »Das wird eine völlig gesunde Ruhepause; keine Presse, kein Lärm ...«

»Und kein Strom«, fügte der Sekretär hinzu, worauf beide in Schweigen versanken.

»Das Dorf wird Ihnen gefallen«, tröstete sie der Fahrer. »Sie werden dort anständige, friedliche Juden treffen, die ihr eigenes Leben leben und sich um diese verrückte Welt überhaupt nicht scheren. Weiß Gott, die haben recht! Wer braucht schon den ganzen Wirbel. Ich versorge sie mit allem, was sie brauchen, von Kerosin bis zu Modewaren – wofür sie mit Karawija bezahlen. Sie verlassen ihr Dorf nie. Ihre Ahnen waren arme Holzfäller in den Urwäldern von Rosinesco in Nordungarn, und als die Katastrophe zuschlug, bezahlten sie mit allem, was sie besaßen, einen Agenten, der sie nach Amerika bringen sollte; aber der Agent war aktiver Zionist und brachte sie nach Palästina. Man behauptet, sie hätten jahrelang geglaubt, sie seien in Amerika. Wenn man es sich überlegt, ist es in einem so abgelegenen Dorf wirklich egal, was einer glaubt.«

Der Fahrer brach in überschäumendes, ohrenbetäubendes Gelächter aus, das Dulnikker sehr bald auf die Nerven ging. Er zog eine Straßenkarte aus der geräumigen Aktenmappe, breitete sie auf den Knien aus und begann auf ihr begierig ihren Bestimmungsort zu suchen.

»Meine Herren«, erklärte er nach einer Weile leicht verblüfft, »ich kann hier kein Kimmelquell finden.«

»Vielleicht hat man es für die Landkarte noch nicht entdeckt«, bemerkte der Fahrer, »weil das Dorf völlig in den Bergen versteckt liegt.«

»Wie die weißen Flecken auf der Landkarte von Zentralafrika«, sagte der Sekretär und nickte. In diesem Augenblick machte der Lastwagen eine plötzliche Kurve und bog mitten auf die Mauer von Felsblöcken längs der Straßenseite ein.

»Was ist los?« kreischte Zev verwirrt. »Ich kann nichts sehen!«

»Ruhe«, sagte der Fahrer und schaltete die Scheinwerfer ein. Der große Lastwagen kroch im Schneckentempo durch einen finsteren Tunnel über einen mit urzeitlichen Felserhebungen versetzten Boden. Von Zeit zu Zeit schaukelte das Fahrerhaus wie ein Ruderboot auf hoher See, so daß die Passagiere mehr als einmal mit den Köpfen heftig zusammenstießen. Dennoch wagten sie kein Wort zu äußern, solange sie nicht das am Tunnelende winkende Tageslicht erreicht hatten.

»Na?« fragte der Fahrer mit triumphierender Miene. »Verstehen Sie jetzt, meine Herren?«

»Erholung!« knurrte Zev und klopfte sich den Staub von der Hose. »Erholung!«

»Jedenfalls ist die Landschaft herrlich«, sagte Dulnikker entschuldigend. »Zu schade, daß ich meine Kamera nicht mitgenommen habe.«

Die Landschaft war wirklich faszinierend. Die schmale Landstraße wand sich spiralförmig sanft aufwärts über Schichten von glattem Fels, der da und dort mit vereinzelten Gruppen von Pinien gesprenkelt war. Die Luft war plötzlich frisch und scharf geworden, und von Norden her wehte stetig ein starker Wind.

»Das ist der berühmte Flußberg.« Der Fahrer wies auf einen kahlen, schwarzen Berg, der streng und stolz die Landschaft überragte. »In der Regenperiode stürzt das Wasser herunter wie die Sintflut. Wenn es nicht die großen Erddämme gäbe, hätte der Wildbach das ganze Dorf bestimmt schon weggeschwemmt.«

»Herrlich, nicht, Zev?« Dulnikker war hingerissen. »Von Zeit zu Zeit muß der Mensch an den Busen der Natur zurückkehren.«

»Verzeihung«, flüsterte der Sekretär, »ich muß aussteigen ... schnell ...«

Das Fahrzeug hielt, der seekranke junge Mann taumelte hinaus und an den Straßenrand. Auch Dulnikker stieg aus und streckte sich genüßlich.

»Mein Freund«, wandte er sich an den Fahrer und wies auf den leidenden Zev, »das erinnert mich an die Geschichte von dem Schächter, der zu Rosh Hashanah nicht Schofar blasen durfte. Der arme Kerl ging zum Rebbe und weinte. ›Rebbe, Rebbe‹, jammerte er, ›warum läßt man mich am Rosh Hashanah nicht blasen?‹ Und was erwiderte der Rebbe, meine Herren? Der Rebbe sagte: ›Ich habe gehört – ä-hm –, daß du nicht in die reinigenden Gewässer der Mikve untergetaucht bist.‹ Der Schächter begann sich zu entschuldigen. ›Rebbe, das Wasser war kalt, oj, war das kalt, Rebbe!‹ Und der Rebbe erwiderte: ›Oif Kalts blust men nischt!‹ Auf Kaltes bläst man nicht! Ha, ha, ha!«

Dulnikker brach in ein so dröhnendes Gelächter aus, daß seine Augen ganz schmal wurden und in den umgebenden Falten verschwanden. Der Fahrer lächelte gezwungen, er verstand kein Wort. Inzwischen hatte der Sekretär verrichtet, was zu verrichten war, und kam schwankend zu ihnen zurück.

»Mein Freund«, begrüßte ihn Dulnikker, »wenn du so schwach bist, wird es dir sicher nicht schaden, eine Weile auszuruhen.«

Der Sekretär schwieg, und der Lastwagen fuhr weiter. Die Landschaft wurde zivilisierter.

»Das sind die Karawijafelder«, erklärte der Fahrer und wies auf die niedrigen, saftigen Büsche, von denen sämtliche winzigen Parzellen überquollen.

»Jetzt aber Vorsicht, meine Herren, die Straße wird sehr steil.«

Der Lastwagen überquerte den Bergrücken und fuhr unter ohrenzerreißendem Kreischen der Bremsen hinunter. Tief im Tal konnten die Männer zwei Reihen kleiner Häuser aus roh behauenem Gestein sehen.

»Hier also«, behauptete Dulnikker, »beginnt das Dorf.«

»Nein«, antwortete der Fahrer. »Das ist das ganze Dorf.«

Plötzlich hörte das schrille Pfeifen des starken Windes auf, denn die Berge hielten alle Winde ab. Kurz darauf hörten die Passagiere Hundegebell, und dann tauchten einige einzelne Bauern auf, die gemessenen Schrittes heimwärts gingen. Sie waren fest gebaut, bedächtig in ihren Bewegungen, und von der Sonne tief gebräunt. Ihr Anzug – schwarze Hose, weißes, am Hals zugeknöpftes Hemd und Schaftstiefel – erinnerte an die ukrainische Bauerntracht. Die Frauen trugen weite Röcke, die fast bis zum Boden reichten und im Rhythmus ihrer Schritte schwangen. Die Dörfler begrüßten den Tnuva-Lastwagen mit einem Nikken, ohne in ihrem friedlichen Tempo innezuhalten.

Dulnikker zupfte am Schirm seiner Mütze, zog sie tief in die Stirn und setzte auch eine schwarze Sonnenbrille auf. Sein Sekretär spähte mit einer Ängstlichkeit, die an Panik grenzte, aus dem Fenster.

»Hören Sie, Mister«, wandte er sich an den Fahrer, »wann kommen Sie das nächste Mal her?«

»Je nachdem. Gewöhnlich komme ich einmal in zwei Monaten, aber manchmal – wenn sie die Taube früher schicken . . .«

»Was für eine Taube?«

Der Fahrer langte unter seinen Sitz und zog einen kleinen Käfig hervor, der zwei weiße, schläfrige Tauben enthielt.

»Sie fliegen geradewegs zur Tnuva-Zentrale«, erklärte er, »und das ist für mich das Zeichen, zu kommen. Eine andere Möglichkeit, in Kontakt zu treten, gibt es nicht.«

»Wie lange dauert es zu Fuß?«

»Mindestens eine Woche bis zur nächsten Siedlung.«

Der Lastwagen blieb vor einem niedrigen, schachtelförmigen Gebäude stehen, das mehrere hundert Schritte vor den Dorfhäusern stand. Aus den Tiefen dieses Lagerhauses tauchte ein Mann auf, der den Fahrer mit einem Nicken begrüßte, die beiden Vögel entgegennahm und sie in einen Taubenschlag steckte. Beide Männer – der Fahrer und der stimmlose Dörfler – begannen dann den Lastwagen abzuladen, während Dulnikker und seine rechte Hand den beiden Männern bei ihren Rundreisen mit Kisten und Paketen zusahen. Nach einer Weile verlor jedoch der Staatsmann die Geduld und rief dem Fahrer zu:

»Mein Freund, wo ist hier der Gasthof?«

»Gasthof? Hier war noch nie ein Gast.«

»Wo also können wir denn wohnen?«

»Keine Ahnung. Manager Schultheiß sagte mir, ich solle Sie herbringen, und das ist alles. Aber es wäre besser, meine Herren, Sie gehen los, weil es nach der Uhr schon zwei ist.«

Der Fahrer wies auf eine schief an die Straßenseite gestellte Steintafel, in deren Mitte ein Stab gesteckt war.

»Was soll das sein?« erkundigte sich Dulnikker beunruhigt.

»Die Sonnenuhr des Dorfes.«

Plötzlich fragte Zev: »Wann fahren wir zurück?« Eben in diesem Augenblick kam ein primitiver Bauernkarren vorbei, mit einer ältlichen Kuh bespannt und mit einer Menge grüner Stengel beladen. Der Fahrer hielt den Karren an.

»Diese Herren möchten ein paar angenehme Tage im Dorf verbringen«, sagte er zu dem Mann, der auf den Stengeln thronte und eine lange Pfeife rauchte. »Könntest du sie irgendwohin fahren?«

Einen Augenblick war der Kärrner unangenehm überrascht, dann nickte er zustimmend.

»Sind die hier alle so gesprächig?« fragte Dulnikker, während der Fahrer ihre Koffer auf den Karren lud.

»Nein«, erwiderte der, »es gibt einige, die noch weniger reden. Aber Sie haben Glück, meine Herren, weil das der einzige Karren im Dorf ist. Setzen Sie sich auf diese Karawijastengel. Sie sind Kuhfutter.« Der Karren bewegte sich über die Haupt- und einzige Dorfstraße und blieb auf halbem Weg vor einem kleinen weißen, zweistöckigen Haus stehen. Der Mann deutete mit der Pfeife auf das Haus, und die beiden Fremden glitten von den Stengeln hinunter.

»Wieviel schulden wir Ihnen, mein Herr?« fragte der Sekretär.

Der Kärrner zog eine Augenbraue hoch: »Mir schulden? Ich kenne Sie nicht.«

Weg war er. Dulnikker trat verwirrt auf dem tiefen Sand herum. Ein Gefühl, das er fast nie gekannt hatte – Vereinsamung –, überfiel ihn. Er schlug den Mantelkragen hoch und zog die Mütze noch tiefer in die Stirn.

»Zev«, sagte er zu seinem Sekretär, »geh hinein, mein Freund, und verlange zwei Einzelzimmer.«

Zev ging achselzuckend auf die Tür zu.

»Ich bitte dich noch einmal, mein Inkognito zu wahren«, rief ihm Dulnikker nach. »Du darfst auf keinen Fall meinen Namen verraten! Verstanden?«

»Verstanden, Dulnikker«, sagte Zev und betrat das Wirtshaus. Er befand sich in einer sehr langen Halle, deren Decke von dicken Holzbalken getragen wurde. Der Raum enthielt einige leichte Stühle, rohe Holzbänke und Katzen, die zwischen den Tischbeinen aus Ästen herumstrichen. Aus der Küche nebenan wehte dichter, mit Ruß gemischter Dampf, der sich in dieser Halle zu einem wohlduftenden Nebel verdichtete. Ein beleibter Mann stand in der Küchentür und sah Zev aus zusammengekniffenen Augen an.

»Hallo«, sagte Zev. »Ich bin der Sekretär von Amitz Dulnikker. Wir sind soeben angekommen, und Amitz Dulnikker wartet draußen. Wir hätten gern zwei Zimmer, eines für mich und eines für Amitz Dulnikker.«

Der Wirt blinzelte verdutzt und sagte nichts. Der Sekretär

war es seit langem gewöhnt, daß die Leute verwirrt wurden, wenn man sie davon unterrichtete, daß der große Mann persönlich erschienen war.

»Wir, Amitz Dulnikker und ich, bleiben ziemlich lange in eurem Dorf«, fügte er herrisch hinzu. »Bitte stellen Sie keine Fragen und nehmen Sie die Dinge hin, wie sie sind.«

»Malka«, schrie der Mann, »komm her, Liebe! Ich verstehe kein Wort.«

Aus der Küche trat eine mollige Frau, die sich die Hände an der Schürze abtrocknete. Zwei Fratzen mit dicken Köpfen, eineiige Zwillinge, die sich an den Rock der Mutter klammerten, folgten ihr auf dem Fuß. Auch sie betrachteten offenen Mundes den Sekretär von allen Seiten.

»Was gibt's da schon zu verstehen?« fragte Zev ärgerlich. »Amitz Dulnikker will sich in Ihrem Dorf ausruhen.«

»Ausruhen?« fragte der Wirt verblüfft. »Wenn man sich ausruhen will, geht man ins Bett, aber nicht nach Kimmelquell.«

»Das geht Sie nichts an. Ich brauche ein Zimmer sowie ein zweites für Amitz Dulnikker.«

»Der Teufel soll ihn holen!« explodierte der Schankwirt. »Wer ist das?«

»Meine Herren!« Der Sekretär wand sich. »Herr Dulnikker ist stellvertretender Generaldirektor des Ministeriums für Entwicklung ...«

»Was für ein Direktor?«

»Stellvertretender General ... direktor ...«

»So einen Direktor kennen wir nicht«, informierte ihn der Wirt. »Wir kennen nur den Herrn Schultheiß, den Direktor der Tnuva. Und der ist ein so großer Herr, daß es im ganzen Land keinen größeren gibt, außer vielleicht den Mann von der Wassergesellschaft, der uns das Wasser gebracht hat. Aber der«, fügte er ehrfurchtsvoll hinzu, »war auch ein Ingenieur!«

Der Sekretär stolperte zu dem Staatsmann hinaus, der auf den Koffern saß. »Na«, fragte Dulnikker eifrig, »haben sie noch nicht erraten, wer ich bin?«

»Nein. Nichts haben sie erraten.«

Beide saßen in der »Dorfrunde«, wie die Dorfbewohner ihre Zusammenkünfte am Samstagabend im Wirtshaus nannten. Die Tische waren aneinandergestellt und mit blütenweißen Tischtüchern bedeckt. Gläser, Weinflaschen und Sträuße roter Nelken – die in den winzigen Gärten blühten – waren schön ordentlich langhin aufgestellt. Nachher – so informierte der Wirt seine geheimnisvollen Gäste – blieben die Dörfler bis zum Morgengrauen beisammen und sangen zur Begleitung der Leier des Vaters vom Schuhflicker melancholische Lieder, wie das die Bauern in Rosinesco, ihrer alten Heimat, getan hatten.

Dulnikker und Sekretär waren von ihrem verzweifelten Kampf mit dem Wirt und seiner Ehefrau vollkommen erschöpft. Elifas Hermanowitsch konnte nämlich einfach nicht verstehen, warum ausgerechnet er sie mit zwei Zimmern versorgen sollte. Erst nach einer halben Stunde Verhandlungen, Flehen und verhüllten Drohungen willigte er ein, ihnen ein einziges Zimmer neben seinem eigenen Schlafzimmer im zweiten Stock zur Verfügung zu stellen. Dulnikker bedeutete jedoch seinem Sekretär sofort mit einem kräftigen Wink der Hand, daß er aus offenkundigen Gründen nicht gewillt war, ein Zimmer mit ihm zu teilen, woraufhin der Sekretär Maßnahmen zur Unterbringung in dem großen Haus des Dorfschusters gegenüber dem Wirtshaus traf.

Dulnikkers Zimmer enthielt zwei wacklige Schränke, zwei eiserne Bettgestelle mit rostigen Federn und einen Küchenschemel. Malka hatte Dulnikkers Habe bei dem zweifelhaften Licht einer zerbrochenen Kerosinlampe aus den Koffern in einen der Schränke geräumt. Der Staatsmann selbst war schweigend auf dem engen Balkon gestanden und hatte sich hinter dem Standessymbol der Sonnenbrille die Augen angestrengt, um den großen gepflegten Garten zu seinen Füßen zu betrachten. Die Zwillinge waren heimlich auf den Balkon zu ihm hinausgeschlichen und hatten ihn weiter von Kopf bis Fuß gemessen. Einer von ihnen – wer konnte schon sagen, welcher – hatte an den Jackenschößen des Staatsmannes gezupft und gefragt:

»Onkel, bist du blind?«

»Nein«, erwiderte Dulnikker. Damit war das Gespräch beendet.

Jetzt, in der Dorfrunde, saßen auch die Dörfler unnatürlich stumm da. Sie aßen und tranken mit der Hingabe arbeitender Menschen, welche die Wichtigkeit der Nahrung im göttlichen Schöpfungsplan zu schätzen wissen. Außer dem Kratzen der Messer war im Speisesaal kein Laut zu hören – mit einer weiteren Ausnahme: dem eintönigen, ärgerlichen Schmatzen, das Amitz Dulnikkers gierige und genüßliche Vernichtung von Kalbfleisch mit Essigfrüchten begleitete. Der Sekretär sah sich hie und da in wachsender Besorgnis um, trotz seines Gefühls, daß es eine hoffnungslose Lage sei. Das war etwas, dessen sich die gesamte Parteihierarchie durchaus bewußt war: Wenn Amitz Dulnikker aß, klang es wie eine zerbrochene Wassermühle. Bei diplomatischen Empfängen und anderen großen Anlässen vermochte der Sekretär gewöhnlich für Deckung zu sorgen: Während Dulnikker entweder aß oder in den Zähnen stocherte, pflegte die Kapelle – auf Anordnung des Sekretärs – lebhafte Musik zu spielen. Hier allerdings konnte Zev nur hoffen, daß sich die Tischgenossen als geduldig erweisen würden. Und tatsächlich machten sie keine Bemerkung über das lärmende Malmen des Staatsmannes. Genauso wie sie auch sonst keine Notiz von seiner Existenz nahmen.

Auch Dulnikker war das nicht entgangen.

»Ich wußte von vornherein, daß ich mein Inkognito nicht würde wahren können«, flüsterte er mitten im Essen seinem Sekretär zu. »Sie haben entdeckt, wer ich bin!«

»Wieso wissen Sie das, Dulnikker?«

»Ich habe Augen im Kopf, mein Freund, Sie respektieren mich so sehr, daß sie mich nicht einmal anzuschauen wagen«, erklärte der Staatsmann. »Das ist die höchste – und ich kann wohl sagen, übelste – Ebene des Respekts. Glaube mir, mein Freund, ich finde diesen Personenkult ekelerregend. Ich habe es gern, wenn sich die Leute in meiner Gegenwart frei und gleichberechtigt fühlen. Ich glaube daher, daß ich viel dazu beitragen könnte, die Atmosphäre aufzulockern, wenn ich ein paar Worte an die Leute richtete.«

Zev fiel die Gabel aus der Hand. »Nein!« sagte er in panischer Angst. »Sagen Sie nur ja kein Wort, Dulnikker!«

»Warum denn nicht?« erwiderte der Staatsmann und erhob sich. Es war schon vier Tage her, seit er seine letzte Rede gehalten hatte, und jetzt strömten ihm plötzlich alle seine berühmten Energien wieder zu. Ein milder Schimmer leuchtete in Dulnikkers Augen, als er Glas und Stimme erhob:

»Bürger von Kimmelquell! Meine Damen und Herren! Altansässige und Neueinwanderer! Zu Beginn möchte ich Ihnen meine tiefe Genugtuung über diesen rührenden Empfang zum Ausdruck bringen. Ich genieße die Hochachtung, die Sie mir bezeigt haben, aber ich suche sie nicht. Ich bin hergekommen, um mich auszuruhen, zu erholen – nicht um an Festlichkeiten teilzunehmen. So fahrt denn fort, Genossen, in euren friedlichen täglichen Pflichten« (»Laß mich los«, flüsterte er seinem

Sekretär zu, der ihn immer heftiger an der Jacke zupfte), »behandelt mich informell ...«

Und da geschah es.

Der Schuhflicker, ein ältlicher, verschlampter Witwer mit derben Kinnbacken, zerschmetterte das allgemeine überraschte Schweigen, indem er dem Redner mit tiefer Stimme zubrüllte: »Ruhe! Wir essen!«

In Dulnikkers Brust erwachte der schlummernde Löwe der Knesset, und die Erwiderung des großen Redegewaltigen ließ nicht auf sich warten.

»Ja, meine Freunde«, rief er mit erhobener Stimme, »Friede euren Herzen und Brot auf den Tisch! Das sind die Säulen der Welt des Werktätigen! ...«

Hier aber fielen sämtliche Zuhörer zornig ein:

»Hol dich der Teufel, halt endlich den Mund«, brüllte es aus allen vier Ecken des Saals. »Wer ist denn der? Wer hat denn den eingeladen?«

Der Sekretär zerrte einen erschreckend blassen und nach Luft ringenden Dulnikker an die frische Luft.

»Leider, Dulnikker«, keuchte er, »ob es Ihnen paßt oder nicht, aber in diesem Dorf bleiben Sie inkognito.«

Nach dem Vorfall in der »Dorfrunde« ließen sich zwischen den Dorfbewohnern und den beiden Männern fast keine Bande anknüpfen. Sie waren gezwungen, ihre Freizeit trotz ihrer Unerfahrenheit in Tatenlosigkeit in Zweisamkeit zu verbringen.

»Mein Freund«, platzte Dulnikker heraus, als er mit seinem Sekretär die Dorfstraße auf und ab schlenderte, »das ist ja nicht einmal ein Dorf; es ist ein übelriechendes Loch! Nicht nur, daß diese Leute Hunderte von Jahren hinter der Zivilisation zurückgeblieben sind, sondern schlimmer: Sie sind auch geistig schrecklich unterentwickelt.«

Der Sekretär bohrte mit den Schuhen im Kies der Straße.

»Ich spreche zu dir, Freund Zev! Warum bist du geistesabwesend?«

»Ich hab' letzte Nacht kein Auge zugemacht, Dulnikker. Die ganze Nacht haben die Hunde gebellt und die Grillen gezirpt, und selbst die Hähne fangen in diesem Dorf schon um Mitternacht zu krähen an.«

»Das ist noch nichts im Vergleich zu dem, was ich gelitten habe, mein Freund. Mein Zimmer wimmelt von Mäusen, während die Katzen auf dem Dach im Chor jaulen. Als ich endlich einschlief, nachdem ich zwei Schlaftabletten genommen hatte, wachte ich plötzlich auf und entdeckte, daß mich jemand rüttelte, weil ich – sagte er – laut schnarche. Da entdeckte ich, daß in meinem Zimmer noch jemand wohnt und in dem anderen Bett schläft. Dieser Zimmergenosse ist niemand anderer als der Dorfhirte und schwachsinnige Verwandte meines Hauswirtes. Genossen, habt ihr schon je von einer solchen Frechheit gehört?«

»Hören Sie, Dulnikker, ich habe Sie rechtzeitig gewarnt, Sie sollten lieber auf zwei Monate in die Schweiz fahren. Aber Sie wollten ja unbedingt hierher kommen.«

»Wer wollte unbedingt?« fuhr der Politiker auf. »Ich?«

»Ja, Sie, Dulnikker!«

»Nu und – wennschon?« brüllte Dulnikker, und sein Gesicht lief wieder rot an. »Habe ich mir nicht etwas Ruhe verdient?«

»Etwas Ruhe?« höhnte Zev. »Stellen Sie sich nur vor, Dulnikker, was geschehen würde, wenn Sie, Gott behüte, in diesem grandiosen Kurort Zahnweh bekommen.«

Sie waren kaum zwanzig Schritt weitergegangen, als Dulnikker einen immer stärkeren Schmerz in einem unteren Backenzahn verspürte, und sein Zorn auf seinen Sekretär war nun doppelt gerechtfertigt. Er hätte den Burschen schon längst im Stich gelassen, wenn er nur von irgendeinem anderen Menschen in der Gegend gewußt hätte, imstande und bereit, sich mit ihm zu unterhalten. Der Staatsmann hatte keine große Lust, in seinem Zimmer zu bleiben, schon deshalb nicht, weil ihm die Kinder mit den Wasserköpfen auf die Nerven gingen. Dulnikkers Verhältnis zu Kindern war immer schon sehr kühl gewesen. Seine Frau war nicht mit Nachkommen gesegnet worden, und der Politiker hatte sich seinerzeit fast mit einem Gefühl der Erleichterung dringenderen Angelegenheiten zugewandt. Die Zwillinge schienen ihn jedoch für einen Gegenstand immerwährenden Interesses zu halten, und vom ersten Augenblick an ließen sie ihn nicht aus den Augen. Dulnikker merkte deutlich, daß er früher oder später mit ihnen ins Gespräch würde kommen müssen.

»Wie heißt ihr denn, meine Jungen?« fragte er sie am zweiten Tag seiner Wanderung durch das Dorf.

»Majdud!« erwiderte der eine.

»Hajdud!« erwiderte der andere.

Dulnikker hatte keine Ahnung, wie das Gespräch fortsetzen. Er war imstande, Jugendlichen aller Arten und politischer Bewegungen stundenlang Vorträge zu halten, aber die Kunst, mit Kindern zu reden, hatte er noch nicht gemeistert.

»Ihr seid einander ähnlich«, stellte er schließlich mit äußerst begrenzter Einfallskraft fest. Die kleinen Lümmel brachen in Gelächter aus.

»Blödsinn. Hajdud ist ähnlicher«, erklärte Majdud. Sie kicherten wieder und rannten davon. Dulnikker schloß, daß sich die Unverschämtheit der Kinder auf die Meinung der älteren Generation gründete, obwohl die Dörfler keinerlei Interesse an ihm zeigten. Wenn die Leute auf der Straße an dem Staatsmann vorbeigingen, taten sie es, ohne mit der Wimper zu zucken. Der Staatsmann hatte in jenen mißlichen Tagen das Gefühl, als sei ihm die Kehle zugestöpselt worden.

In der zweiten Nacht konnte er sich nicht länger zurückhalten. Nachdem sich der riesige Kuhhirte geräuschvoll auf sein Bett hatte fallen lassen, raffte Dulnikker seinen Mut zusammen und sprach seinen Zimmergenossen an:

»Entschuldige, Mischa, daß ich dich zu so später Stunde störe, da du bestimmt erschöpft bist, aber vielleicht könntest du mir sagen, ob ihr die Kühe kollektiv melkt oder jeder Farmer seine Kühe persönlich melkt?«

»Wer?« fragte Mischa. Diese prompte, wenn auch etwas unklare Antwort ermutigte den Staatsmann, weiterzureden, um an den Kern der Sache heranzukommen. Das laute Schnarchen des Kuhhirten setzte jedoch seinen Hoffnungen ein Ende. »Primitiver Esel«, zischte Dulnikker in die bedrückende Dunkelheit und versuchte, ein bißchen zu sich selbst zu sprechen. Aber bald war er gezwungen aufzuhören, weil er entdeckte, daß er es nicht aushielt, sich zuzuhören.

Dulnikker und sein Sekretär saßen bei einem nahrhaften Frühstück im Eßzimmer des Wirtshauses. Die Qualität der Nahrung befriedigte beide; sie beanstandeten einzig, daß Malka mit zuviel Kümmel kochte. Auch waren sie durch das an sie gerichtete Ersuchen leicht verstört, mit dem Wasser zu sparen, da dieser Gebrauchsartikel wegen der großen Höhenlage nur in beschränkter Menge in das Dorf gepumpt wurde.

Ein junger, ausgemergelter Bursche in Schwarz mit einem schütteren Bart tauchte oft in der Küche auf und spähte in die Töpfe und Pfannen. Dulnikker fragte den dicken Elifas, was da vor sich gehe, und erhielt hierauf die Auskunft, daß der Ausgemergelte der Dorfschächter sei, der die Küche persönlich überwache.

»Heißt das, daß Sie koscher kochen?« fragte Dulnikker.

»Nein«, erwiderte der Wirt, »warum sollte es koscher sein?«

»Aber warum«, fragte Dulnikker hartnäckig, »warum muß dann die Küche vom Schächter überwacht werden?«

»Weil kein Rabbi in ein so kleines Dorf käme.«

»Ich werde noch verrückt in diesem Loch«, sagte Dulnikker zu seinem Sekretär. »Kannst du das verstehen?«

»Natürlich«, sagte Zev. »Sie halten das als ein Symbol dessen aufrecht, was ihre frommen Vorfahren in Rosinesco zu tun pflegten. Übrigens überwacht der Schächter nicht nur die Küche, er ist auch der Dorfschulmeister.«

»Wieso weißt du das?«

»Ich habe es mit der Tochter des Schuhflickers erörtert.«

»Ich habe es erörtert? Er unterhält sich mit jemandem!« grübelte Dulnikker und hörte zu kauen auf, weil sein Mund voll des bitteren Speichels der Eifersucht war.

»Zev!« sagte er heiser. »Diese lächerliche Situation kann so nicht weitergehen! Bitte setz dich sofort mit dem Ortsrat in Verbindung und finde heraus, wie die Situation eigentlich steht. Ich verlange ja keinen offiziellen Empfang für mich, aber es gibt Grenzen!«

Zev rief den Wirt auf den Plan.

»Herr Elifas, ich möchte mit den Leitern des Ortsrates sprechen.«

»Was?« sagte Elifas erstaunt und blinzelte heftig. »So was gibt's hier nicht.«

»Warum nicht?«

»Weil einfach keiner da ist.«

»Meine Herren«, sagte Dulnikker tadelnd zu ihm, »wir fragen Sie, wer die Angelegenheiten dieses Dorfes leitet!«

»Malka!« rief Elifas. »Komm her, meine Liebe; sie reden schon wieder unverständlich.«

Dulnikker führte das Gespräch mit bemerkenswerter Selbstbeherrschung, wiederholte seine Frage in Gegenwart der Frau und betonte deutlich jede Silbe.

»Also, Madame, wer kümmert sich um die Dorfaffären?«

»Wir haben keine solchen Affären.«

»Heiliger Himmel!« brüllte Dulnikker. »Gibt es denn niemanden hier, der alles richtet, der zum Beispiel die Dorfbewohner informiert, wann, sagen wir, der Tnuva-Lastwagen fällig ist?«

»Das richtet niemand im besonderen«, erwiderte Malka. »Der Barbier sagt es den Bauern beim Rasieren.«

Noch am selben Abend ging Dulnikker zum Barbier. Um die Wahrheit zu sagen, angesichts der Tatsache, daß sein elektrischer Rasierapparat zuunterst im Schrank lag, rechtfertigte sein zwei Tage alter Bart seinen Entschluß. Der Barbierladen befand sich neben dem Wirtshaus, im Vorderteil des Hauses von Barbier Salman Hassidoff. Dulnikker war deprimiert, als er den Barbierladen betrat, obwohl sein Zahnweh wunderbarerweise in der Nacht vorher verschwunden war, als er entdeckt hatte, daß seine unteren Backenzähne links ja alle falsch waren.

In dem kleinen Barbierladen drängten sich ungefähr ein Dutzend Bauern auf einigen Bänken zusammen und warteten in einem Schweigen, das üblicherweise nicht zu Barbierläden gehört. Der magere Schächter stand in einer Ecke des Ladens und betete in einem flüsternden Singsang, während sein hagerer Körper vor und zurück schwankte: Die wartenden Kunden bildeten sein Quorum. Der Staatsmann setzte sich ans Ende der letzten Bank, ohne auch nur irgendeine menschliche Reaktion hervorzurufen. Kurz darauf kam der breitschultrige Schuhflikker herein – Dulnikker bemerkte zum erstenmal, daß er hinkte – und sagte zum Barbier:

»Zwei Schachteln Holznägel Nr. 3.«

Der Barbier, klein, untersetzt und völlig kahl, gab mit einem Nicken zu verstehen, daß er gehört hatte, und schrieb etwas in ein dickes Notizbuch. Der Schuhflicker nickte und setzte sich wortlos neben Dulnikker. ›Und wenn du dich auf den Kopf stellst, ich sag kein Wort zu dir!‹ sprach der Staatsmann stumm seine Verurteilung aus, weil er dem Kerl sein aufrührerisches Benehmen nicht vergessen konnte.

»Mein Freund«, wandte er sich an den Schuhflicker, »sind Sie der Dorfschuster?«

»Ja.«

»Warum haben Sie dann, wenn ich fragen darf, ausgerechnet den Barbier um Holznägel gebeten?«

»Für Reparaturen.«

Wieder senkte sich das drückende Schweigen über die gewandten Sprecher, und Dulnikker konnte in jedem Glied spüren, wie sein Blutdruck hemmungslos stieg und stieg. Plötzlich stand der Staatsmann auf und überraschte die Bauern mit der Bitte, ihn vorzulassen, weil ihm schwindlig sei. Sie waren alle, etwas verblüfft, einverstanden, und der Staatsmann setzte sich vor den erblindeten und verzerrenden Spiegel über dem schaumgefüllten Becken.

»Rasieren? Haarschneiden?« fragte der Barbier.

»Natürlich nur rasieren, mein Freund«, erwiderte Dulnikker und fuhr sich mit der Hand über die vereinzelten grauen Haarsträhnen auf dem Kopf. »Aber bitte, schleifen Sie Ihr Rasiermesser, weil ich einen harten Bart habe. Ehrlich gesagt bin ich es gewöhnt, mich mit einem elektrischen Rasierapparat zu rasieren, daher könnte meine Gesichtshaut empfindlich auf ein Rasiermesser reagieren. Aber das ist unwichtig. Mit der Zeit werden wir das schon überwinden. Warum verlangt ihr keinen Strom, mein Freund?«

»Wir verlangen«, erwiderte der Barbier und seifte den Staatsmann mit schnellen Pinselstrichen ein.

»Wann habt ihr verlangt, wenn ich fragen darf?«

»Jedes Jahr, seit den letzten fünfundzwanzig Jahren.«

»Und?«

»Es wird erwogen.«

»Jetzt geht nicht herum und verurteilt die Regierung, Ge-

Hier erhob Dulnikker die Stimme und ignorierte den Schaum,

der ihm in den Mund geriet. »Die Regierung unternimmt die höchsten Anstrengungen in allem, was die Entwicklung der unterentwickelten Gebiete betrifft. Natürlich ist hier weder die Zeit noch der Ort, die Frage zu prüfen, aber ich werde versuchen, euch die wahre Situation sehr kurzgefaßt zu erklären. Nun, die Frage ist die: Was hat Vorrang, die Entwicklung des Industriepotentials oder die Bedürfnisse der Bevölkerung? Mich dünkt – beides!«

»Fertig«, sagte der Barbier und wischte dem Staatsmann das Gesicht ab.

»Schön«, sagte Dulnikker, »dann Haarschneiden auch. Also, wie ich gesagt habe ...«

»Tut mir leid, mein Herr, dazu habe ich keine Zeit.«

Als der Staatsmann den Barbierladen verlassen hatte – ohne Haarschnitt –, verfiel der Laden wieder in seine vorherige Stille. Die Bauern saßen auf den Bänken und rauchten friedlich ihre Pfeife.

»Wer ist das?« fragte ein neugieriger Bursche nach einer Weile, und man sagte ihm: »Er wohnt im Wirtshaus, kein Mensch weiß, warum.«

»Ist mit Koffern gekommen«, unterbrach der Schächter eine Sekunde lang sein Beten.

»Es heißt, er ist irgendein Schauspieler«, bemerkte jemand. »Er deklamiert Gedichte.«

»Er ist krank«, meinte der Schächter, »und der Junge pflegt ihn.«

In dem Punkt waren sie alle einer Meinung.

»Sein Krankenwärter schläft in meinem Haus«, informierte sie der Schuhflicker. »Er erzählte meiner Tochter, daß der Alte ein großer Politiker oder so ist.«

»Politiker-oder-so?« staunten sie. »Warum?«

Etwas Grundlegendes war da nicht klar.

»Was ist eigentlich«, fragte endlich jemand, »ein Politiker-oder-so?«

»Ein Mensch«, meinte der Barbier, »der Befehle gibt. Fast wie ein Ingenieur.«

»Bestimmt besitzt er Grund und Boden.«

»Ich kenne die Art«, sagte der Schuhflicker. »Sie verpachten ihren Boden, dann gehen sie hin und lassen sich's gut gehen.«

»Jedenfalls«, bemerkte der Schächter, »hoffe ich, er fährt bald heim. Er ist lästig.«

»Stimmt«, versicherten die Versammelten, »er ist lästig.«

Dulnikker überquerte die Straße mit jener eisernen Entschlossenheit, die alle seine schicksalhaften Entschlüsse begleitete, und platzte ohne anzuklopfen in das Haus des Schuhflickers. Bei seinem Eintritt traf er den Sekretär in einer Ecke des Wohnzimmers mitten in einem höchst persönlichen Zwiegespräch mit einer jungen Blonden an. Das Auftauchen des Staatsmannes ließ zwischen den beiden jungen Leuten eine kleine Lücke entstehen. Der Sekretär setzte hastig wieder seine Brille auf, aber die Blonde mit dem Babygesicht starrte Zev weiter an, als sei er ein junger Gott in Person. Das befriedigte Lächeln auf ihren Lippen erregte aus irgendeinem Grund die Wut des Staatsmannes. Mit einer energischen Geste winkte er seinen Sekretär heran.

»Zev«, flüsterte er ihm zu, »ich bin nicht bereit, auch nur einen Tag länger in diesem Sauloch zu verbringen, wo selbst die Friseure taubstumm sind! Von mir aus kannst du ja dableiben, wenn du willst. Falls du aber Lust hast, mitzukommen, pack sofort deine Sachen, mein Freund. Morgen früh fahren wir!«

»Meine Sachen sind bereits gepackt!« Zev lachte herzlich, und ohne die düster dreinblickende junge Dame zu beachten, eilte er mit Dulnikker zum Wirtshaus.

»Das Dorf hat ein entsetzlich niedriges politisches Niveau«, erklärte der Staatsmann die Faktoren seines Entschlusses. »Mit vierzig Jahren Intellektualität, Programmerstellung und Funktionärsleben hinter mir kann man mich nicht zwingen, meine unschätzbare Zeit mitten in einem Haufen ungebildeter Nullen zu verbringen! In diesem Loch gibt's ja nicht einmal Strom, geschweige denn eine einzige Zeitung!«

»Endlich!« Zev seufzte erleichtert auf. »Morgen nachmittag werde ich für uns Zimmer in irgendeinem schicken Schweizer Hotel reservieren.«

»Einverstanden«, erklärte Dulnikker, »aber sei nicht überrascht, mein Freund, wenn ich in Zukunft in Sachen Ferien und Genesungsurlaub deinen Rat nicht mehr beachte.«

Der Sekretär schwieg, wohl wissend, daß zu solchen Zeiten auch nur ein einziges übereiltes Wort alles verderben konnte. In bester Laune – am Horizont winkte die Freiheit – packten sie miteinander Dulnikkers Habe zusammen. Dann hüpfte Zev eilig die Treppe hinunter, um mit Elifas abzurechnen. Ehrlich gesagt verriet der Wirt unverkennbare Zeichen der Erleichterung, als er den Sekretär ihre Abreise verkünden hörte.

»Großartig«, sagte er. »Alles Gute Ihnen, Herr Krankenwärter.«

Der Sekretär hielt sich nicht lange mit Verabschiedungen auf, sondern erkundigte sich ungeduldig, wo man im Dorf telefonieren könne.

»Telefonieren?« Elifas begann wieder zu blinzeln. »Was meinen Sie damit?«

Zev erbleichte auf der Stelle. In ihrer großen Freude, trunken vor Abschiedswonne, hatten sie offensichtlich ein paar Kleinigkeiten übersehen.

»Wie kann ich einen Brief von hier absenden?« fragte Zev zögernd. Elifas klärte die Sache auf, daß sie seit nunmehr fast zwanzig Jahren keine postalische Verbindung mehr mit der Außenwelt hatten. Vorher war immer zweimal im Jahr jemand nach Safad gefahren, um die Post von draußen abzuholen, aber schließlich hatten sie diese überflüssige Dienstleistung aufgelassen.

»Danke«, flüsterte der Sekretär und schleppte sich schwer die Treppe hinauf.

In der folgenden Nacht schlüpfte Dulnikker um halb zwei aus dem Bett, in das er sich angezogen gelegt hatte, und ging auf Fußspitzen auf die Straße hinunter. Sein Sekretär erwartete ihn bereits hinter einer Linde versteckt. Beide waren – unter emotionalem Druck – so gespannt und aufgeregt, daß sie einander feierlich die Hand drückten, etwas, das sie noch nie getan hatten.

»Gehen Sie zurück, Dulnikker«, flüsterte Zev, »ich kümmere mich selbst darum.«

»Nicht daran zu denken«, erwiderte der Staatsmann. »Ich will sichergehen, daß alles laut Plan klappt.«

Bei Vollmondschein – wie das bei solchen Vorgängen üblich ist – huschten sie von Baum zu Baum bis zum Rand des Dorfes. Bevor sie jedoch die letzten Häuser hinter sich gelassen hatten, brach zorniges Gebell los, und zwei Dorfhunde schlossen sich ihnen an. Dulnikker konnte Hunde nie ausstehen, besonders seit dem Vorjahr, als ihn der Terrier des persischen Delegierten bei der Asiatischen Landwirtschaftskonferenz gebissen hatte. Jetzt, mitten in der Nacht, war er einfach wütend. Er begann die bellenden Kreaturen mit Rasenstücken zu bewerfen und verfluchte sie in den abscheulichsten Ausdrücken, bis die lärmenden Tiere am Ende des Dorfes umkehrten und mit eingezogenem Schwanz zu ihren Häusern zurückzogen.

»Immer muß ich alles selber machen!« sagte Dulnikker vorwurfsvoll zu seinem Sekretär. Als sie zum Lagerhaus kamen, atmeten sie freier. Die Tauben schliefen friedlich in ihrem Taubenschlag und plusterten sich im Schlaf gelegentlich mit einem freundlichen Gurren auf. Dulnikker zog den Zettel aus der Tasche und las ihn noch einmal durch:

Hilfe! Sendet sofort Wagen. Es geht auf Tod und Leben!

Amitz Dulnikker

»Soll ich hinzufügen, daß auch Reporter mitkommen sollen?« fragte er Zev, der bereits langsam die Leiter emporkletterte.

Zev brachte ihn nervös zum Schweigen, indem er sagte, Reporter würden ohnehin kommen. Dulnikker starrte liebevoll die hübschen Tauben an, in denen er die Boten der Erlösung aus der Falle namens »Kimmelquell« erblickte. Inzwischen öffnete sein Sekretär das Türchen des Taubenschlags, fing mit zitternder Hand eine der Tauben und zog sie heraus. Der überraschte Vogel begann mit den Flügeln zu schlagen, und der Sekretär purzelte fast von der Leiter. Er brachte die Taube dem Staatsmann hinunter, sie banden ihr den Zettel ans Bein und ließen sie los.

»Kleines Vögelchen, Vögelchen!« flüsterte der Sekretär und warf den Vogel in die Luft. Aber die treue Taube kehrte auf seine Schulter zurück. Dulnikker, der vor Aufregung fast platzte, brach einen dünnen Zweig von einer Hecke und versuchte mit ihm, den goldigen Vogel wegzuscheuchen.

»Flieg, Vögelchen, flieg! Wenn nicht, bring' ich dich um!« drohte er der Taube und fuchtelte ihr mit seinem Zweig vor dem Schnabel herum, bis schließlich der Lagerhauswächter durch die seltsamen Geräusche geweckt wurde und aus seiner Wohnung im Hinterhaus herauskam.

»Was geht hier vor?« schrie er, während er seine Hose festband.

Sein plötzliches Auftauchen änderte das Gleichgewicht der Kräfte völlig. Die erschrockene Taube stieg auf und verschwand in der Finsternis, während sich die beiden Verbrecher so tief wie möglich duckten und ins Dorf zurück entwichen. Das Geschrei des Wächters beschleunigte ihren Lauf, so daß sie sich ihren eigenen Pfad durch die stacheligen Heckenzäune bahnten. Nach einer Viertelstunde stummen Kampfes gegen die zerstörenden Kräfte der Natur blieben die beiden Flüchtenden stehen und blickten zurück, nur um zu entdecken, daß sie, statt gegen Dornen anzukämpfen, die Straße hätten hinunterlaufen können, die parallel und nur wenige Schritte entfernt von ihrem Weg verlief.

»Ich kann einfach nicht verstehen, warum du das nicht selber hättest tun können!« beklagte sich Dulnikker bei seinem Sekretär. »Muß ein alter Mann von fast siebzig Jahren wirklich solche Aufregungen mitmachen?«

Der Sekretär reinigte keuchend seine Brille vom Schlamm und sagte nichts. Sie trennten sich in einer Atmosphäre stummer Feindseligkeit. Dulnikker kroch fast die Holztreppe hinauf. Er öffnete die Tür, hinkte zum Bett, und ohne die Schuhe auszuziehen, ließ er sich total erschöpft mit dem Gesicht nach unten darauffallen. Unverzüglich umfingen ihn zwei warme Arme, und eine erschrockene Stimme flüsterte ihm ins Ohr: »Mein Mann ist da!«

Wenige Sekunden später wurde neben dem Bett ein Streichholz angezündet, eine Männerhand packte Dulnikker und zog ihn unwiderstehlich geradewegs zur Tür. Dann versetzte Elifas Hermanowitsch dem Staatsmann einen Fußtritt in den Hintern und warf ihn wirbelnd die Treppe hinunter.

Dulnikker fiel vor der Küchentür flach auf den Boden und schlief auf der Stelle ein.

Es war die erste Nacht, in der Dulnikker geschlafen hatte. Der Staatsmann lag als ein Haufen am Fuß der Treppe und schlief ohne eine einzige Pille tief und gesund, bis er ungefähr bei Sonnenaufgang durch das sanfte Streicheln seines zerzausten Haares geweckt wurde. Malka, die früh aufgestanden war, um die Kühe zu melken, war in der Finsternis über Dulnikker gestolpert.

»Herr Dulnikker, Herr Dulnikker«, hauchte sie ihm warm ins Ohr, »ich hoffe, Sie haben sich nicht schlimm wehgetan.«

Der Staatsmann öffnete die Augen, konnte sich aber nicht zusammenreimen, was los war. Er warf der Frau einen äußerst törichten Blick zu und versuchte aufzustehen; aber wenn er auch nur eines seiner angeschlagenen Glieder rührte, gab es ihm einen schmerzhaften Stich.

»Heiliger Himmel!« staunte Malka, als sie den zerrissenen und zerlumpten Anzug des Staatsmannes bemerkte. »Sie schauen ja gräßlich aus, Herr Dulnikker! Ich habe nicht gewußt, daß ihr so wild gerauft habt! Oj, ihr Männer, ihr Männer!« Sie seufzte befriedigt. »Ihr seid doch alle gleich.«

»Madame«, stammelte Dulnikker, »erlauben Sie mir, diesen verhängnisvollen Irrtum aufzuklären ...«

»Da gibt's nichts aufzuklären, Herr Dulnikker«, sagte Malka lächelnd. »Das nächste Mal werden Sie vorsichtiger sein und es mir vorher sagen. Wie kann ein Mann in Ihrem Alter so verrückt sein?«

Ein seltsames Zittern durchlief den Staatsmann, ein undeutliches, perlendes Gefühl, anders als alles, was er seit mehr als dreißig Jahren erlebt hatte; das heißt, seit jenem Augenblick, als er zum regionalen Parteisekretär ernannt worden war. Vorher war sein jugendlicher Geist intakt und er imstande gewesen, den jungen Damen Zeit zuzuteilen. Seit jener Ernennung hatte jedoch der Gegenstand für ihn zu existieren aufgehört. Dulnikker pflegte bei jedem gewagten Witz, der in der Parteihierarchie erzählt wurde, herzlich zu lachen, aber dieser ganze Sektor des Lebens hatte in seinem Gemüt eine absolut abstrakte Eigenschaft angenommen. »Und jetzt glaubt dieses große, dicke Frauenzimmer – schlimmer, ist überzeugt –, daß ich ...« Dulnikker betrachtete Malka von einem funkelnagelneuen Gesichtspunkt aus: Nein, man hätte nicht geglaubt, daß sie Zwillinge geboren hatte. Plötzlich wurde der Staatsmann von dem Wunsch gepackt, der Frau etwas Süßes und dennoch sehr Geistreiches zu sagen.

»Es hat nichts zu bedeuten«, murmelte er schließlich. »Was war, das war.«

Malka begrüßte diese einfallslose Bemerkung mit einem verständnisvollen Lächeln, legte ihre vollen, runden Arme um Dulnikker und zog ihn hoch. Unter stechenden Schmerzen kletterte der Staatsmann, an die schwingenden Hüften der Frau gelehnt, die Treppe hoch. Mischa, der Kuhhirte, schlief noch immer. Malka ging zum Bett des Staatsmannes und schlug es auf. Plötzlich dämmerte es Dulnikker, daß noch nie eine Frau in seiner Gegenwart ein Bett gemacht hatte. Dann fiel ihm freilich ein, daß Gula genau das Abend für Abend seit Dutzenden von Jahren machte. Schließlich fuhr ihm die idiotische Vorstellung durch den Kopf, daß seine Frau ein Mann sei. Aus irgendeinem Grund versuchte er ein Bild heraufzubeschwören, wie Gula vor ihrer Ehe ausgesehen hatte, und entdeckte, daß er sich eine völlig Fremde vorstellte.

»Ich danke Ihnen aus Herzensgrund, Madame.«

»Nennen Sie mich Malka.«

Wieder erschien das gleiche alberne Lächeln in Dulnikkers Gesicht. Er bedeckte das Knie mit der rechten Hand, weil dort ein ziemlich großes Stück Stoff fehlte.

»Elifas ist ein reißendes Tier«, versicherte ihm die Frau. »Ich schlage vor, Sie lügen ihn an und sagen, Sie seien irrtümlich in mein Zimmer gekommen.«

Nachdem die Frau gegangen war, ging der Staatsmann wieder schlafen, und als ihn die Sonne weckte, war er allein im Zimmer. Trotz seiner immer schlimmer werdenden Schmerzen stand Dulnikker auf und wusch sich hastig in der Tonschüssel, die der Wirt für ihn besorgt hatte. Dann ging er wieder ins Bett, um stumm zu leiden. Das Auftauchen von Elifas unterbrach seine seltsamen Gedanken.

»Ich wollte Ihnen wirklich nicht weh tun, mein Herr«, entschuldigte sich der dicke Mann, als er ängstlich das zerschundene, bös zugerichtete Gesicht seines Opfers betrachtete. »Ich bin vielleicht ein bißchen hitzig, wo es um meine Frau geht.«

»Meine Herren«, erwiderte Dulnikker, »seien Sie versichert, daß ich Ihr Zimmer irrtümlich betrat, weil ich es irrtümlich für das meine hielt.«

Nein, das war nicht überzeugend! Der Staatsmann spürte, daß das alles schrecklich falsch klang. »Was kann ich tun?« sagte er sich. »Ich kann eben nicht lügen! Ich bin zu ehrlich.« Also beeilte er sich, den Wirt zu fragen, wie es seinem Sekretär gehe.

»He, Kinder«, rief Elifas aus dem Fenster, »ist der Krankenwärter des Herrn schon da?«

»Er ist nicht mein Krankenwärter«, verbesserte ihn Dulnikker. »Er ist mein Privatsekretär.«

»Ihr Sekretär?« fragte Elifas verständnislos. »Was meinen Sie mit ›Sekretär‹?«

»Wollen Sie jetzt bitte einen Arzt rufen.« Dulnikker schloß müde die Augen. Elifas richtete ihm emsig die Kopfkissen und ging auf Fußspitzen hinaus. Sofort schlichen die Zwillinge herein und begannen ihr Ritual des Anstarrens. Dulnikker beschloß, die Provokation zu ignorieren und so zu tun, als schliefe er. Bald hörte er zwei Kinderstimmen:

»Er heißt Dulnikker.«

»Warum?«

»Ich weiß nicht. Der Papa sagt, er ist fast ein Ingenieur.«

»Wann ingenieurt er?«

»Wenn er redet.«

Das Gehirn des Staatsmannes arbeitete auf vollen Touren, aber er war nicht imstande, sich aus dem Gespräch etwas zusammenzureimen. Zu seiner großen Erleichterung verscheuchte Zev die Kleinen, als er eintrat. Er trug ein mit Leckerbissen beladenes Tablett, das er vor Dulnikker hinsetzte.

»Empfehlungen von Frau Malka«, berichtete er. »Aber Sie sehen ja wie ein Wrack aus, Dulnikker! Sind Sie wirklich die Treppe heruntergefallen?«

Der Staatsmann empfand einen seltsamen flüchtigen Wunsch, seinen Sekretär zu empören und zu verblüffen. Er zog Zev dicht an sich heran:

»Ich kehrte etwas deprimiert heim, als ich heute nacht zurückkam«, flüsterte er schalkhaft. »Kurz gesagt, ich ging in Malkas Zimmer.«

»Ich verstehe«, reagierte der Sekretär sofort. »Sie haben sich im Zimmer geirrt, Dulnikker.«

»Der Schmerz ist unerträglich«, stöhnte der leidende Staatsmann. »Ich wußte ja gleich, daß das so enden würde. Ich hoffe nur, daß uns der Wächter nicht erkannt hat.«

»Ich glaube, schon.«

»Guter Gott!« sagte Dulnikker aufs äußerste beunruhigt. »Wir müssen sofort ein Dementi veröffentlichen. Wieso glaubst du das?«

»Nun ja, er brachte heute morgen drei Tauben in die Küche, Dulnikker, damit Sie nicht gehen und sie bei Nacht stehlen müssen . . .«

Im Zimmer herrschte Stille, nur durch das Schmatzen von Dulnikkers Lippen und das Malmen seiner Backenzähne unterbrochen.

»Seien wir objektiv«, meinte der Staatsmann nach einer nachdenklichen Weile. »So wie die Dinge stehen, war es sehr nett vom Wächter, mir ein so hübsches Geschenk zu bringen. Außerdem mußt du zugeben, daß die Dorfbewohner größtenteils wohlmeinende Juden sind, die – herrschte nicht die Finsternis des Mittelalters in ihnen –, glaube ich, eine solide, ordentliche Gesellschaft in diesem Waldwinkel schaffen könnten . . .«

»Hauptsache«, bemerkte Zev, Gefahr witternd, »Hauptsache, unsere Taube kommt bald in der Tnuva-Zentrale an.«

»Ich glaube, daß eine bloße Diagnose des Leidens nicht genügt«, fuhr Dulnikker unbeirrt fort. »Ich sage euch, Genossen, ein Minimum an elementaren politischen Begriffen in diese Unglückseligen einzuimpfen – das ist eine Aufgabe, ein wirklicher Schöpfungsakt. Unterbrich mich bitte nicht, mein guter Freund, ich weiß genau, was du sagen willst. Natürlich habe ich nicht vor, diesen primitiven Juden ein Parteiprogramm zu schenken. Aber ich wünsche wirklich, diesen Genossen eine Anzahl soziologischer und staatspolitischer Begriffe beizubringen. Ich denke dabei an ein Seminar in kleinem Maßstab, Zev, mein Freund, nichts sonst. Und jetzt möchte ich gerne deine Meinung hören.«

Amitz Dulnikker richtete sich mit dem gewissen »tatkräftigen Funkeln« in den Augen – wie das seine Kollegen nannten – im Bett auf.

»Hören Sie, Dulnikker«, sagte Zev. »Die Idee hat was für sich, aber traurigerweise fahren wir demnächst fort.«

»Und inzwischen soll ich nichts tun?« fragte der Staatsmann anmaßend. »Nein, mein Freund. Eine vollständige politische Erziehung kann ich ihnen nicht angedeihen lassen, aber wenn es mir gelänge, das Dorf seiner ideologischen Genesung auch nur einen Schritt näherzubringen, wird meine Mühe nicht umsonst gewesen sein!«

»Bravo!« rief der Sekretär und packte die schwitzige Hand des Staatsmannes mit einem männlich harten Griff. Dulnikker errötete leicht, wie immer, wenn er das Gefühl hatte, daß er seinem Ruf gerecht geworden war.

Als der Arzt kam, hatte Dulnikker schon das Bett verlassen und bemühte sich, im Zimmer auf und ab zu gehen. Der Arzt, ein glattrasierter Mann mittleren Alters, begrüßte ihn freundlich.

»Hermann Spiegel«, stellte er sich vor. »Ich bin wirklich froh, den Ingenieur persönlich kennenzulernen.«

»Ich bin kein Ingenieur«, erwiderte der Staatsmann. »Ich heiße Amitz Dulnikker!«

Der Name sagte dem Arzt nichts. Er bat Dulnikker, sich flach auf dem Rücken auszustrecken, betrachtete dann lange seine Fingernägel, spähte in seine Ohren und öffnete schließlich Dulnikkers Mund zu einer schnellen Besichtigung seiner faulenden Zähne.

»Sie sind sechzig, äh?«

Dulnikker war sprachlos. Als man vor kurzem seinen 58. Geburtstag zum zweitenmal gefeiert hatte, war er 61 gewesen. Er hielt sich jedoch nur für 55, obwohl er in Wirklichkeit über 67 war. Insgeheim hatte er beschlossen, Anfang des nächsten Jahres seinen 65. Geburtstag zu feiern.

»Ich habe unmenschliche Schmerzen, Doktor Spiegel«, klagte er. Der Arzt legte ihm die Hand auf den Nacken.

»Sie sind Internist?« fragte Dulnikker.

»Nein, Tierarzt.«

»Was haben Sie gesagt?« donnerte der Staatsmann. »Hat denn dieser Ort keinen Menschendoktor?«

»Natürlich nicht!« donnerte Hermann Spiegel zurück. »Wer wäre schon so verrückt, in dieses erbärmliche Dorf zu kommen?«

Der Tierarzt nahm sofort die Gelegenheit wahr und erzählte Dulnikker die betrübliche Geschichte seines Pechs. Man hatte ihn nach Ausbruch einer Maul- und Klauenseuche nach Kimmelquell gehetzt. Hier verliebte er sich auf den ersten Blick in eine der Dorfwitwen, und der Schächter hatte sie unverzüglich getraut. Inzwischen war jedoch der Tnuva-Lastwagen abgefahren.

»Und so bin ich in diesem verdammten Nest hängengeblieben«, goß Hermann Spiegel sein Herz aus. »Dabei bin ich ein echter westeuropäischer Intellektueller, und die Leute hier sind die reinsten Tiere. Ich mache keine Besuche, ich habe keine Freunde; ich kann mich nicht an die Verhältnisse in diesem Dorf gewöhnen.«

»Wie lange sind Sie schon hier?«

»Dreißig Jahre. Und woher sind Sie, Herr Ingenieur?«

»Ich bin kein Ingenieur«, sagte Dulnikker. »Ich heiße Amitz Dulnikker!« Die deutliche Aussprache seines Namens trug gesegnete Früchte.

»Guter Himmel!« rief der Tierarzt aufgeregt aus. »Sind Sie wirklich Dulnikker?«

Ja – das war dasselbe süß-schwindlige Gefühl, das ihm so lange versagt geblieben war: Jemanden atemlos zu sehen und sich seiner schmeichelhaften Verwirrung zu erfreuen.

»Also, das ist unglaublich!« Hermann Spiegel war begeistert. »Da sind Sie also ein Verwandter des Optikers Dulnikker aus Frankfurt am Main?«

»Nein!« Der Staatsmann machte sich aus der Umarmung Spiegels frei. »Ich bin mit keinem Optiker verwandt! Ich *habe* nur Verwandte!«

Der Tierarzt wies den Staatsmann an, eine Woche im Bett zu bleiben und seine heilenden Glieder mit kalten Umschlägen zu behandeln. Er verbot ihm, zuviel Wasser zu trinken, weil das seinen Magen aufschwellen lassen könnte. In den folgenden Tagen genoß Dulnikker Malkas hingebungsvolle Pflege. Sie strahlte vor schmeichelnder Bewunderung für den Mann, der um ihretwillen ein solches Risiko auf sich genommen hatte. Jedesmal, wenn sie mit dem Staatsmann sprach, enthielt ihr Lächeln etwas wie eine geheimnisvolle Ermutigung, und ihre flinken Finger ließen Dulnikkers Blut jedesmal prickeln, wenn sie seine Verbände wechselte.

Abgesehen davon fühlte sich der Staatsmann nicht wohl, an seine harte Matratze gefesselt zu sein. Jedermann kannte seine legendäre, angestrengte, überströmende Energie – die angeborene Fähigkeit »Dulnikkers, der Maschine«, für die er sich selbst gern hielt. Und mit Ausnahme seiner häufigen Herzanfälle lag Dulnikker nie krank im Bett. Nur einmal, vor langer, langer Zeit, als er noch der junge Leiter einer neuen Zementfabrik war, war er gezwungen gewesen, seine Tätigkeit einige Tage wegen eines Magengeschwürs zu unterbrechen. An sein Bett gefesselt, hatte sich Dulnikker fast verzehrt vor Sorge, daß das Produktionsniveau unter seiner Abwesenheit leiden könnte. Er flehte seine Mitdirektoren an, es ihn unverzüglich und sofort wissen zu lassen, sollte die Produktionskurve – Gott behüte – einen Trend nach unten zeigen, in welchem Fall er selbst noch aus dem Grab in die Fabrik zurückkehren würde, um die Dinge wieder in Ordnung zu bringen. Dulnikker blieb einen Monat im Krankenhaus, während die Produktion um acht Prozent anstieg. Seither war er nie wieder krank geworden.

Es war daher nicht überraschend, daß der Staatsmann nicht durchhalten konnte. Sein erhabenes Ziel – die Erziehung des Dorfes – brachte ihn schnell auf die Beine. Am dritten Tag war Dulnikker aus dem Bett und begab sich auf die Straße, wo ihn Zev mit einem wartenden Pferd und einem zweirädrigen Wagen überraschte. Es war derselbe Karren, der dem stummen Pfeifenraucher gehörte. Der Sekretär hatte das Gefährt für zwei Wochen von ihm gemietet. Es wurde bald klar, daß das Holpern des bäuerlichen Fahrzeugs dem Staatsmann große Schmerzen verursachte, und daher zog es Dulnikker vor, zu Fuß dahinzuhinken, während ihm der Karren langsam folgte.

Der Staatsmann zog bald einige Aufmerksamkeit auf sich, weil er – wie das Gerücht verlautete – mit seinem Krankenwärter zusammen versucht hatte, für die Frau von Elifas Hermanowitsch eine Taube zu stehlen. Die Bauern drückten ihre Hochachtung dadurch aus, daß sie Dulnikker zunickten, wenn sie auf der Straße an ihm vorbeikamen. Darüber hinaus aber blieben sie dieselben friedlichen Leute, deren gemessener Schritt ihn so sehr erbitterte.

»Selbstgefälligkeit«, versicherte Dulnikker seinem Sekretär auf einem ihrer Spaziergänge. »Es ist klar, daß sie in dem Sumpf der kollektiven Apathie versinken. Einer einzigen starken Persönlichkeit, in der der gewisse Funke der Führernatur lebt, könnte es gelingen, ein bißchen Gärung in dem Dorf zu erzeugen. Aber wer sollte das sein? Vielleicht der Schuhflicker?«

»Wie soll ich das wissen?« erwiderte der Sekretär gleichgültig. »Jedenfalls ist seine Tochter recht lebhaft.«

»Dir, mein fauler Freund, geht es nur um dein Vergnügen«, sagte Dulnikker wütend. »Immer muß ich alles selber machen!«

An diesem Punkt kehrte der Staatsmann seinem Sekretär den Rücken und betrat gleich darauf den Schusterladen. Zev setzte sich unter eine große Linde, riß einen Grashalm ab, legte ihn quer über seine gespitzten Lippen und begann auf ihm zu blasen. Er hatte sich noch nie so gelangweilt wie in den letzten paar Tagen.

Der Laden Zemach Gurewitschs war nichts als ein kleiner

Raum an der Seite seines Hauses und enthielt einen Tisch, zwei Schemel, einen Hammer, ein Stemmeisen, etwas Pech und eine Menge über den ganzen Fußboden verstreute Schuhleisten. Auf dem einen Schemel saß ein alter Mann mit einem fahlen Gesicht, der Holznägel in eine Schuhsohle trieb. Zemach Gurewitsch war soeben von seinem Feld zurückgekehrt und hatte seinen Lederschurz angelegt. Er begrüßte den Staatsmann mit einem leichten Nicken, aber der alte Mann hob kein Auge, um ihn auch nur anzusehen.

»Meine Herren«, sagte der Staatsmann zum Schuhflicker, »ich habe ein Paar guter Schuhe, aber ich möchte, daß Sie Gummiabsätze daraufgeben, damit mein Schritt elastischer wird. Wenn Sie nichts dagegen haben, schicke ich Ihnen morgen meinen Sekretär mit den Schuhen herüber.«

»Habe nichts dagegen«, erwiderte der Schuhflicker, »aber nicht morgen, Herr Ingenieur.«

»Ich bin kein Ingenieur.«

»Trotzdem nicht morgen, weil ich die Absätze erst durch den Barbier bei der Tnuva bestellen muß.«

Der im taktischen Manöver so erfahrene Staatsmann ergriff sofort die sich ihm bietende Gelegenheit.

»Ich möchte wissen«, sagte er, während er Gurewitsch und seinem Gehilfen Zigaretten anbot, »warum es der Barbier sein muß, der die Warenliste aufstellt?«

Der Schuhflicker und der Alte tauschten verblüffte Blicke.

»Er stellt nichts auf«, versicherte der Schuhflicker. »Er schreibt nieder, was ihm die Leute sagen.«

»Selbst das ist eine achtbare Funktion im Dorfleben«, meinte Dulnikker. »Es liegt mir fern, mich in Ihre Angelegenheiten zu mischen, meine Herren, aber es scheint, daß Sie, Herr Gurewitsch, die Aufgabe genauso getreu erfüllen könnten. Die Dorfbewohner besuchen nicht nur den Friseurladen; Ihre Institution, als Grundlage aller Schusterarbeit, kommt in häufigen, direkten Kontakt mit ihnen. Ist Ihnen nie eingefallen zu fragen, warum der Barbier ernannt wurde, um die Liste zu führen, und nicht Sie?«

»Ich hab' mir darüber Gedanken gemacht, Herr Ingenieur«, gab Gurewitsch zu, »und recht ist es nicht!«

»Also dann«, begann Dulnikker seine Schnellfeuerrede, »treten Sie an das Tor des Dorfes hinaus und sagen Sie den Mitbürgern: ›Auch ich bin ein Handwerker, nicht weniger als der Barbier, und auch ich will Anteil haben an der Aufstellung der Liste!‹ Würden Sie das tun, Genosse?«

»Nur wenn ich verrückt wäre, Herr Ingenieur«, erwiderte Gurewitsch gelassen. »Es war wirklich nicht recht von uns, dem Barbier das ganze Zeug aufzuladen. Aber von mir verlangen, mir freiwillig noch eine Arbeit auszusuchen, der jeder sonst versucht, aus dem Weg zu gehen – Sie werden schon entschuldigen, Herr Ingenieur, aber ich bin doch nicht auf den Kopf gefallen.«

Woraufhin sich der Schuhflicker an seinen Tisch setzte, seinen Hammer hob und zum Staatsmann sagte:

»Sie schicken also Ihren Krankenwärter nächste Woche her, Herr Ingenieur.«

»Er ist mein Sekretär«, murmelte Dulnikker, als er den Laden verließ. Er fand seinen Krankenwärter unter der Linde ausgestreckt, auf seinem Grashalm hohe Töne blasend. Die Wut des Staatsmannes erreichte einen bisher ungeahnten Gipfel. Mit einer schnellen, wütenden Gebärde entriß er Zev den Grashalm, und während er den Sekretär die Straße mit entlang zog, erzählte er ihm die ganze schändliche Angelegenheit. Er beschloß sein Klagelied:

»Dieses Dorf verkommt hoffnungslos.«

Der Sekretär warf einen besorgten Blick auf die vorquellenden Adern des Staatsmannes.

»Nur einem zurückgebliebenen Geistesschwachen könnte es entgehen, was sich hier abspielt!« brüllte Dulnikker. »Wo ist das Dorfratsgebäude, frage ich! Wo ist die öffentliche Parkanlage, frage ich! Wo ist das Industrieviertel, frage ich! Ist es nicht abnormal, daß ein Dorf dieser Größe nicht einmal – einen Bürgermeister hat?«

»Wozu brauchen diese guten Leute einen Bürgermeister?« plädierte Zev. »Ich sehe nicht ein, warum Sie es nötig finden, sich so über sie aufzuregen.«

»Der Mensch hat ein Gewissen«, erwiderte der Staatsmann. »Was mich wirklich wurmt, ist, daß ich keine Möglichkeit finde, sie aus ihrer chronischen Dumpfheit zu ziehen – und niemand will mir dabei helfen! Ich glaube«, Dulnikker warf einen zornigen Blick auf den Karren zurück, der sie mit ohrenzerreißendem Kreischen begleitete, »ich glaube, es ist an der Zeit, daß wir dieses Transportmittel loswerden.«

»Wie Sie wünschen«, sagte der Sekretär nachdenklich, »obwohl gerade das *die Lösung* sein könnte.«

Dulnikker hatte seinen Sekretär vor sechs Jahren entdeckt, bei der Versammlung einer kleinen Jugendgruppe. Der Staatsmann pflegte Vorlesungen auch vor so unbedeutenden Einzelgrüppchen zu halten, um seine Unparteilichkeit zu zeigen, indem er keinen Unterschied zwischen den einzelnen Größenordnungen machte. Zev, der Gruppenkoordinator, hatte Dulnikker mit einigen Worten etwa folgendermaßen begrüßt:

»Ich freue mich, in unserer Mitte Amitz Dulnikker zu begrüßen, einen der Gründerväter und Former unseres Staates, einen der Gründer und Baumeister der Bewegung, einen Mann der Arbeit, des Schöpferischen, des Kampfes, der Eroberung und Leistung; den Pionier und Verwirklicher!«

Dulnikker war der gewitzte Jüngling aufgefallen; er erblickte ein noch unbehauenes Talent in ihm. Nach seinem Vortrag hatte er sich mit Zev in eine Ecke abgesondert, wo sie die Ansichten des Staatsmannes über zuchtvolle Organisation, Entwicklung, Wirtschaft, Sicherheit und das Atom erörtert hatten. An jenem Tag nahm Dulnikker den begierig lauschenden Jüngling unter seine Fittiche. Aufgrund Dulnikkers persönlicher Anordnung wurde der unbekannte Jugendkoordinator innerhalb von vierundzwanzig Stunden zur Zentralexekutive versetzt und innerhalb eines halben Jahres von dem Staatsmann in die Stellung seines Ersten Sekretärs befördert. Es ist anzunehmen, daß der bekannte Scharfblick des Staatsmannes ihn auch diesmal nicht im Stich gelassen hatte. Zev erwies sich als ein gewandter Sekretär, den Dulnikker im Lauf der Zeit in einen Großteil seiner Tätigkeit einweihte und ihm sogar Gelegenheit gab, sich ideologisch zu entwickeln, indem er selbständige Berichte, Reden und Aufsätze entwerfen durfte, wann immer Dulnikker nicht selbst die Zeit dafür fand. Er überraschte Dulnikker mehr als einmal mit einer schwer zu fassenden glänzenden Idee, der der Staatsmann erst zu folgen vermochte, als man sie ihm erklärte. Auch jetzt wieder hatte der Knabe mit irritierender Einfachheit seine Meinung zur Lage hingeworfen: »Das Fuhrwerk ist die Lösung.«

»Ich sehe, daß du zum Kern der Sache vorgedrungen bist«, sagte Dulnikker vorsichtig, »aber ich möchte doch gern hören, wie du dir vorstellst, die Idee in die Tat umzusetzen.«

»Sehr einfach, Dulnikker«, erwiderte Zev. »Wir haben beide bemerkt, daß die Bauern größtenteils zufriedene Menschen sind. Aber sie müssen zu Fuß zu ihren Feldern und wieder zurückgehen, so daß sie todmüde heimkommen. Also habe ich mir gedacht, wenn man dem Bürgermeister die Benutzung irgendeines Beförderungsmittels bewilligen würde, so ungefähr, wie es den Staatsbeamten dritter Klasse erlaubt ist, wären sie eifriger dahinter, den Job zu übernehmen.«

»Probe bestanden, mein Freund«, versicherte der Staatsmann, als ihm Zevs Plan aufging. »Genau das, was ich meinte, als ich dir, wenn ich mich recht erinnere, sagte, der erste Schritt sei, ihren Wunsch nach einem Beförderungsmittel zu wecken. Nur bin ich bei der Entwicklung meiner Idee etwas weiter gegangen und habe beschlossen, sie zu verwirklichen.«

Dulnikker wartete, bis der Karren sie einholte.

»Genossen«, wandte er sich an den Kutscher, »würde es euch etwas ausmachen, jemanden anderen statt uns zu befördern?«

»Nein«, erwiderte der Pfeifenraucher. »Im Gegenteil.«

An diesem Abend strich Dulnikker um die Häuser herum, bis die Kunden den Barbierladen verlassen hatten. Salman Hassidoff wollte eben die Rolläden herunterlassen, und seine Frau kehrte bereits die Haare vom Fußboden zusammen, als der Staatsmann hereinstürzte und sich auf den Sessel vor den Zerrspiegel setzte.

»Wie sieht's mit der Ernte aus, meine Herren?« erkundigte er sich. »Wie steht's mit den Feldern?«

Hassidoff beschleunigte das Einseifen beträchtlich, blieb jedoch stumm.

»Kein Naserümpfen, meine Herren! In der Landwirtschaft rackern, im Barbierladen rackern, und noch dazu offizielle Dorfangelegenheiten besorgen«, sagte der Staatsmann, blind für seine feindselige Umgebung. »Ich möchte sagen, Genossen, daß sich der Mensch manchmal eine größere Last aufbürdet, als er tragen kann.«

»Ja«, erwiderte der Barbier vorsichtig, »und deshalb bekommen Sie auch heute keinen Haarschnitt.«

»Nur recht und billig«, sagte Dulnikker verzeihend. »Wenn es einen gibt, der den kleinen Mann versteht, dann bin ich es. Wie kann ich Ihnen helfen, Herr Hassidoff?«

Hassidoff machte sich das Angebot des Staatsmannes zunutze: »Bitte bewegen Sie die Haut neben Ihrem Mund nicht soviel, so werden wir früher fertig.«

»Wie Sie wünschen«, antwortete Dulnikker und fügte sofort hinzu: »Ich nehme an, Ihre Felder liegen vom Dorf ziemlich weit weg.«

»Und wie weit!« schaltete sich die Frau des Barbiers ins Gespräch ein.

Dulnikker war voll Mitleid. »Wirklich? In dem Fall kann ich Ihnen vielleicht helfen, meine Herren. Woran ich denke? Ich habe mir und meinem Krankenwärter für zwei Wochen einen Wagen gemietet, aber ich brauche ihn nicht mehr. Also dachte ich daran, ihn Herrn Hassidoff zu leihen.«

Herr Hassidoff hielt mitten im Rasieren inne.

»Was?« fragte er. »Warum?«

»Weil ich helfen will, Genossen. So einfach ist das!«

»Warum ausgerechnet mir?«

»Weil Sie, Herr Hassidoff, der Bürgermeister sind.«

»Was für ein Bürgermeister?«

»Amtierender Bürgermeister, Leiter der Dorfangelegenheiten. Bürgermeister de facto!«

»Ich bin kein de facto! Ich leite nichts.«

»Lassen Sie die Bescheidenheit, Genossen. Herr Hassidoff, sind Sie denn nicht der Mann, der die Bestellungen für die Tnuva aufstellt? Sind Sie denn nicht derjenige, der den Leuten sagt, wann der Lastwagen eintrifft?«

»Das stimmt«, gab Hassidoff verschämt zu. »Sie lassen immer mich das tun. Nur ein Narr wie ich läßt sich eine solche Arbeit aufhalsen.«

»Das ist genau der Grund, der mich bewog, Ihnen meinen Wagen zu leihen, Genossen. Ich habe ihn ohnehin schon bezahlt, also wird es Sie keinen Heller kosten.«

»Was soll das, Herr?« protestierte der Barbier. »Glauben Sie, ich setze mich auf einen Karren? Ein Karren ist dazu da, um Futter zu befördern, nicht Leute.«

Plötzlich tauchte eine mächtige Verstärkung auf.

»Wird es dir schon weh tun, Salman, ein paar Tage auf einem Karren zu fahren, wenn ihn der Herr Ingenieur ohnehin schon für dich gemietet hat?« übertönte ihn die Stimme seiner Frau. »Bist du Bürgermeister de facto, oder wie das der Herr Ingenieur genannt hat – oder bist du's nicht?«

»Sei nicht blöd!« sagte der Barbier zornig und begann Dulnikker erneut einzuseifen. »Was werden die Leute hier sagen? Nein, Herr«, wandte er sich an Dulnikker, »hören Sie nicht auf das Geschwätz der Frau. Das kommt nicht in Frage.«

Als der Barbier zum erstenmal in dem Karren auf sein Feld hinausfuhr, trauten die Dorfbewohner ihren Augen nicht, besonders da Frau Hassidoff strahlend hinter dem Rücken des teilnahmslosen Frächters saß und den Leuten, die offenen Mundes vorbeigingen, liebenswürdig zuwinkte. Wann immer Leute in Rufweite herankamen, hielt der Barbier das Fahrzeug an, um sich zu entschuldigen: Es sei nicht seine Schuld, er habe den Karren als Leihgabe für ein paar Tage von dem Ingenieur bekommen, der halte ihn für den Bürgermeister *de facto* – und ähnliche, mindestens ebenso unklare Ausflüchte. Hassidoff entdeckte jedoch, daß seine Angst übertrieben gewesen war, denn das Spannende verlor sich von Tag zu Tag, und der Barbier auf dem Karren wurde zu einem untrennbaren Teil der Szenerie – genau wie der Staatsmann und sein bebrillter Krankenwärter, wenn sie tief ins Gespräch versunken die Dorfstraße hinunterwanderten.

Was Dulnikker betraf, fühlte er sich seit Beginn seines nun schon ziemlich langen Aufenthaltes in Kimmelquell befriedigt. Sein Erfolg, den Barbier auf den Karren zu setzen, war zwar keine der großen Leistungen auf seinem Konto, aber er betrachtete es als einen guten Start. Zu seiner großen Erleichterung sollte die Fortsetzung nicht lange auf sich warten lassen, wenn auch nicht durch eine Bemühung seinerseits.

Es geschah am Samstag abend in der »Dorfrunde« und so still, daß nur wenige der Speisenden bemerkten, daß es überhaupt geschah. Zemach Gurewitsch, der Schuhflicker, der neben Dulnikker saß, eröffnete mitten im Mahl eine lebhafte Diskussion mit ihm. Das war bemerkenswert, weil es das erste Mal war, daß es, mit Ausnahme der Zwillinge, je ein Dorfbewohner getan hatte.

»Herr Ingenieur«, sagte der Schuhflicker zu Dulnikker, »meine Felder liegen sehr weit vom Dorf entfernt.«

»Wirklich?«

»Daher«, fuhr der Schuhflicker fort, »geben Sie auch mir einen Karren.«

Die Schuhflickerstochter, die kleine Blonde, die neben dem »Herrn Krankenwärter« saß, begann ihren Vater sachte anzustoßen, aber der materialistisch gesonnene Mann brachte sie mit einem Knurren zum Schweigen.

»Laß mich in Ruhe, Dwora«, donnerte Zemach Gurewitsch, »ich bin älter als der Barbier und habe außerdem ein schlechtes Bein. Ich schwöre, es wäre wunderbar, wenn ich ein paar Tage nicht zu Fuß gehen müßte ...«

»Ich würde mit Freude Ihr Ansuchen bewilligen, meine Herren«, rechtfertigte sich Dulnikker, »aber was kann ich tun, wenn Sie, Herr Gurewitsch, keine öffentliche Funktion im Dorf versehen? Das Recht auf einen Karren gebührt dem Bürgermeister, und da gegenwärtig der Barbier die Liste zusammenstellt, steht der Karren zu seiner Verfügung.«

»Das versteh' ich nicht«, platzte der Schuhflicker heraus. »Wieso verdient der größte Dummkopf im Dorf den Karren?«

»Weil er der Bürgermeister ist, meine Herren.«

»Und wenn ich der Bürger- oder Teufel-was-weiß-ich wäre, könnte ich dann auf dem Karren fahren?«

»Natürlich.«

»Schön, das kann im Handumdrehen geregelt werden. Der Barbier ist mein Freund«, sagte Zemach Gurewitsch kichernd. Er stand auf und hinkte zu Hassidoff hinüber. »Salman«, sagte er und klopfte ihm freundlich auf den Rücken, »weißt du was? Wie wär's, wenn du an deiner Stelle mich die Tnuva-Liste machen läßt? Es ist wirklich nicht gerecht, es die ganze Zeit dir anzuhängen. Also wechseln wir auf ein paar Tage ab, ja?«

»Gott sei Dank!« rief der Barbier erleichtert, als würde ihm eine Last vom Herzen genommen. Aber gleich darauf jaulte er auf: »Au!« und rieb sich mit saurer Miene den Knöchel unter dem Tisch.

»Salman wollte sagen«, informierte die Barbiersfrau den Schuhflicker, »daß du dafür zuviel zu tun hast, Zemach, und außerdem kannst du nicht lesen und schreiben, und außerdem bist du auch nicht so de facto, verstehst du.«

»Weib«, knurrte Gurewitsch, »dich hab' ich nicht gefragt. Ich habe mit Salman gesprochen.«

»Ich glaube«, stöhnte Salman, »wir lassen die Dinge vorläufig so, wie sie sind.«

Der Schuhflicker klopfte ihm wieder auf den Rücken. Diesmal aber angewidert. Er kehrte auf seinen Platz zurück, wo er verbittert berichtete:

»Der kleine Barbier ist plötzlich ein großes Tier geworden!«

»Natürlich«, bemerkte Dulnikker befriedigt, »er ist ja auch Bürgermeister!«

Jener Abend grub sich in Dulnikkers Herz als ein wunderbares Vergnügen ein. Er stopfte sich mit jedem verbotenen Leckerbissen voll, von Bratenfett bis Sauerkraut, er sog sich mit Schnaps voll, bis er selig besoffen war und der Schmerz in seinen verletzten Gliedern spurlos verschwand. Er sprach mit vielen Bauern fast wie mit seinesgleichen und war diesen Wohltätern herzlich dankbar. Außerdem verabredete Dulnikker an jenem Abend sein erstes Stelldichein mit Malka. Ehrlich gesagt, war es eine durchaus einseitige Handlung. Nach dem schweren Abendessen kam die Frau zu ihm und flüsterte ihm sehr deutlich zu, daß sie nach Mitternacht in der strohgedeckten Hütte hinten im Garten auf ihn warten würde.

Einen Augenblick war Dulnikker bis in die Tiefen seiner Seele erschüttert.

»Wozu?« stammelte er. »Warum sollten Sie auf mich warten, Madame?«

Malka lachte, genoß die bei Männern so übliche Schäkerei von Herzen und ließ dabei zwei Reihen tadelloser, schimmernder Zähne sehen.

»Bringen Sie eine Decke mit«, flüsterte sie, »benützen Sie aber nicht die Treppe, sonst wecken Sie vielleicht wieder den Narren auf.«

Zum erstenmal dämmerte Dulnikker der ganze Ernst seiner schwierigen Lage. In seinem Kopf jagten einander wundersame Gedanken und Verzweiflungsschreie.

»Aber wenn ich nicht die Treppe hinuntergehen kann, kann ich einfach nicht hinuntergelangen.«

»Muß ich es Ihnen erst beibringen, Herr Dulnikker?« sagte das Weib lächelnd. »Sie sind ein Mann von Welt!«

»Ha, ha, ha«, kicherte Dulnikker. »Das bin ich ja wirklich.«

Die seltsame, berauschende Spannung begleitete den Staatsmann, selbst nachdem er zu Bett gegangen war. Er lag mit weit offenen Augen da und versuchte nicht einmal einzuschlafen. Hie und da schaute er ungeduldig auf die Uhr und zählte die Minuten. Was er jedoch die ganze Zeit wirklich wollte, war, einige Worte mit einem Mitmenschen zu tauschen. Genau wie ein Gewohnheitsraucher, der sich mit einigen Zügen an einer Zigarette entspannt, konnte Dulnikker bloß mit ein paar Worten, und wenn es die kürzeste Rede war, Spannung loswerden. Zum Glück für ihn ging Mischa nach ihm – sehr spät – zu Bett, und Dulnikker beutete diese Gelegenheit aus.

»Sag mir, Mischa«, wandte sich der Staatsmann in der Dunkelheit an den Kuhhirten, »warst du je verliebt?« Die Frage kam ihm unerwartet, fast unwissentlich auf die Zunge, aber der Kuhhirte war überhaupt nicht überrascht. Er antwortete sogar mit ungewohntem Eifer:

»Herr Ingenieur, ich bin gerade jetzt verliebt, in die Dwora Gurewitsch, aber ihr Vater läßt sie mich nicht heiraten.«

»Augenblick«, unterbrach ihn Dulnikker. »Mit welchem Recht mischt sich der Schuster ein?«

»Sie ist seine Tochter.«

»Ich sage dir, mein Freund Mischa, diese Situation wird so lange andauern, solange den Frauen von Rechts wegen nicht gleiche Rechte gewährt werden. Nur eine gesamtstaatliche Regelung wird das Problem lösen helfen.«

»Stimmt.«

»Nun, in deinem speziellen Fall, Mischa, gehen wir der Sache auf den Grund. Bei aller Hochachtung vor dir, mein Freund, schließlich bist du nur der Dorfhirte, während Zemach Gurewitsch der Besitzer einer mit assortierten Produktionsmitteln ausgestatteten Werkstätte ist.«

»Stimmt. Ausgestattet.«

»Hör auf, mich jeden Augenblick zu unterbrechen, Mischa. Laß mich zu Ende reden, genauso wie ich schweige, wenn du redest. Es steht nicht in eurer Macht, Genossen, in diesem Stadium unserer Entwicklung die grausamen Gesetze der Gesellschaft zu ändern. Die Begüterten – und es ist im Augenblick unerheblich, auf welche Weise sie ihre Profite angehäuft haben – errichten Schranken zwischen sich und den unteren Klassen, selbst im Rahmen eines so winzigen Dorfes wie diesem hier. Aller Wahrscheinlichkeit nach ist sich auch Fräulein Dwora der finanziellen und sozialen Kluft bewußt, und sie ist von sich aus nicht bereit, die gesellschaftlichen Schranken niederzureißen, die ich im Vorgehenden erörtert habe. Kannst du mir folgen?«

»Ich verstehe Sie. Was also kann ich tun, Herr Ingenieur?«

»Sich zusammenschließen, Genossen. Das ist das ganze Geheimnis. Ein einziger öffentlicher Kuhhirte ist noch keine öffentliche Macht; aber alle Hirten zusammen, in einem vereinigten Block, stellen eine Macht dar, die niemand übergehen kann. Wie viele Hirten gibt es außer dir im Dorf, einschließlich aller Hirtengattungen?«

»Nur mich.«

Einen Augenblick schwieg Dulnikker, nahm jedoch bald das Gespräch wieder auf und faßte dessen Schlußfolgerungen zusammen:

»Du mußt durchhalten, Mischa, und dir eine öffentliche Stellung im Dorf erringen, denn eine solche Stellung würde deinen Mangel an materiellen Hilfsmitteln aufwiegen.«

»Öffentliche Stellung?«

»Ja. Irgendeine respektgebietende Funktion, die dich ins Scheinwerferlicht rückt. Wen hält man für die respektierteste Person im Dorf?«

»Man sagt«, berichtete Mischa, »den Kuhhirten.«

»Dich?«

»Ja.«

»Warum?«

»Weil ungefähr die Hälfte des Viehs mir gehört.«

»Dir?«

»Sicher. Ich bin der Reichste im ganzen Dorf, Herr Ingenieur.«

»Jedenfalls, es wird spät, mein Freund, und du mußt schon im Morgengrauen aufstehen«, meinte Dulnikker. »Gute Nacht, Mischa, überlege dir, was ich dir gesagt habe.«

»Jawohl«, antwortete der Kuhhirt und schlief unter schweren Gedanken ein, während sich die Stirn des jungen Riesen vielleicht zum erstenmal im Leben runzelte. Dulnikker wartete, bis es Mitternacht schlug, wusch sich dann schnell das Gesicht und begab sich an das von ihm geplante Unternehmen: Er knüpfte den Ärmel seines Bademantels an das Balkongitter, klemmte eine gefaltete Decke unter den Arm und begann unter lautem Herzklopfen den Abstieg via Bademantel. Sowie der Staatsmann in dem schwachen Mondlicht von oben sah, daß seine Füße fast den Boden berührten, ließ er den Bademantelstrick los und fiel ungefähr zwei Meter tief auf den weichen Gartenboden. Er schlug mit dem Kopf auf und rollte dann in einen Blumenteppich. Während all dieser Manöver kreischte Dulnikker immer wieder entsetzt auf, raffte sich jedoch schnell zusammen, klopfte flüchtig den Staub von seinem Pyjama und kroch auf allen vieren zu der strohgedeckten Hütte.

Bei Tagesanbruch kehrte Dulnikker in sein Bett zurück, geschwächt und schwindlig, dennoch voll angenehmer Erinnerungen an ein unvergeßliches Erlebnis. Diese Nacht in der strohgedeckten Hütte übertraf mit ihrer lebendigen Erquicklichkeit alle Vorstellungen. Der Staatsmann sagte sich, daß es allein um dieser leidenschaftlichen Nacht willen wert gewesen war, zur Erholung nach Kimmelquell zu kommen.

Als Dulnikker zum Ort des Stelldicheins gekrochen kam, hatte er Malka schon wartend vorgefunden. Sie saß in der efeuüberwucherten Hütte in einem rosa Nachthemd und begrüßte den Staatsmann mit ihrem üblichen ermutigenden Lächeln. Dulnikker atmete schwer, und trotz der kalten Nacht spürte er eine seltsame Wärme in sich. Er breitete die Decke auf dem Boden aus und setzte sich neben Malka auf die aus dicken Ästen gezimmerte Bank.

»Ihr Hals ist sehr schmutzig«, sagte die Frau. »Sind Sie auf den Rücken gefallen?«

»Kann schon sein«, erwiderte Dulnikker etwas beleidigt. »Ich habe keinen Fallschirm mit.«

Malka begann den Lehm mit einem kitzelnden Kratzen abzuschälen.

»Sie haben einen schönen dicken Nacken«, flüsterte sie, während sie drauflosarbeitete.

»Ja, in meiner Familie haben meine engsten Verwandten alle den gleichen dicken Nacken«, erwiderte Dulnikker männlich stolz. Dank der Entdeckung der Dicke seines Nackens durchflutete seinen Körper plötzlich eine neue warme Welle. Der Staatsmann rückte der Frau ein bißchen näher, und von diesem Punkt an entwickelte sich alles vollkommen natürlich. Malka erschauerte durch seine Nähe, schloß die Augen und lehnte den Kopf an die Schulter ihres Galans. Eine Weile saßen sie in heiligem Schweigen wie zwei Götzendiener da – trunken von der kalten Pracht der zwinkernden Sterne. Dulnikker erkannte mit einem erschreckten Zusammenzucken, daß sie außer der leichten Hülle nichts anderes trug, und diese neue Entdeckung ließ sein Herz stocken.

»Malka«, flüsterte er in die feuchte Nachtluft, »ich bin kein Jüngling mehr, mein Frühling ist vorbei und mein Haar wird langsam grau. Aber glaube mir, Malka, von der ersten Stunde an fühlte ich, wie uns eine spontane, fast mystische Anziehung zueinanderzog ...«

Dulnikkers Herz öffnete sich von der Gewalt seiner Worte. Malka beugte den Kopf zurück, ihr schwarzes Haar fiel in Wellen auf ihre Schultern, und ihre Lippen öffneten sich leicht.

»Ein solches Gefühl hat ein Mann nur in entscheidenden Augenblicken seines Lebens«, fuhr Dulnikker flüsternd fort. »Seine Seele steht still, und der Flügelschlag des Schicksals wird hörbar. Ich erinnere mich nur an ein einziges Mal, daß ich ihn so deutlich hörte wie jetzt in deiner Gegenwart, Malka. Wenn ich mich recht erinnere, fand das zu Beginn eines besonders heißen Sommers statt, als ich noch ein schmucker Jüngling war: Zvi Grinstein ließ mich ins Parteihauptquartier kommen und fragte mich, ob ich bereit sei, die Leitung einer Propagandakampagne zur Verdoppelung der Mitgliederzahl zu übernehmen. Damals – damals hatte ich ein Gefühl, als sei ich kein von einer irdischen Frau geborener Mensch. Ich hatte das Gefühl, daß ich irgendein Vogel sei, ein Vogel, der steil himmelwärts fliegen wollte. Stelle dir das vor, Malka: Ich, der junge Verkaufsleiter des Parteiblattes – und Zvi Grinstein!«

Hier unterbrach sich Amitz zu einer kurzen, aber dramatischen Pause.

»Gott der Allmächtige!« flüsterte er in die geheimnisvolle Dunkelheit. »Wer hätte je gedacht oder vorausgesagt, daß der Sohn des armen Hausierers eine solche Bedeutung im Heiligen Land erlangen würde? Es stimmt, mein lieber Vater – Friede seiner Seele – setzte große Hoffnungen in mich. Denn während die anderen Schulkinder auf der Straße spielten, pflegte ich im Heder zu sitzen, Humesh zu studieren und nicht herumzurennen, weil ich viel zu dick war. Aber gleichzeitig war ich hübsch wie ein kleiner Engel – mit meinen krausen Seitenlokken –, würdig des Pinsels eines van Gogh. Die Leute wollten mich immer hochheben und meine Pausbacken mit Küssen überschütten. Zu meinem großen Kummer war ich gezwungen, mit meinem Studium an der Jeshiva aufzuhören, bevor ich meinen Rabbinergrad erreichen konnte, weil wir plötzlich nach Palästina auswanderten, wo wir eine schwere Zeit knochenbrechender Arbeit durchmachten. Heute mag es Ihnen lächerlich klingen, Madame, aber einst arbeitete Amitz Dulnikker als gewöhnlicher Markthelfer. Ich bin auf jene kurze Zeit der körperlichen Arbeit stolzer als, sagen wir, auf den Literaturpreis für die Veröffentlichung des ersten Bandes meiner gesammelten Leitartikel. Kehren wir jedoch zum Thema zurück, um die Dinge nicht durcheinanderzubringen. Es war mein Glück, bald eine Anstellung als erster Diener bei dem verstorbenen Rabbi Zuckermann von Jerusalem zu finden. Mein Gehalt war minimal, dennoch war es eine intellektuelle Beschäftigung, eines gebildeten Mannes würdig. Er war ein lieber Mensch, voll frommen Eifers, zugleich aber ein aufgeklärter, fortschrittlicher geistiger Führer und tief im Herzen ein vorbildlicher Zionist. Einmal – ich muß Ihnen das erzählen, Madame – kam ein Schächter, dem man nicht erlaubt hatte, an Rosh Hashanah Shofar zu blasen, zu ihm. Der arme Kerl jammerte: ›Rebbe, Rebbe, warum läßt man mich nicht an Rosh Hashanah blasen?‹ Und was erwiderte der Rebbe, meine Herren? ›Ich habe gehört – ähm –, daß du nicht in der Mikve untergetaucht bist!‹ Der Schächter begann sich zu entschuldigen: ›Rebbe, das Wasser war kalt. Oj, war das kalt, Rebbe!‹ Und der Rebbe erwiderte: ›Oif Kalts blust men nischt!‹ Ha, ha, ha ... Der verstorbene Rabbi Zuckermann war ein sehr kluger und geistreicher Mann, obwohl ich nur kurz in seinen Diensten blieb, um mich einer der zionistischen Arbeiterbewegungen anzuschließen. Erlauben Sie mir, Freunde, mit einem Gefühl der Genugtuung zu bemerken, daß dieser Schritt einen Wendepunkt in meinem Leben darstellte. Ich begann zweimal wöchentlich für das Parteiorgan zu schreiben. Siedlungen! In jedem Artikel wiederholte ich mein Schlagwort: Siedlungen! Entweder wir werden eine unabhängige jüdische Landwirtschaft haben, oder es wird auf der Welt überhaupt keine Landwirtschaft geben! Gott, war ich damals kühn! Als der verstorbene Rabbi Zuckermann hörte, daß ich Zionist geworden war, verfluchte er mich schrecklich und entließ mich; und von da an verdiente ich mir mein Leben mit Hebräisch-Unterricht. Selbst damals war ich schon gezwungen, immer alles selber zu machen, und daher gründete ich aus eigener Initiative mit einigen anderen Genossen zusammen den Kibbuz Givat Tushija. Aber jener Teil meiner Memoiren gehört, glaube ich, zu den Annalen unserer historischen Wiedergeburt. Wir kultivierten, meine Damen und Herren, jene Wüstengebiete wie die Irren, weil wir alle der Romantischen Schule angehörten, und wenn der anonyme Korrektor im Stab des Parteiorgans nicht plötzlich tot umgefallen wäre, dann wäre ich vielleicht mehr als zwei Jahre im Kibbuz geblieben. Nachher forderte mich Zvi Grinstein auf, wie du dich vielleicht erinnerst, ihn zu besuchen, und in jener Stunde von so großer Tragweite, Genossen, war ich ein Mann von neunundzwanzig Jahren der Selbsthingabe und Standhaftigkeit.«

Der junge Dulnikker hatte das 35. Lebensjahr erreicht, viele Kämpfe durchgestanden, viele Erfolge zu seiner Ehre verbucht, als Malkas regelmäßiger Atem seine Laufbahn für einige Sekunden unterbrach. Der Kopf der Frau war hinuntergerutscht und ruhte nun auf der Brust des Staatsmannes. Dulnikker ignorierte ihren tiefen Schlaf und setzte seinen Vortrag weitere zehn Minuten fort, nach denen auch ihn die Müdigkeit überkam. Seine Augenlider wurden schwer, seine fleißige Zunge wurde schläfrig und machten dem tiefen Schnarchen Platz, das seiner Kehle entströmte.

Dulnikker erwachte durch Malkas erschrockenen Aufschrei.

»Oh, Himmel!« rief die Frau aus und sprang auf. »Es ist schon fast Sonnenaufgang!«

Dulnikker packte ihr rosa Nachthemd.

»Wann kommst du wieder?« fragte er stürmisch. Die Frau warf ihm einen völlig verblüfften Blick zu und lief davon. Der schläfrige Staatsmann wollte ebenfalls zu seinem warmen Bett zurückeilen. Als er jedoch unter seinem Balkon angelangt war, entdeckte er, daß er seinen Bademantel nicht erreichen konnte, um an ihm emporzuklettern. Daher kehrte er wieder in die strohgedeckte Hütte zurück, um abzuwarten, bis er in Ruhe die knarrende Treppe emporsteigen konnte, ohne das Mißtrauen Elifas' zu wecken.

Kaum hatte sich Dulnikker auf der Bank niedergelassen, als er ein schwaches Rascheln hörte, das aus dem Garten vor dem Haus des Schuhflickers dem Wirtshaus gegenüber kam. Langsam kroch der neugierige Staatsmann zur Hecke, spähte durch ihr Laub und war niedergeschmettert. Im Licht der frühen Morgendämmerung nahm er zwei schattenhafte Gestalten wahr, die vorsichtig zu Zemach Gurewitschs Haus zurückkehrten und es betraten.

Es war Zev, mit einer gefalteten Decke unter dem Arm, begleitet von der kleinen Dwora.

Dulnikkers wütender Blick folgte ihnen. Er hatte sich sofort zusammengereimt, was im Garten des Schuhflickers vor sich gegangen war: »Zev hat Fräulein Dwora den Kopf verdreht, ist dann nachts in den Garten hinausgegangen, und dann ...«

Konnte der Sekretär ihr bis zum Tagesanbruch seinen Lebenslauf erzählt haben? Nein, dazu hatte Zev noch nicht lange genug gelebt. Dulnikker verstand allmählich, warum sein Sekretär jetzt immer so schläfrig dreinsah. Er verführte Mädchen bei Nacht!

Dulnikker kletterte so entsetzt und so sehr in düstere Gedanken versunken die Treppe hoch, daß er sich erst in letzter Minute daran hinderte, wieder das Schlafzimmer des Wirts zu betreten. Er fiel wie ein Holzklotz auf sein Bett, streckte sich genießerisch in Erwartung angenehmer Träume aus und schlief sofort ein.

Der Zeiger der Sonnenuhr hatte seinen Schatten gerade auf die Ziffer 10 geworfen, als Dulnikker von einem fröhlichen Lärm erwachte, der aus dem Garten kam. Er stolperte mit noch halb geschlossenen Augen auf den Balkon hinaus und entdeckte die Zwillinge, die unten standen und über den Anblick des Bademantels lachten, der noch immer am Geländer festgebunden war und im Morgenwind heftig flatterte.

»He, Ingenieur«, schrie Hajdud, »Majdud sagt, es ist ein Fetzen. Ist es nicht eine Fahne für den Bürgermeister?«

Dulnikker versuchte auch diesmal nicht, das Geschwätz der Fratzen zu ergründen. Er tat, als habe er sie nicht gehört, und versuchte unter ständigen Selbstvorwürfen den verknüpften Ärmel aufzubinden.

»Sieht so aus, daß der Mantel schon trocken ist!« sagte er absichtlich laut. Aber zu seinem großen Ärger gelang es ihm erst nach einem längeren Kampf der Fingernägel, den Knoten aufzumachen, da der Mantel mit Tau vollgesogen war. Anschließend ging er schläfrig, jedoch angenehm ermattet, in den Speisesaal hinunter, entschlossen, von seinem Sekretär für dessen unverantwortliches Tun eine ausführliche Erklärung zu verlangen.

»Genossen«, beabsichtigte er ihm entgegenzuschleudern, »ein Mann, der unfähig ist, seine Triebe zu beherrschen und ein Sklave seines Fleisches wird, sollte besser auf seine Berufung zum Dienst an Volk und Partei verzichten!«

Auch Malka sah etwas müde aus, aber als sie Dulnikker sein ausgiebiges Frühstück servierte, sah sie ihn träumerisch an und drückte ihm leidenschaftlich den Arm.

»Joj!« staunte die Frau. »Wo haben Sie es gelernt, so hübsch und so viel zu reden, Herr Dulnikker? Und so viele Fremdwörter, und in einem Zug. Ich hab' noch nie so reden gehört.«

Wieder wogte die gleiche warme Welle in Dulnikker hoch. Noch immer spürte er Malkas Kopf an seiner Brust. Er stand auf und trat zu ihr.

»Komm heute nacht wieder hin, Malka«, flüsterte er heiser. »Ich werde auf dich warten.«

»Pst, mein Mann!«

Sehr verwirrt begann Dulnikker in der Küche herumzuwandern, als suche er etwas. Er stieß gegen den Schächter und verwickelte ihn sofort in ein Gespräch. Er erzählte ihm einen Witz über einen Schächter, dem verboten worden war, Schofar zu blasen, und fragte ihn, wie viele gottesfürchtige Mitglieder übrigens seine Gemeinde zähle.

»Nur eines«, erwiderte der Schächter und deutete mit einem traurigen Lächeln auf sich.

»Das ist nicht viel«, spottete der Staatsmann, »aber auf eine solche Gemeinde können Sie sich wenigstens verlassen.«

»Weiß ich? Es ist schwer, in einem Ort fromm zu bleiben, der keine Synagoge hat, nicht einmal eine schundige.«

»Das ist ja großartig«, sagte der Staatsmann in einem professionell scherzenden Ton klagend. »Für eine Synagoge ist kein Geld da, aber der Bürgermeister fährt in einem Wagen herum! Einfach wundervoll!«

Der Schächter blickte ihn überrascht an.

»Verzeihung, Herr Ingenieur«, erwiderte er, »aber sind denn nicht Sie es gewesen, der den Karren für ihn gemietet hat?«

»Na und? Hat man ihn gezwungen, den Wagen von mir anzunehmen?«

Die klare Logik des erfahrenen Staatsmannes traf ins Schwarze. Der Schächter klopfte auf den Busch. »Herr Ingenieur, würden Sie mir helfen, eine Synagoge zu bauen?«

»Ich würde Ihnen gern Ihr Ansuchen bewilligen, meine Herren, aber ich habe kein Budget für andere dringende Bedürfnisse als die des Bürgermeisters.«

»Ich kann kein Bürgermeister werden, Herr Ingenieur, ich bin Schächter.«

»Na und? Ist der Schächter weniger als der Barbier? Im Gegenteil! Salman Hassidoff tut, was für ihn am besten ist, und Sie, Herr Rabbi, tun, was für Gott am besten ist.«

»Da ist viel Wahres dran«, meinte der Schächter, »aber ich bin kein Rabbi.«

»Praktisch sind Sie einer! Sie sind ein Rabbi de facto!«

Hier ließ Dulnikker den aufgeregten Schächter stehen, weil sein Sekretär mit den Spuren der nächtlichen Ausschweifung im Gesicht im Speisesaal erschien. Kühn näherte sich Dulnikker, pflanzte sich vor ihm auf und sagte leicht hüstelnd:

»Ich möchte mit dir reden, mein Freund Zev.«

Der Sekretär setzte sich mit aufreizender Fassung nieder.

»Ja, Dulnikker. Was gibt's?«

Der Politiker beugte sich über den Tisch, das Gesicht nahe an Zev, und betonte jedes Wort:

»Ich meine die Ereignisse heute nacht, Genosse!«

»Keine Sorge, Dulnikker«, antwortete der Sekretär, während er sich Butter aufs Brot strich, »nur ich und Dwora haben euch beide im Garten gesehen. Beruhigen Sie sich, es wird nicht weiterdringen.«

»Danke«, murmelte Dulnikker und begann sein weiches Ei aufzuklopfen.

Am Nachmittag, als das Vieh von der Weide zurückkehrte, spielten sich Ereignisse ab, die in der Geschichte Kimmelquells noch nie dagewesen waren. Niemand wußte, wie es begonnen hatte. Die Leute sahen, wie die Tür der Schusterwerkstätte aufflog und Zemach Gurewitsch zusammen mit Mischa, dem Kuhhirten, herausstürmte.

»Glaubst du, ich bin ein Narr, Gurewitsch?« schrie der Kuhhirte. »Ich weiß, daß du Dwora verboten hast, mich zu sehen!«

»Ich es ihr verboten?« schrie ihn der Schuhflicker gellend an. »Dwora läuft vor dir davon, Mischa, das ist alles! Warum sollte ich es verbieten?«

»Warum? Du fragst noch, warum?« brüllte der Kuhhirte wütend. »Glaubst du, ich weiß es nicht? Glaubst du, es wird dir durchgehen, daß du alle möglichen Schranken zwischen uns aufrichtest, nur weil ich ein Mann der materiellen Hilfsmittel bin?«

»Was?«

»Ja, ja, du hast richtig gehört, Zemach Gurewitsch! Gott sei Dank habe ich Augen im Kopf! Glaubst du, daß du das Recht hast, dich einzumischen, nur weil du Mittel produzieren kannst?«

»Ich schwöre, er ist betrunken!« kreischte der Schuhflicker. »Schau, daß du weiterkommst, bevor ich mich vergesse!«

Der Kuhhirte war fuchsteufelswild. »Sag du mir ja nicht, was ich tun soll, Gurewitsch! Noch bist du nicht Bürgermeister!«

Der Schuhflicker sprang hoch, als hätte ihn eine Schlange gebissen. Seit zwei Tagen war er überzeugt, daß der Bürgermeister-Barbier unnötig vor seiner Werkstatt herumfuhr, um ihn zu provozieren. Gurewitsch ballte die Fäuste und ging wütend auf den Kuhhirten los.

»Ich werde früher Bürgermeister sein, als du denkst!« schrie er. »Selbst wenn es einigen Leuten nicht paßt!«

Dulnikker beobachtete die Auseinandersetzung mit kaum unterdrückter Genugtuung. »Endlich ein etwas menschlicher Ton«, sagte er zu seinem Sekretär. »Es sieht zwar aus, als sei es nicht mehr als ein persönlicher Kampf zwischen zwei Einzelmenschen, aber meiner bescheidenen Meinung nach ist dieser Konflikt der erste Vorbote einer gesunden politischen Gärung im Dorf Kimmelquell!«

»*Unser* Vorbote«, bemerkte der Sekretär nervös, »müßte jetzt schon bei Manager Schultheiß eingetroffen sein.«

»Dessen kann man nicht so sicher sein«, erwiderte Dulnikker. »Ich habe irgendwo gelesen, daß sich in diesem Sommer die Raubvögel ungeheuer vermehrt haben.«

Hermann Spiegel kam herbeigelaufen und fragte atemlos: »Worüber streiten sie?«

»Über das Bürgermeisteramt«, erwiderte Dulnikker. »Natürlich.«

»Lächerlich«, bemerkte der Tierarzt. »Erst gestern abend habe ich zufällig das Thema mit meiner Frau besprochen. Sie meinte, ich würde einen perfekten Bürgermeister abgeben, wegen meiner wunderbar klaren Handschrift. Ich habe ihr gesagt: ›Was redest du da, mein Schatz? Das könnte ich gerade brauchen!‹«

»Warum nicht?« fragte Dulnikker. »Selbst ein Intellektueller könnte einen guten Bürgermeister abgeben. Oder haben nur Handwerker das Recht, in Kutschen herumzufahren?«

»Meinen Sie wirklich, Herr Ingenieur?« überlegte Hermann Spiegel und eilte zu den Streitenden hinüber, obwohl sich die Menge inzwischen mangels Handlung zerstreut hatte.

»Immer muß ich alles selber machen!« erklärte der Staatsmann befriedigt. »Ich werde jetzt den Schuhflicker besuchen und ihm einige elementare Dinge erklären.« Er drehte sich nach seinem Sekretär um. »Sag mir, mein Freund Zev, als ich dir die Idee mit dem Karren das erste Mal auseinandersetzte, hast du da geglaubt, daß sie ermutigende Entwicklungen erzeugen würde?«

»Nein, Dulnikker. Wirklich nicht.«

Zev und die kleine Blonde kletterten langsam einen schmalen Pfad hinauf, der sich durch den Tannenwald schlängelte. Der langarmige Sekretär schien das Mädchen unter seiner Achselhöhle zu tragen, während Dworas große Augen an seinem Gesicht hingen.

»Hörst du die Vögel zwitschern?« fragte sie begeistert. Der Sekretär versicherte ihr, daß er den Lärm höre, er sei ja nicht taub.

»Sie zwitschern nicht nur«, versicherte er ihr, »sie beflecken einem auch die Kleider.«

»Ihr Stadtfräcke sucht in allem immer nur das Schlechte.«

»Im Gegenteil, mein Huhn, wir suchen uns das Gute heraus.«

Um zu beweisen, daß es ihm ernst damit sei, nahm Zev seine Brille ab, lehnte das Mädchen gegen einen Baumstamm und küßte es auf die Lippen. Da dies seine einzige Zerstreuung im rückständigen Kimmelquell war, war es nur natürlich, daß die beiden ihren Weg erst nach einer langen Pause fortsetzten.

»Warum seid ihr hergekommen?« fragte Dwora.

»Der Ingenieur kam zur Erholung.«

»Das stimmt nicht. Der Ingenieur ist nicht zur Erholung gekommen, er ist gekommen, um das Dorf aufzuhetzen.«

»Möglich. Das ist sein Geschäft.«

»Geschäft? Warum lassen ihn das die Leute tun?«

»Vielleicht, weil sich die Leute gern aufhetzen lassen.«

Sie hatten eine kleine, bewachsene Waldlichtung erreicht. Dwora setzte sich auf einen umgestürzten Baumstamm, und Zev legte sich zu ihren Füßen hin.

»Weißt du, Zev, der Pappi benimmt sich seit neuestem so seltsam«, klagte das Mädchen, während es genußvoll Zevs Haare zauste. »Plötzlich hat er sich entschlossen, anstelle des Barbiers Bürgermeister zu werden. In den letzten Tagen ist er nicht zur Arbeit hinausgegangen, er bespricht sich nur immer mit dem Herrn Ingenieur, und nachher sitzt er stundenlang in seiner Werkstatt und ›klärt‹. Es ist einfach nicht mit ihm zu reden. Du weißt ja, wie dickköpfig er ist!«

»Wie soll ich das wissen?«

»Er ist störrisch wie ein Maulesel. Ich weiß, es ist nicht nett, daß ich meinen Vater einen Maulesel nenne, aber was er vorhat, ist schrecklich. Gestern abend kam er vom Herrn Ingenieur heim und sagte mir: ›Ich muß beweisen, daß ich wirklich für das öffentliche Wohl arbeite, nicht wie Hassidoff, der keine Ahnung vom Rasieren hat!‹ Wir saßen da und haben den ganzen Tag geklärt. Ich habe verschiedenes vorgeschlagen, was wir wirklich brauchen, wie zum Beispiel mehr Kinder im Dorf oder kühleres Wetter, aber erst am Abend hatten wir eine gute Idee: Es gibt nicht genug Wasser im Dorf. Der Papa war schrecklich glücklich, und ich hab' sofort ein großes Schild in

Großbuchstaben machen müssen: ›Wir werden so lange nicht genug Wasser haben, solange der Barbier Bürgermeister ist. Wenn ich Bürgermeister bin, werde ich für einen grossen Brunnen mitten in der Stadt de facto sorgen.‹ Und jetzt will der Pappa diese Ungeheuerlichkeit in der Werkstatt aufhängen, damit es jedermann sehen kann. Wieso lachst du so? Es ist gar nicht komisch!«

Zev wälzte sich vor Vergnügen.

»Fabelhaft!« keuchte er zwischendurch. »Gärung!«

»Was soll denn das, Genossen?« schrie Dulnikker Zemach Gurewitsch gellend an, als er das Schild an der Wand las. »Was für einen Zweck soll denn das eigentlich haben, wenn ich fragen darf?«

»Eine Art schriftlicher Verständigung«, stammelte der Schuhflicker. »Haben Sie mir denn nicht selbst gesagt, Herr Ingenieur, und ich zitiere: ›Wasser ist eine feine Idee, aber Sie werden sie dem Dorfpublikum zur Kenntnis bringen müssen‹? So habe ich mir vorgestellt, daß sie alles darüber lesen.«

»Die Idee eines Plakats ist durchführbar«, meinte der Staatsmann, »aber es müßte gedrängter und pointierter ausgedrückt werden. Sie müssen es zu einem Schlagwort machen!«

»Einem Schlagwort?«

»Ja. So ist es wirksamer, Genossen. Schweigen Sie – ich möchte etwas Ruhe haben.«

Dulnikker versank in Gedanken, während der Schuhflicker und sein Assistent auf ihren Schemeln zu Statuen unendlicher Ehrfurcht erstarrten. Der Staatsmann hob die Augenbrauen zum Zeichen der geistigen Anstrengung, genoß eine Weile das erwartungsvolle Schweigen und verkündete dann seinen Slogan:

Der Barbier baut keinen Brunnen!
Der Schuster einen feinen Brunnen!

Am nächsten Tag schlenderte Dulnikker allein über die Dorfstraße. Im tiefsten Herzen war er froh, daß sich sein fauler Sekretär in diesen letzten paar Tagen nicht blicken ließ; denn Zevs zynische, verächtliche Einstellung seiner Erziehungskampagne gegenüber hatte den Zorn des Staatsmannes erregt. Dulnikker vermerkte mit tiefer Befriedigung, daß der Karren, komplett samt alternder Eselin und rauchendem Kutscher, noch immer vor Hassidoffs Haus wartete, trotz der Tatsache, daß die Frist, für die ihn Dulnikker gemietet hatte, schon vor einigen Tagen abgelaufen war. Dulnikker vermutete, daß der Barbier nicht gewillt war, auf sein königliches Gefährt zu verzichten, damit ein solcher Schritt nicht den Eindruck machte, als gebe er seinem Gegner Zemach Gurewitsch nach. Und genauso war es: Salman Hassidoff hielt aus Anmaßung an dem Karren fest und bezahlte ihn aus eigener Tasche. Außerdem fuhr er an einem äußerst heißen Tag zu dem direkt gegenüberliegenden Schuhflickerhaus und sagte von oben her zu Zemach Gurewitsch, der neiderfüllt nur mit den Zähnen knirschen konnte: »Morgen schicke ich meinen Kutscher um den Schuh herüber.«

Als Dulnikker den Barbierladen betrat, kehrte die Frau ihren Fußboden genauso, wie sie es getan hatte, als er zum erstenmal aufgekreuzt war. Diesmal jedoch war ihre Haltung dem Staatsmann gegenüber völlig verändert. Dulnikker setzte sich auf den Sessel, stopfte sich das Handtuch in den Kragen und – dann bemerkte er den kleinen Zettel, der am Spiegel klebte:

SCHUSTER BAUT KEINEN BRUNNEN!
DER BARBIER EINEN FEINEN BRUNNEN!

In des Staatsmannes Seele begannen laut die Siegesglocken zu erschallen.

»Verzeihung, mein Freund«, fragte der Staatsmann unschuldig, »was ist denn das?«

»Ich weiß nicht«, flüsterte der verlegene Barbier. »Alle erzählen mir, daß Gurewitsch ein Schild hat, auf dem das Gegenteil steht.« Hassidoff wandte sich bekümmert seiner Frau zu, die ihm unverzüglich zu Hilfe kam:

»Daß es ein Gedicht ist, verstehen wir, Herr Ingenieur«, sagte sie. »Aber wozu der Brunnen?«

»Zufällig weiß ich, was hier vorgeht, Madame«, erwiderte der Staatsmann. »Der Schuster verspricht dem Dorf einen Brunnen, wenn er zum Bürgermeister ernannt wird.«

»Aber in diesen Bergen gibt es unterirdisch doch keinen Tropfen Wasser!«

»Meine Herren, er verspricht nicht Wasser, er verspricht einen Brunnen.«

»Höre, Salman«, brüllte sein Heldenweib, »dann wirst du eben auch einen Brunnen versprechen! Sogar zwei Brunnen! Drei!«

»Nützt nichts, Madame.« Der Staatsmann schüttelte traurig sein Haupt. »Der Schuster hat die Glaubwürdigkeit *a priori* für sich. Daher wird man ihm eher glauben.«

»*A priori?*«

»*A priori.*«

»Warum?«

»Weil er die Opposition ist. Er tritt mit der Regierung in Konkurrenz.«

»Das ist eine Schweinerei!« schrie der Barbier himmelwärts. Sein Weib begann dem warmen, menschlich so mitfühlenden Ingenieur ihr Herz auszuschütten. »Schauen Sie, Herr Ingenieur«, sagte Frau Hassidoff weinerlich, »jetzt auf einmal wollen sie alle Bürgermeister de facto werden, nur weil es Mode ist. Und trotzdem haben wir bis jetzt nicht einmal gewußt, daß wir einen Bürgermeister haben.«

»Sie haben recht, Madame«, entschied Dulnikker. »Das Seniorat Ihres Gatten ist unbestreitbar.«

»Hörst du, Salman? Der Herr Ingenieur sagt auch, daß du irgendein Seniorat hast.«

»So?« brüllte Hassidoff, und sein Blick war mörderisch. »Was will also dieser dreckige Kerl, der die Schuhe so flickt, daß man nicht in ihnen gehen kann? Was will er eigentlich?«

»Eine Regierungsumbildung«, erklärte Dulnikker und fügte höchst erheitert hinzu: »Benützen Sie nicht Ihre Zunge, Herr Hassidoff; benützen Sie auch Ihre Klinge!«

Das Rasiermesser in Salman Hassidoffs Hand tanzte tatsächlich wie das Schwert in der Hand eines nervösen Fechters. Der Barbier errötete bis zum Scheitel seines kahlen Schädels.

»Salman«, jammerte die Frau, »denk daran, was dir Hermann Spiegel gesagt hat! Du darfst dich nicht aufregen! Diese ganze Bürgermeisterei de facto ist deine Gesundheit nicht wert.«

»Recht hast du, Weib«, keuchte Hassidoff. »Ich trete zurück, und damit hat sich's!«

»Zurücktreten?« Frau Hassidoff richtete sich hoch auf. »Niemals!«

»Aber meine Herren, meine Herren«, beruhigte sie Dulnikker sanft. »Um Himmels willen, wohin sind wir geraten? Was ist mit diesem soliden Dorf geschehen?«

»Herr Ingenieur, Sie sind ein zu gütiger Mensch, um so etwas zu verstehen«, bemerkte die Frau. »Seit neuestem hat sich hier eine Menge verändert!«

»Jedenfalls möchte ich gern helfen. Bitte informieren Sie mich, meine Herren, wie hier der Bürgermeister gewählt wird.«

»Er wird nicht gewählt«, klärte ihn der Barbier auf. »Bisher hat sich das immer ungefähr so abgespielt: Wenn sie mich zuviel belästigt haben, hab' ich zu schreien angefangen, daß ich genug habe, und von jetzt an soll jemand anderer die Liste zusammenschreiben. Dann sind sie alle über mich hergefallen und haben behauptet, daß ich fehlerlos hebräisch schreibe und daß ich viel mehr Zeit habe, weil ich nicht immer warten muß, bis ich beim Barbier drankomme. So war's, wie sie mich immer gewählt haben.«

»In jedem Fall muß das Wahlsystem unverzüglich geändert werden«, verkündete Dulnikker. »Nicht länger soll ein blindes Schicksal eine so gewichtige Frage entscheiden; sie wird einem fairen Wettkampf auf Gemeindebasis unterzogen.«

»Fein!« rief der Barbier. »Ich bin bereit dazu!«

»In nächster Zukunft werden wir einen Provisorischen Dorfrat einberufen, als oberste Instanz, welche die Interessen des Dorfes repräsentiert«, fuhr Dulnikker fort, seinen Geheimplan zu erläutern. »Von nun an, meine Herren, wird nur eine Gemeindekörperschaft festsetzen und entscheiden, wer Bürgermeister von Kimmelquell wird!«

»Gemeindekörperschaft?« wunderte sich Frau Hassidoff. Der Gatte brachte jedoch das feige Frauenzimmer sofort zum Schweigen.

»Keine Sorge, Weib«, sagte er und richtete sich zu seiner vollen Höhe auf. »Ich bin zwar nicht groß gewachsen, aber ich fürchte mich nicht vor dem hinkenden Schuhflicker!«

»In welchem Fall wir anscheinend einer Meinung sind«, versicherte Dulnikker befriedigt und verließ den Laden in bester Laune. Salman Hassidoff trat vor den Spiegel und ließ seine Muskeln spielen.

»Fein«, rief er seiner Frau kraftvoll zu, »lassen wir also die stärkste Körperschaft der Gemeinde entscheiden!«

Die nächsten drei Tage waren von fieberhaften Beratungen gekennzeichnet. Der Staatsmann widmete seine besten Talente der Bildung eines Dorfrats und benützte zu diesem Zweck seinen durchaus nicht begeisterten Sekretär. Wieder wurde er zur »Dampfwalze Dulnikker«, der dynamischen Kraft, die ein ganzes Dorf hinter sich herzuziehen vermochte. Diese wundersame Genesung war zum Teil seiner Entdeckung eines bequemeren Weges als den Balkon zu seinem zweiten Stelldichein mit Malka zu verdanken. Auch dieses Stelldichein prägte sich der Seele des Staatsmannes ein, obwohl es sich vom ersten insofern unterschied, als Malka in warmen Kleidern kam und auch ein Wollknäuel mitbrachte, aus dem sie einen grünen Pullover zu stricken anhub. Dulnikker hatte das Alter von 43 erreicht, sein Stern war aufgegangen, und er war zum stellvertretenden Parteisekretär ernannt worden, trotz der Opposition Shimshon Groidiss', als ein schlafloser Hahn Malka aufweckte und beide die Hütte verließen, um in den Morgennebeln zu verschwinden. Das hielt ihn in keiner Hinsicht von seinen Bemühungen ab, die »oberste, den Dorfwillen repräsentierende Instanz« zu errichten.

»Es ist wirklich nicht recht, daß wir beide die Räte auswählen, statt es das Dorf selbst tun zu lassen«, versicherte Dulnikker in der Gegenwart seines gähnenden Sekretärs, »aber ich glaube, wir können uns noch nicht auf diese Bauern verlassen, denen selbst die minimalste politische Erfahrung abgeht.«

Zev deutete an, daß ja auch der Staatsmann zum erstenmal im Leben einen Dorfrat wählte, aber Dulnikker beruhigte ihn und sagte, Zev wäre überrascht, wenn er sähe, wie leicht das sei. Man brauche dazu nur die verschiedenen Klassen im Dorf, die sozialen Ebenen mit ihren unterschiedlichen und entgegengesetzten politischen Bestrebungen zu unterscheiden. Nach dieser kurzen, jedoch pointierten ideologischen Aufklärung begannen sie, die Bauern nach der obenerwähnten Skizzierung einzuteilen. Drei Stunden später hörten sie verschwitzt und enttäuscht mit ihrer Öffentlichkeitsarbeit auf.

»Gott steh uns bei!« Dulnikker war höchst erstaunt. »Es gibt überhaupt keine Unterschiede zwischen ihnen! Sie sind alle gleich!«

»Stimmt!« bemerkte Zev. »Sie sind alle Bauern, stammen alle aus Rosinesco, bauen Kümmel, besitzen Kühe und tragen Schwarz.«

»Von einem Gummistempel gezeugt«, stöhnte der Staatsmann. »Der Inbegriff politischer Rückständigkeit!«

»Schauen Sie, Dulnikker: Das Endziel jeder sozialistischen Partei ist, die Unterschiede zwischen den Menschen niederzureißen.«

»Natürlich ist es das Endziel, aber in diesem elenden Dorf stehen wir doch erst am Anfang!«

Sie gingen an eine neue Klassifizierung und sonderten die Bauern aus, die einer zweiten Beschäftigung nachgingen. Dulnikker meinte, daß der Barbier – als Bürgermeister de facto – den natürlichen Kern der herrschenden Partei darstelle, während der Schuhflicker naturgemäß die mächtige Opposition der arbeitenden Menschen repräsentiere.

»Das stimmt nicht«, kicherte der Sekretär. »Der Schuhflicker hat einen alten Mann in seiner Werkstatt angestellt.«

»Schön«, sagte Dulnikker, »dann soll er die Kleingewerbetreibenden darstellen. Darauf kommt es wirklich nicht an. Wir brauchen diese Unterscheidungen nur für uns, um das Ganze in eine Perspektive zu bringen. Die Dorfbewohner können solche Feinheiten nie begreifen. Wen haben wir sonst noch?«

Zev schlug den Tierarzt als Sprecher der Dorfintelligenz vor, aber Dulnikker, der sich an den Optiker aus Frankfurt am Main erinnerte, erhob Einspruch gegen Hermann Spiegel.

»Er repräsentiert das Vieh«, behauptete er. »Ich ziehe ihm bei weitem Elifas Hermanowitsch vor.«

»Der ist auch blöd«, bemerkte Zev. »Erst vor einigen Tagen gab er zu, daß er nie versteht, was der Herr Ingenieur sagt.«

»Wenigstens du, mein Freund, könntest dich zurückhalten, mich Herr Ingenieur zu nennen. Es regt mich auf.«

»Ich habe nur den Wirt zitiert.«

Elifas wurde dank der Majorität von Dulnikkers Stimme trotzdem in den Rat gewählt, als Repräsentant der parteiunabhängigen Rückständigen. Der Staatsmann nominierte auch den Schächter mit der Bemerkung, daß der religiöse Glaube überall eine mächtige Kraft sei. Der Sekretär grinste breit und wagte zu bemerken, daß der Schächter keinen einzigen religiösen Anhänger im Dorf habe. Das erweckte den Zorn des Staatsmannes.

»Bitte, hör mit diesem dummen Lachen auf«, sagte Dulnikker

wütend. »Du weißt sehr gut, daß ich ein Sozialist bin, der keinen Deut für die Einhaltung längst überlebter religiöser Bräuche gibt, daß ich Schweinefleisch esse, kein Käppchen trage und nicht eine Spur von dem Unsinn einhalte, den man mich in meiner Jugend gelehrt hat. Aber als Jude sprechend dulde ich keine so abfälligen Bemerkungen über einen jüdischen Schächter, der durch das Hauptrabbinat geweiht wurde!«

»Verzeihen Sie mir, Dulnikker.«

»Ich kann es dir nicht verzeihen, mein Freund. Dieser primitive Haß um seiner selbst willen gegen alle traditionellen jüdischen Werte und diese Verhöhnung unserer heiligen Thora sind typisch für einen antisemitischen Schweinefleischfresser. Nicht jedoch für einen Zionisten, gleichgültig, wie sehr er auch Atheist ist!«

Der Sekretär hielt den Mund, weil er wußte, daß das gefährliche Stadium des Adernschwellens auf der Stirn seines Herrn und Meisters erreicht war. Erst als sich der Anfall legte, bemerkte Zev höflich, daß sie, da die Räte endlich zu jedermanns Befriedigung gewählt waren, in Erwartung ihrer nahenden Abreise aus Kimmelquell ihre Koffer packen konnten.

»Unsere Taube«, sagte der Sekretär hoffnungsvoll, »ist jetzt bestimmt schon bei der Tnuva angekommen.«

»Wer weiß«, bemerkte Dulnikker, noch immer zornig, »diese gebrauchten Tauben sind nie sehr stark. Außerdem fallen sie nach einem Flug von 50 oder 60 Kilometern wie ein Stein zu Boden.«

»Nein, Dulnikker. Unsere Taube war eine starke.«

Dulnikker runzelte die Stirn.

»Solange wir hier sind, werden wir für das Wohl des Dorfes weiterarbeiten«, sagte er mit warnender Stimme. »Daher bitte ich dich, unverzüglich allen Betroffenen einen Brief zu senden:

›Mein Herr, wir beglückwünschen Sie zu Ihrer Wahl durch die Einwohner von Kimmelquell (Ober-Ostgaliläa) in ihren Provisorischen Dorfrat. Sie werden hiermit eingeladen, kommenden Mittwoch um Punkt 3.30 Uhr in der Ratskammer des örtlichen Gasthofes zu erscheinen, um an der ersten Sitzung des Provisorischen Rates unter Ausschluß der Öffentlichkeit teilzunehmen.

Tagesordnung:

1. Ratifizierung des Dorfrats.

2. Die Oberste Kommunalkörperschaft wird die Frage der Besetzung des Bürgermeisters entscheiden.

Streng geheim. Um pünktliches Erscheinen wird gebeten. Schwarzer Anzug erwünscht.‹«

»Praktisch tragen sie nie was anderes als Schwarz«, unterbrach der Sekretär den Staatsmann, aber dieser hieß ihn schweigen und beschloß sein Diktat mit: »Datum! Unterschrift!«

»Wessen Unterschrift, Dulnikker?«

»Juristisch gesprochen habe ich kein Recht, das Dorf zu vertreten. Also unterzeichne den Brief mit einer allgemeinen Unterschrift wie etwa ›Direktion‹.«

»Schön«, sagte der Sekretär zuvorkommend und schrieb: »Direktion, Abtlg. Ingenieurwesen.«

»Noch etwas«, fuhr Dulnikker fort. »Ich bin durchaus nicht glücklich, daß wir nur vier Mitglieder für den Rat finden konnten. Die gerade Zahl ist unbefriedigend, weil sich dadurch Stimmengleichheit ergeben kann. Daher brauche ich ein Zünglein an der Waage.«

»Vielleicht den Kärrner?«

»Statt eines unabhängigen Unternehmers wäre mir irgendein Kommunist oder extremer Linker lieber, um den Rat auszubalancieren. Hat dieses Dorf keine ausgebeuteten Arbeitskräfte oder Angestellte?«

»Soweit ich weiß, bin ich der einzige.«

»Hör zu witzeln auf, Zev! Ich kann meinen Krankenwärter nicht in den Rat einsetzen.«

»Ich bin Ihr Sekretär, Dulnikker.«

»Natürlich. Wer hat das je geleugnet?« wollte Dulnikker wissen. »Ich glaube, ich kann vielleicht meinen Kommunisten in dem Gehilfen des Schuhflickers bekommen! Jetzt hör mit dem dummen Gelächter auf, mein Freund, und notiere dir, daß ich morgen in der Schusterwerkstatt vorsprechen muß.«

»Ganz wie Sie meinen, Dulnikker«, erwiderte der Sekretär. »Ich jedenfalls gehe jetzt packen.«

Dulnikker warf einen Blick in die Schusterwerkstatt, und als er sah, daß der Gehilfe allein war, betrat er die dunkle Kammer. Der Staatsmann studierte aufmerksam das verwitterte Gesicht des bleichen alten Mannes, der, den zahnlosen Mund voller Nägel, an seiner Werkbank arbeitete. »Er ist alt genug, um der Vater des Schusters zu sein«, überlegte Dulnikker. »Aber statt so geehrt zu werden, wie es ihm gebührt, muß er sich von früh bis spät ausbeuten lassen.«

»Guten Morgen, Genossen«, begrüßte der Staatsmann den Arbeiter und fügte mit wohlüberlegter Diplomatie hinzu: »Ist mein Schuh schon fertig?«

»Nein«, erwiderte der Alte schrill mit seinem unverkennbaren rosineskanischen Akzent. »Sie haben uns keine Reparatur gebracht, Herr Ingenieur.«

»Natürlich nicht.« Dulnikker steuerte das Gespräch in die richtigen Bahnen: »Wie kann ich mir eure Preise leisten?«

»Bitte richten Sie sich das mit Salman.«

»Nein, Genossen. Dafür seid ihr zuständig!«

»Warum?«

Diese naive Frage entfesselte einen Redeschwall Dulnikkers, der rapid auf den unglücklichen nichtorganisierten Arbeiter herunterprasselte.

»Wieviel bekommen Sie für ein gewöhnliches Besohlen?«

»Ungefähr dreißig Agoroth.«

»Und wie viele Reparaturen machen Sie im Durchschnitt täglich?«

»Vielleicht drei.«

»Das kommt auf ungefähr ein Pfund pro Tag! Sie arbeiten fünfundzwanzig Tage im Monat. Nun, das kommt auf fünfundzwanzig Pfund im Monat. Stimmt's?«

»Ich weiß nicht.«

»Wie hoch ist Ihr Monatsgehalt?«

»Weiß nicht.«

»Bekommen Sie vierzig Pfund?«

»Die bekomme ich.«

»Aha!« brüllte Dulnikker. »Und wer steckt den Unterschied ein, ha?«

»Weiß nicht.«

»Das ist es ja gerade, Genossen! Ihr habt überhaupt kein Klassenbewußtsein. Und dann wacht ihr eines schönen Tages auf und entdeckt, daß die Jahre an euch vorbeigegangen sind, daß selbst eure wenigen übriggebliebenen Zähne wie Herbstblätter verweht sind. Und dann werdet ihr alle kommen und ›Dulnikker, Dulnikker, Dulnikker‹ schreien. Aber dann wird es zu spät sein!«

»Aber«, stammelte der Alte verzweifelt und rückte von seinem Besucher ab, »aber Sie haben uns wirklich keinen Schuh zur Reparatur gegeben, Herr Ingenieur.«

Dulnikker ging auf den Arbeiter zu und stand wie ein dräuender Schicksalsbote vor ihm. »Ihr müßt für euch denselben Lebensstandard verlangen, den Zemach Gurewitsch aufrechterhält!«

»Nein! Nein!« rief der erschrockene Alte flehend. »Bitte, Herr Ingenieur, bitte, verlangen Sie das nicht von mir! Ich kann nicht so schwer arbeiten wie Zemach. Er ist noch jung und kann auf das Feld gehen, aber ich komme gerade nur mit meiner Arbeit in der Werkstatt zurecht.«

Der Staatsmann wischte sich den Schweiß von der Stirn. In dem engen Raum war es ausgesprochen heiß.

»Ihr seid schwach, Genossen!« rief er. »Deshalb verdient ihr einen kürzeren Arbeitstag! Wie viele Stunden am Tag arbeitet ihr jetzt?«

»Soviel ich mag.«

»Das ist zuviel! Der Schuster beutet euer Pflichtgefühl als Arbeiter aus! Er weiß sehr gut, daß euer Gewissen euch zwingen wird, so lange zu arbeiten, solange ihr noch einen Finger rühren könnt. Und was ist das Resultat? Ihr beginnt zu husten, und ihr ertrinkt im Abgrund von Armut und Hunger. Nein, Genossen! Ihr müßt Zemach Gurewitsch informieren, schwarz auf weiß, daß ihr unter keinen Umständen so viel arbeiten werdet, wie ihr mögt. Von nun an, Genossen, werdet ihr eine Stunde weniger arbeiten! Und wenn das der Schuster ablehnt, werdet ihr unverzüglich einen Streik ausrufen!«

»Ja, unverzüglich ... einen Streik ... Herr Ingenieur.«

Allmählich wurde Dulnikker böse, weil er im Unterbewußtsein witterte, daß der Arbeiter die Grundtatsachen des Problems noch immer nicht begriffen hatte.

»Streiken bedeutet, mit der Arbeit aufhören«, erklärte er schreiend. »Und wollen Sie bitte diese Nägel aus dem Mund nehmen! Sie könnten sie ja schlucken!«

»Nur wenn ich bei der Arbeit gestört werde, Herr Ingenieur.«

»Keine Angst, Genossen! Wenn Gurewitsch vom Feld heimkehrt, steht ihr auf, mutig und gerade, und sagt ihm auf meine Verantwortung: ›Zemach Gurewitsch, von nun an werde ich um eine Stunde weniger arbeiten!‹ Der Schuster wird das ablehnen, und ihr werdet ihn von einer Arbeitsniederlegung informieren.«

»Oh, Gott!«

»Keine Angst, Genossen! Zemach Gurewitsch braucht euch, Zemach Gurewitsch wird euch nie mit leeren Händen wegschicken! Er wird euch eine halbe Stunde anbieten; ihr werdet dreiviertel verlangen, und ihr werdet höchstens zehn Minuten nachgeben! Im Fall einer völligen Ablehnung – streikt ihr! Ihr müßt euch organisieren, Genossen. Ihr müßt einen bescheidenen Streikfonds beiseite legen. Nur so werdet ihr imstande sein, euch in eurem Kampf gegen die Industrieunternehmer sicher zu fühlen. Verstanden?«

»Ich verstehe, ich verstehe«, sagte der Alte, mit dem Rücken an die Wand gepreßt, und nickte. »Jetzt gehen Sie ganz ruhig nach Hause, Herr Ingenieur, und ich kümmere mich um alles hier. Es wird schon alles gut werden.«

»Nein, Genossen«, erklärte Dulnikker und setzte sich auf den zweiten Schemel. »Ich beabsichtige zu warten, bis der Schuster heimkommt. Jetzt kann ich Ihnen ja ruhig sagen, daß ich beabsichtige, Sie, mein Freund, in den Dorfrat aufzunehmen! Das ist der Prüfstein, Genossen!«

Der Alte zuckte die Achseln und arbeitete mit einem bekümmerten Ausdruck weiter. Gelegentlich warf er dem starr dasitzenden Dulnikker einen ängstlichen Blick zu, aber es fiel kein Wort. Nach einer Weile hörten sie den schweren Schritt des Schuhflickers. Er trat ein, begrüßte Dulnikker und band seinen Schurz um.

»Jetzt!« flüsterte Dulnikker dem zögernden Arbeiter zu. »Ich stehe hinter euch!«

»Höre, Zemach«, sprach der Alte den Schuhflicker demütig an und gestikulierte entschuldigend, »der Herr Ingenieur will, daß ich heute eine Stunde weniger arbeite.«

»Fein«, sagte der Schuster, »es ist heute ohnehin nicht viel zu tun.«

Die Adern an Dulnikkers Schläfen begannen wieder zu schwellen.

»Nein!« schrie er heiser. »Nein! Nicht nur heute! Von heute an!«

Der Schuhflicker sah ihn erstaunt an.

»Schön«, sagte er und setzte sich mit einer fragenden Grimasse auf den leeren Schemel.

»Schneiden Sie keine Grimassen, mein Freund! Dieser alte Mann ist voll berechtigt, eine Stunde weniger zu arbeiten!«

»In Ordnung!«

»Täglich!«

»Herr Ingenieur« – Zemach Gurewitsch war außer sich –, »natürlich kann mein Vater arbeiten, wann es ihm paßt! Sie brauchen mich nicht die ganze Zeit daran zu erinnern, daß die Werkstatt ihm gehört!«

Das Stelldichein in der Hütte hatte einige Tage nicht stattgefunden, weil sich Dulnikker verkühlt hatte. Der Staatsmann nieste sehr oft, und dank seiner tropfenden Nase klang seine Stimme wie die eines Wildenterichs. Aber betrachtete man es genau, so rettete ihn seine Verkühlung vor einem schlimmeren Schicksal. Wäre sie nicht gewesen, hätte ihn Elifas Hermanowitsch am frühen Mittwoch morgen nicht in seinem Bett angetroffen.

»Wer ist da?« Der Staatsmann wachte bei der Berührung der Hand des Wirts auf. »Wer stört mich?«

»Ich«, kam Elifas' Stimme aus der pechschwarzen Finsternis. »Stehen Sie bitte auf, Herr Ingenieur, es ist alles so vorbereitet, wie Sie es haben wollen. Der Dorfrat wartet auf Sie.«

Der Staatsmann fuhr zusammen. »Was? Aber ich habe sie für drei-dreißig eingeladen.«

»Stimmt«, erwiderte der Wirt. »Es ist jetzt drei-dreißig.«

Dem Staatsmann wirbelte es im Kopf. »Guter Gott«, murmelte er, »habt ihr geglaubt, der Dorfrat würde sich nachts um halb vier versammeln?«

»Es ist nicht nachts. Es ist halb vier morgens«, korrigierte ihn Elifas. »Es tut mir sehr leid, Herr Ingenieur, aber in dem Geheimbrief stand nicht, daß Sie es für Nachmittag gemeint haben.«

»Jedenfalls«, knurrte Dulnikker, als er sich die Decke wieder über den Kopf zog, »unterrichten Sie bitte die Räte von ihrem peinlichen Irrtum.«

»Unmöglich, Herr Ingenieur, das ganze Dorf ist unten ...«

Diese originelle Wendung der Ereignisse konnte nur Dulnikker selbst überraschen. Die Einladungen, die der Krankenwärter persönlich an die Gewählten verteilt hatte, wurden trotz der düsteren Geheimhaltungspflicht innerhalb von Stunden Allgemeingut der Öffentlichkeit.

Alles in allem billigten die Dorfbewohner die Initiative, die von der »Direktion, Abtlg. Ingenieurwesen« an den Tag gelegt wurde, und sie billigten einhellig die glänzende Idee, die strittigen Fragen zwischen dem Barbier und dem Schuhflicker durch einen Kampf von Mann zu Mann zu bereinigen, besonders da in den Dörfern ihrer Ahnen in Rosinesco der Dorfvorsteher ebenfalls von Zeit zu Zeit gezwungen gewesen war, seinen

Gegnern seine körperliche Tüchtigkeit vor Augen zu führen. Die Dorfbewohner waren vom Ingenieur selbst angenehm überrascht, weil sie nie geahnt hätten, daß sich ein so verweichlichter Stadtfrack so leicht an das bäuerliche Naturgesetz anpassen konnte. Sie billigten auch seine Wahl einer frühen Morgenstunde, wodurch die Teilnehmer instand gesetzt waren, ungestört an ihr Tagewerk zu gehen.

Das Geheime an der Sache hielt die Dörfler natürlich nicht davon ab, schon um Mitternacht dem Wirtshaus zuzustreben. Einige Leute bezogen schon früher am Abend Stellung in der Nähe der Fenster, um garantiert eine gute Sicht zu haben. Andere hatten Stühle und Schemel mitgebracht, während die Kinder auf den Schultern ihrer Väter saßen und Majdud und Hajdud beneideten, die das Glück hatten, alles durch das Schlüsselloch der Küchentür mitansehen zu können. Der Ausgang des bevorstehenden Zweikampfes war umstritten. Einige behaupteten, der Schuster sei größer und schwerer, während andere meinten, seine Lahmheit sei ein Nachteil, und die Aufmerksamkeit ihrer Nachbarn auf die Festigkeit der Gemeindekörperschaft des Barbiers lenkten.

Der Speisesaal des Wirtshauses, von einem Dutzend Kerosinlampen erleuchtet, war selbst durch die Fenster ein prachtvoller Anblick. Elifas Hermanowitsch und seine Frau hatten sich lobenswert bemüht, den Raum auf Glanz zu bringen. Auf die Bitte des Ingenieurs hin hatten sie an einem Ende des Saals einige umgestülpte Holzkisten und auf dieses provisorische Podium den Präsidialtisch gestellt. Außerdem verteilten sie auf dem Tisch Gläser, Obstsaft, Kuchen, Zettel, Bleistifte und sogar einen mittelgroßen Hammer – mit Empfehlungen vom Schuhflicker. Ein breiter, von Nelken umrahmter Streifen Packpapier hing über dem Podium. Darauf stand in riesigen roten Buchstaben eine Schlagzeile, die der Herr Ingenieur verfaßt hatte: »Eine gesunde Stadtverwaltung – Grundlage einer gesunden Regierung. Zvi Grinstein.« Das Spruchband setzte lebhafte Argumente der Menschenmenge in Gang, weil es nicht ganz klar war, warum dieser Zvi Grinstein die Grundlage der Regierung sein sollte, wenn man bedachte, daß keiner dieses Namens im Dorf lebte.

Die streitenden Parteien kamen nacheinander zum Wirtshaus und wurden von der Menge begeistert empfangen. Zuerst kam der hinkende Schuhflicker, der einen schwarzen Festtagsanzug trug. Er zerrte eine in einen Mantel gewickelte Gestalt mit geschlossenen Augen hinter sich her, die sofort an dem nächstgelegenen Tisch niedersank und einschlief. Nach der von einem Ohr baumelnden Brille und der gelben Aktentasche in der einen verkrampften Hand zu schließen, so rechnete sich die Menge aus, mußte das der Krankenwärter des Ingenieurs sein. Nach ihm traf der Schächter ein, den Kopf mit einem ungewöhnlich großen und dekorativen Käppchen bedeckt. Er wurde mit besonderen Hochrufen von den Schulkindern begrüßt, die sich freuten, ihren Lehrer zu sehen. Der dritte Mann war zur Überraschung der Menge ein kleines Individuum plumpen Schrittes, namens Ofer Kisch, der Dorfvagabund, den Dulnikker nach dem vergeblichen Versuch, den Vater des Schuhflickers zu organisieren, ›in tiefstem Elend‹ entdeckt hatte. Ofer Kisch war Schneider von Beruf, da jedoch seit Jahren niemand Schneiderarbeit bestellt hatte, war der arme landlose Kerl gezwungen gewesen, sich sein Leben als Amateurspaßmacher bei Hochzeiten und als Totengräber zu verdienen. Angesichts letzterer Funktion verursachte sein Erscheinen im Wirtshaus, was den Ausgang des Kampfes betraf, eine ziemliche Bewegung im Publikum. Als letzter kam der Barbier in Begleitung seiner Frau, die – da die Einladungen an Einzelpersonen gerichtet waren – offiziell zur Privatkrankenschwester ernannt worden war. Beide betraten das Wirtshaus hastig und gespannt.

Alle Räte saßen um den Saal herum, hatten keine blasse Ahnung, was vor sich ging, und kraulten die Katzen, die zwischen ihren Beinen herumwanderten. Es war ihnen allen schwergefallen, ihre Schläfrigkeit zu bekämpfen, daher waren sie erleichtert, als Elifas auftauchte und den Ingenieur mitschleppte. Dulnikker taumelte die Treppe hinunter, ebensosehr von seiner Verkühlung wie von seinem Schlafmangel bedrückt. Der Staatsmann war schrecklich müde, bezog aber Trost vom Anblick seines Krankenwärters: Verglichen mit dem Aussehen des halbtoten jungen Mannes sah Dulnikker geradezu energiegeladen aus. Der Staatsmann befriedigte seinen Wunsch nach Rache, weil sich sein Verhältnis zu Zev dank eines kurzen Gesprächs besonders abgekühlt hatte. Dulnikker hatte seine rechte Hand gefragt, ob er von Anfang an gewußt habe, daß der Alte, der im Hintergrund der Schuhflickerwerkstatt dahinmoderte, sowohl der Vater des Schuhflickers als auch der Besitzer der ›Firma‹ persönlich war.

»Natürlich habe ich's gewußt«, erwiderte Zev. »Ich wohne beim Schuhflicker.«

»Warum hast du mir das denn nicht erzählt, wenn ich fragen darf?«

»Sie haben mich nie gefragt, Dulnikker.«

Jetzt näherte sich Dulnikker seinem schlummernden Sekretär und rüttelte ihn kräftig. Es bedurfte noch einiger ordentlicher Rüttler, um wenigstens eins seiner Augen aufzubekommen.

»Laßt mich schlafen«, stöhnte Zev. »Bitte sagen Sie ihnen, sie sollen nachmittags wiederkommen.«

»Unmöglich, mein Freund Zev.« Dulnikker rieb sich sehr vergnügt die Nase. »Ich habe sie für jetzt eingeladen!«

»Für jetzt?« Der Sekretär wurde noch ein bißchen munterer. »Haben Sie wirklich drei Uhr dreißig nachts gemeint?«

»Nicht nachts, morgens, mein fauler, schläfriger Freund!« höhnte Dulnikker. »Ich schlage vor, ihr wacht auf, Genossen, damit ihr ordnungsgemäß das Protokoll führen könnt.«

»Hol's der Teufel!« fluchte Zev. »Wozu brauchen wir diesen ganzen Mist?«

»Muß ich dir Rechenschaft über mein Tun ablegen?« entgegnete der Staatsmann kühl. »Wenn du gegen konstruktives Handeln bist, werde ich dich von der aktiven Teilnahme an der Debatte befreien. Alles, was du zu tun hast, ist das Protokoll zu führen, nichts weiter! Hallo, Genossen, was geht hier vor?«

Dieser fast hysterische Schrei bezog sich auf Salman Hassidoff und Zemach Gurewitsch, die auf dem Fußboden herumrollten und abgerissene Schlachtrufe blökten.

Es war eine ganz natürliche Entwicklung. Als der Schuhflicker merkte, daß der Ingenieur mit seinem Krankenwärter kostbare Zeit mit internen Diskussionen vertat, stand er auf und nahm die Sache selbst in die Hand. Er zog sein schwarzes Jackett aus, hinkte zum Tisch des Barbiers hinüber und fragte:

»Bereit, Salman?«

Hassidoff zog sich wortlos aus, und im nächsten Augenblick waren sie in der Arena und in einen mächtigen Kommunalkampf verwickelt. Der Barbier war wendiger und packte Gurewitsch an der Gurgel, diesem jedoch gelang es, Hassidoff mit einem Tritt seines lahmen Beins in dessen Magen abzuschütteln. Die Dörfler draußen standen auf den Fußspitzen und drückten sich die Nasen an den Fensterscheiben platt; die leichter Erregbaren unter ihnen begleiteten jede Wendung der Entscheidungsschlacht mit begeisterten Zurufen. Einen Augenblick schien es, daß der Schuhflicker die Oberhand hatte, weil er den Kopf des Barbiers in einem Würgegriff hielt, aber in letzter

Sekunde gelang es Hassidoff, ein Tischbein zu packen, und der Tisch schleifte überallhin mit, wohin Gurewitsch den Barbier zerrte.

Amitz Dulnikker sah all dem vom Podium aus zu. Sein Gesicht war krebsrot, die Augen fielen ihm fast aus dem Kopf, und seiner Kehle entrang sich ständig wildes Grunzen und sinnloses Knurren. Als der Staatsmann merkte, daß mit seinen Stimmbändern etwas nicht stimmte, hob er den Hammer und begann wild auf den Tisch einzuschlagen, aber seine Bemühungen fruchteten nichts gegen den Lärm der Menge draußen. Die einzige Anwesende, die ihren Gefühlen freien Lauf ließ, war das Heldenweib, das ständig kreischte:

»Gib's ihm, Salman! Gib's ihm!«

Salman hatte die Unterstützung seines Weibes grausam nötig, denn er lag auf dem Bauch, der Schuhflicker kniete auf seinem Rücken und trommelte ihm mit den Fäusten auf den Kopf. In diesem Stadium der Schlacht mischte sich eine neue Stimme in den allgemeinen Lärm: Der Sekretär brach in ein heulendes Hyänenlachen aus und wand sich auf seinem Stuhl. Mittlerweile war es dem Barbier gelungen, der Kommunalkörperschaft des Schuhflickers zu entrinnen und wie ein wütender Stier mit Kopfstößen zum Angriff überzugehen. Eifrig sprang der Schneider auf und begann die Tische beiseite zu rücken. Jetzt endlich fand Dulnikker die Sprache wieder.

»Idiot, was machst du da?« fragte er Ofer Kisch.

»Platz«, erwiderte Ofer Kisch. In diesem Augenblick gaben die dünnen Beine des Präsidialtisches unter Dulnikkers Hammerschlägen nach und brachen zusammen. Der plötzliche Krach ließ die Kämpfer einen Augenblick ihren Griff lockern. Dulnikker machte sich die kurze Flaute zunutze, sprang über die Ruinen seines Tisches und stürmte in die Arena.

»Huligane!« brüllte er und warf sich mit ausgebreiteten Armen zwischen die Kämpfer. Beide waren jedoch schon längst jenseits aller Beherrschung ihrer Reaktionen und setzten den Kampf fort, ohne auf den Staatsmann zwischen ihnen zu achten. Dulnikker zappelte wie ein Fisch im Netz. Zum Glück gelang es ihm, mitten in einem dreifachen Salto einer der streunenden Katzen auf den Schwanz zu treten, und das ohrenzerreißende Gekreisch des Tieres brachte die Kämpfer augenblicklich zur Vernunft.

Dulnikker saß mit einer dicken Staubschicht bedeckt und zerrauft auf dem Boden. »Schluß!« kreischte eine fremde Stimme aus seiner Lunge. »Schluß, ihr Mörder! Ihr verrückten, bösartigen Viecher, jeder einzelne von euch! Schluß, ihr Metzger! Schluß, sage ich! Zev!« schrie Dulnikker plötzlich seinen Ersten Sekretär an, der noch immer gelassen auf dem Podium saß. »Warum rührst du keinen Finger, du Taugenichts, wenn du siehst, daß man mich vor deinen Augen ermordet?«

»Herr Ingenieur, Sie haben mich angewiesen, mich nicht in die Debatte zu mischen«, erwiderte der Sekretär. »Meine Aufgabe ist es, mechanisch Protokoll zu führen, nichts weiter.«

Amitz Dulnikker stampfte auf und brach buchstäblich in Tränen der Enttäuschung aus. Malka umarmte seinen zitternden Körper und führte ihn auf die Rednertribüne. Das Schluchzen des kranken Staatsmannes wirkte auf die Menge genauso wie die Tränen eines Lehrers auf ungebärdige Schüler.

»Was haben wir denn falsch gemacht?« flüsterte Zemach Gurewitsch den übrigen Repräsentanten zu, während er sich seine blauen Flecken rieb. »War denn nicht er es, der uns geschrieben hat, daß die Oberste Kommunalkörperschaft die Bürgermeisterei entscheiden würde? Weshalb weint er also?«

Die Räte glätteten ihre Kleider und kehrten höchst verblüfft auf ihre Sitze zurück. Diese plötzliche Stille löste ein böses Geschrei der Menge draußen aus. Die Bürgerschaft reagierte auf die unerwartete Unterbrechung höchst unmutig mit mißbilligendem Pochen an die Fensterscheiben.

Dulnikker stand auf und stürzte, eine Hand auf seine verletzte Seite gedrückt, wütend zur Tür. Er schob den Riegel zurück und stellte sich dem tobenden Mob.

Er ergoß seine ganze Wut auf sie:

»Ruhe! Sonst schmeiß' ich euch alle miteinander aus diesem Dorf hinaus!«

Sein vulkanartiger Wutausbruch brachte sie zum Schweigen. Eine einsame Stimme wagte es, ihn respektvoll über das Meer von Köpfen hinweg auf die Tatsache hinzuweisen:

»Entschuldigen Sie, Herr Ingenieur, aber bis jetzt ist noch keiner besiegt worden!«

»Ihr Erbauer von Babel!« zischte der Staatsmann zwischen zusammengebissenen Zähnen und kehrte dem blutdürstigen Gesindel den Rücken. Er versperrte die Tür hinter sich, schneuzte sich mit einem empörten Trompetenstoß und kehrte auf seinen Platz am Präsidialtisch zurück.

»Meine Herren«, rief er dem Rat kummervoll zu, »was um Himmels willen hat sich hier getan?«

Fast die ganze nächste Stunde lang erhielten Dulnikker und Sekretär eine aufschlußreiche Belehrung über ›Begriffe und Bedingungen in Kimmelquell und ihre Bedeutung für die Funktionen des Dorfrates als einer kommunalen Körperschaft‹. Mit wachsender Bestürzung hörte sich Dulnikker die lokalen Ansichten an und versetzte das Dorf im Geist vom Mittelalter in die Steinzeit zurück.

»Genossen!« sprach er den Rat mit schwacher Stimme an, »zivilisierte Menschen entscheiden Führungsfragen nicht durch Faustkämpfe, sondern durch demokratische Wahlen.«

»Demokratische Wahlen?« wiederholten die Räte unter viel schnellem Blinzeln. »Wozu?«

»Weil die Dorfbewohner – sie und nur sie – entscheiden dürfen, wer sie regieren darf, Genossen.«

»Herr Ingenieur«, platzte der Schuhflicker flehentlich heraus, »ist unser System nicht einfacher?«

Dulnikker war am Ende seiner Geduld angelangt und warnte Gurewitsch unter energischen Hammerschlägen, daß er keinerlei provokante Zurufe dulden würde.

»Meine Herren!« wandte er sich scharf an seinen Sekretär. »Warum nehmen Sie kein Protokoll auf?«

»Entschuldigen Sie, Dulnikker, aber das habe ich doch!« protestierte der andere höflich und las dem Dorfrat unverzüglich vor, was er auf ein Stück Papier gekritzelt hatte: »Nach Ankunft des Vorsitzenden fand ein Kommunalkampf de facto zwischen zwei provisorischen Ratsmitgliedern statt, den Herren Zemach Gurewitsch und Salman Hassidoff. Verletzt wurde ein Anwesender: Der Herr Ingenieur.«

Nach Verlesung des Protokolls verbeugte sich der Sekretär und setzte sich feierlich nieder. Dulnikker beherrschte sich bewundernswert und dankte dem jungen Taugenichts für seinen Fleiß. Dann erhob sich der Staatsmann, legte seine Uhr vor sich auf den Tisch, zog eine Rolle Papier aus der Tasche und ergriff das Wort. »Ehrenwerter neuer Dorfrat«, eröffnete Dulnikker die Inaugurationsrede, die er vor zwei Tagen vorbereitet hatte. Er sprach ruhig, aber mit weitausholenden Gesten und keinerlei Zeichen von Müdigkeit oder Niedergeschlagenheit. »Ich muß mich streng beschränken, weil es schon spät wird, aber bevor ich meine Rede auf ein bloßes Mindestmaß zusammendränge, fühle ich mich verpflichtet, ein Wort der Begrüßung an die höchste Vertretung der Dorfinteressen zu richten – an den ersten Dorfrat der

Geschichte von Kimmelquell seit der Zerstörung des Zweiten Tempels!«

Hier hielt der Staatsmann inne, um dem Publikum zu erlauben, in lauten Beifall auszubrechen, aber nur Malka applaudierte – einmal.

»Erlauchter Dorfrat! Meine Damen und Herren! Alteingesessene und Neueinwanderer!« fuhr Dulnikker fort. »Wir haben uns heute abend hier versammelt, nicht um neue Siedlungen zu gründen; wir haben uns nicht versammelt, um große Industrieunternehmen zu errichten; wir haben uns nicht versammelt, um Ölquellen in den Einöden der Wüste anzubohren; wir haben uns nicht versammelt, um edle, schnelle Pferde zu züchten; wir haben uns nicht ...«

Um ungefähr 11.30 Uhr, als der Schatten des Zeigers der Sonnenuhr fast verschwunden war, wurde Amitz Dulnikker durch einen unerwarteten Herzanfall gefällt und war gezwungen, mitten in seiner Inaugurationsansprache eine Pause einzulegen. Zu der Zeit schliefen schon sämtliche Zuhörer, vielleicht mit Ausnahme Malkas, die etwas Erfahrung im Zuhören erworben hatte. Der eine schlief, den Kopf auf den Arm gelegt, ein anderer offenen Mundes zurückgelehnt. Der Barbier schlief mit offenen, glasigen Augen, die den Sprecher leblos anstarrten. Zev hatte sich die Ohren mit den Fingern verstopft und schlief, das Kinn auf den Rand des Präsidialtisches gestützt, mit einem seligen Lächeln auf den Lippen. Vor den Fenstern stand schon seit Stunden niemand mehr; die Dörfler hatten jedoch eine Kinderwache organisiert, die der Reihe nach häufig durch die Fenster in die Kammer blickten. Dann rannten die Kleinen immer wieder heim und sagten ihren Eltern beeindruckt:

»Redet noch immer!«

Ehrlich gesagt hatte Dulnikker während der Inaugurationsansprache selbst das Gefühl, daß er zu weit gegangen war und das Publikum schon lange aufgehört hatte zuzuhören. Aber er wußte einfach nicht, wie er den Redefluß aufhalten sollte, der aus seinem Munde strömte; es war ein von ihm unabhängiger Sturzbach, den er nicht unter Kontrolle zu bringen vermochte. Um ungefähr 10 Uhr spürte er einige einzelne Nadelstiche um sein Herz, und die Warnung Professor Tannenbaums schoß ihm durch den Kopf. Aber seine Zunge weigerte sich, seinem Willen zu gehorchen, und der alternde Staatsmann wurde wie Strandgut von der Strömung seiner eigenen Worte mitgerissen.

Als Dulnikker quer über dem Tisch zusammenbrach, verzog sich sein Gesicht, und seine Stimme versickerte. Die plötzliche Stille weckte alle. Malka stürzte sofort an die Seite ihres Galans und flößte ihm etwas lauwarmen Tee ein. Der verwirrte Sekretär sah auf die Uhr, und als er sah, wie spät es war, trat plötzlich ein erschrockener Blick in seine Augen. Er erholte sich jedoch schnell und tätschelte unter protestierenden Seufzern dem hartnäckigen Staatsmann den Rücken. Dulnikker riß sich jedoch schnell zusammen, obwohl seine rote Gesichtsfarbe krankhaft blaß wurde und seine Hand weiter in die Brust verkrampft blieb.

»Also gehen wir heim«, schlug der Schächter vor. Die Dorfräte erhoben sich, der Staatsmann hielt sie jedoch mit einer schwachen Geste zurück:

»Zev«, flüsterte er seinem Sekretär zu, »lies die Resolution vor, mein Freund.«

Zev verdrehte die Augen in stummem Tadel himmelwärts und begann in schwindelerregendem Tempo die grundlegenden Punkte vorzulesen, die er schon früher nach dem Entwurf des Staatsmannes vorbereitet hatte:

»Der Provisorische Dorfrat beschloß in seiner heutigen ersten Sitzung einstimmig:

a) Der Bürgermeister ist die höchste Verwaltungsspitze des Dorfrates.
b) Der Bürgermeister wird von den Dorfbewohnern für eine Zeitspanne von sechs Monaten gewählt.
c) Die ersten verfassungsmäßigen Wahlen werden in zwei Monaten, vom heutigen Tage an gerechnet, abgehalten. Bis dahin bleibt der Status quo de facto und de jure in Kraft.
d) Die Wahl wird geheim und demokratisch erfolgen.«

Die Dorfräte scharrten ungeduldig mit den Füßen herum, die Augen halb geschlossen. Noch nie hatte sie die Arbeit eines ganzen Tages auf den Feldern derart schrecklich ermüdet.

»Irgendwelche Fragen?« sagte Dulnikker schwach, aber der Schächter wollte nur wissen, ob sie schon heimgehen könnten. Der Staatsmann bat sie, das Dokument zu unterzeichnen, und sie kritzelten ihre Namen unter die Resolution, einschließlich des Schuhflickers, der einen Davidstern statt einer Unterschrift zeichnete. Dann liefen sie alle heim und fielen wie die Mehlsäcke auf ihre Betten. Mehlsäcke, die das Pech gehabt hatten, zu kommunaler Größe erhoben zu werden.

Das Ergebnis der Sitzung des Provisorischen Dorfrates wurde den Einwohnern von Kimmelquell nur verschwommen bekannt. Die Repräsentanten der kommunalen Elemente erinnerten sich an nichts von der Sitzung über den Zeitpunkt hinaus, als sich der Ingenieur erhob, seine Uhr vor sich auf den Tisch legte und zu sprechen begann. Was nachher geschah, war in den Köpfen der Teilnehmer ein völlig unbeschriebenes Blatt.

An jenem Nachmittag kam der Lastwagen der Tnuva – diesmal unaufgefordert –, und der Chauffeur brachte so überraschende Nachrichten, daß sie den bürgermeisterlichen Wettkampf überschatteten. Der Chauffeur sagte nicht mehr und nicht weniger, als daß Gula, die Gattin des Staatsmannes, am folgenden Tag an der Spitze einer Delegation von Würdenträgern ins Dorf kommen würde, um Amitz Dulnikker und seinen Sekretär heimzuholen. Er, der Chauffeur, war persönlich vom Manager Schultheiß entsandt worden, um sie sowohl von dem Ereignis in Kenntnis zu setzen, als auch den Wagen der Würdenträger an der Kreuzung vor dem Höhlentunnel zu treffen, damit sie sich nicht verirrten.

»Mein Herr«, sagte der Chauffeur zu Dulnikker, dessen Gesicht von einem riesigen Tuch fast versteckt wurde, »Sie werden mit einem Schwups heimfahren. Ich wäre nicht überrascht, wenn man eine Siegesparade für Sie abhielte ...«

»Eh?« Dulnikker wurde neugierig. »Was ist los?«

Der Chauffeur war verblüfft.

»Herr Dulnikker! Wollen Sie sagen, daß Sie wirklich nicht wissen, was sich tut?«

Nach dem, wie es der Tnuva-Chauffeur erzählte, beschwor der Staatsmann ein äußerst interessantes Bild von sich herauf. Es schien, daß sich knapp nach Dulnikkers Verschwinden an jenem Morgen seltsame Geschichten über seine Abdankung zu verbreiten begannen, und in mehreren von ihnen wurde auch angedeutet, daß eine Unterschlagung mit im Spiel sei. Nachdem jedoch Manager Schultheiß enthüllt hatte, was geschehen war, wuchs die Bewunderung der Öffentlichkeit ins Grenzenlose. Das Image des Staatsmannes, der auf dem Höhepunkt seiner Laufbahn auf seine Stellung verzichtet hatte, damit die rückständigen Bewohner eines winzigen, unwichtigen Dorfes aus seiner Anwesenheit Nutzen ziehen konnten, hatte die Öffentlichkeit im Sturm gewonnen. Selbst die scharfzüngigen Zeitungen der Opposition mußten zugeben, daß der Erfahrungsschatz des Staatsmannes ihn dazu geführt hatte, sich über den Alltagskram zu erheben und wie ein Stern am Firmament auf die Zwerge hinunterzublicken.

Dulnikkers Parteiorgan quetschte die letzte Möglichkeit aus dem Ereignis und krönte die glorreiche Begebenheit in ihren Glossen und Leitartikeln mit einer eigenen Wortschöpfung: »Dulnikkerismus«. Dieses lehrreiche persönliche Beispiel hatte auch auf die Hierarchie selbst eine wohltätige Wirkung. Einige Regierungsfunktionäre reichten ihre Rücktrittsgesuche ein, übersiedelten in irgendeinen Außenposten und entsagten im echten Geist des Dulnikkerismus der Bequemlichkeiten und der Ehre, an die sie gewöhnt waren.

»Einen Augenblick, Genossen!« unterbrach Dulnikker den Chauffeur und fragte gierig: »Haben Sie vielleicht einige Zeitungen, die meine Leistungen beschreiben?«

Der Chauffeur entschuldigte sich, daß er keine einzige Zeitung mitgebracht hatte, aber er hatte gedacht, daß Herrn Dulnikker nichts mehr daran lag, wie die Zeitungen über ihn schwätzten, weil er hoch über solchen Sachen stand, wie ein Stern. Den Anforderungen des Augenblicks entsprechend versuchte Dulnikker, die Miene eines allwissenden chinesischen Weisen aufzusetzen; es gelang ihm jedoch nicht, weil er tief in seiner Seele den »taktlosen Idioten« verfluchte. Außerdem vermochte ihn selbst die Neuigkeit seiner bevorstehenden Rettung durchaus nicht aufzuheitern. Tatsächlich hatte er sich gerade in den letzten, von Handlung erfüllten Tagen bei den Dorfleuten behaglich zu fühlen begonnen. Außerdem quälte ihn ein Problem sehr: Wie konnte eine so dumme Kreatur wie eine Taube von so weit her die richtige Adresse finden?

Zev andererseits war eitel Glück und Sonnenschein.

»Juchhe!« heulte der Sekretär vor Freude. »Schön, ich gehe sofort heim, packen!«

»Höre, mein Freund!« sagte Dulnikker verärgert. »Wie oft mußt du noch packen? Wo brennt's?«

»Entschuldigen Sie, Dulnikker«, sagte der Sekretär verwundert, »Sie selbst haben mich dazu angespornt, die Taube abzuschicken, damit wir so schnell wie möglich aus diesem stinkenden Loch entfliehen können!«

»Ich habe dich angespornt?« Der Staatsmann kochte vor Wut.

»Ich habe diesen Ort ein ›stinkendes Loch‹ genannt? Zev, mein Freund, ich bin Gott sei Dank mit einem bemerkenswerten Gedächtnis gesegnet! Du warst es, der mich dazu überredete, meinen angenehmen Aufenthalt in diesem stillen, friedlichen Dorf abzubrechen. Ich habe nur einen einzigen Fehler gemacht: Auf dich zu hören ...«

»Lieber Herr Ingenieur«, jammerte die kleine Blonde, »bitte nehmen Sie mir Zev nicht weg! Er ist jetzt oben im Haus und packt ...«

Der Ingenieur wand sich und vermied den tränenfeuchten Blick Dworas. »Was kann ich tun, mein Kind?« fragte er schließlich. »Er ist mein Krankenwärter.«

»Aber ich liebe ihn so!«

Wieder verdroß den Staatsmann das allzu naive Mädchen. Warum war sie wegen dieses zynischen Rüpels so verzweifelt?

»Liebe junge Dame« – er stellte sich vor Dwora auf, »glauben Sie mir, Zevs Charakter paßt ganz und gar nicht zu Ihrer Persönlichkeit. Es wäre am besten, mein Mädchen, wenn Sie ihn so schnell wie möglich vergessen.«

»Ich kann ihn nicht vergessen, Herr Ingenieur. Er ist so klug und schön.«

»Schön!«

»Ja. Sehr. Er trägt Brillen.«

»Jetzt hören Sie, meine Freundin!« tobte der Staatsmann. »Wie können Sie sich vorstellen – ein Mädchen, deren Wurzeln im landwirtschaftlichen Sektor liegen –, daß Sie fähig wären, die Bedürfnisse eines absolut städtischen intellektuellen Typs zu befriedigen?«

»Aber ich liebe ihn so!«

»Das ist nicht der richtige Weg, Genossin! Dieses Problem kann nicht auf einer individuellen Basis gelöst werden, mit Hilfe flüchtiger emotionaler Kanäle, sondern nur mittels einer staatlichen Regelung, die den Frauen gesetzesmäßig gleiche Rechte garantieren wird.«

»Das verstehe ich nicht.« Dwora brach in bittere Tränen aus, die eine Stelle in Dulnikkers Herz berührten, denn er war aus irgendeinem Grund unfähig, weinenden Frauen zu widerstehen. Der verwirrte Staatsmann trat auf das Mädchen zu und tätschelte ihr das strohgelbe Haar. »Schon gut, junge Dame, schon gut.« Der Staatsmann räusperte sich. »Gehen Sie heim, mein Mädchen, und versuchen Sie Zev zu überzeugen. Was mich betrifft, so bin ich bereit, noch ein paar Tage länger zu bleiben, oder sogar noch länger...«

Die Hoffnungen, die Dulnikker auf Dworas Einfluß über seinen Ersten Sekretär gesetzt hatte, verschwanden wie ein Wachtraum. Am frühen Nachmittag erschien Zev im Wirtshaus und begann, die Sachen des Staatsmannes zu packen. Dulnikker saß ihm die ganze Zeit in bedeutungsvollem Schweigen versunken gegenüber.

»Fertig, Dulnikker!« verkündete der Sekretär, nachdem er den Koffer geschlossen hatte. Und fügte in samtweichem Ton hinzu: »Ihren Bademantel habe ich draußen gelassen...«

Dulnikkers Wut war grenzenlos. Genügte es nicht, daß dieser verächtliche Rüpel die Reinheit der dörflichen Familien befleckte? Sollte er es auch wagen, gegen das warme, menschliche Verhältnis zwischen Malka und ihm zu intrigieren? Der Staatsmann empfand eine wachsende Zuneigung zu der gutherzigen Frau, besonders seit es bei einem ihrer Treffen klar geworden war, daß Malka den grünen Pullover für ihn strickte. Sie hatte Dulnikkers Maße bei Mondlicht genommen, und die sanfte Berührung ihrer Finger ließ seinen Brustkasten von einem derartigen Herzklopfen durchwogen, daß er sie an sich gezogen und kräftiger denn je die Fäden seiner Lebensgeschichte entwirrt hatte...

Als Dulnikker nun die Andeutung seines jungen Packers gehört hatte, fühlte er einen mächtigen Drang in sich, seinem Privatsekretär einen Hieb auf die Nase zu versetzen.

»Höre, Freund«, sagte er leise, »rufe doch netterweise den Provisorischen Rat für heute abend zu einer außerordentlichen Sitzung zusammen.«

»Dulnikker, um Himmels willen!« Der Sekretär erblaßte. »Wir verschwinden doch morgen von hier!«

»Ich weiß«, erwiderte der Staatsmann und rieb seine Nasenflügel kurz mit dem Handrücken, »deshalb sagte ich ja, heute abend.«

Diesmal trat der Dorfrat unter sehr bescheidenen Umständen zusammen, die Atmosphäre war jedoch unermeßlich gelöster als bei der letzten Sitzung. Von den Höhen des Podiums herab informierte Dulnikker die Teilnehmer über zwei wichtige Angelegenheiten: daß er gezwungen war, sie infolge der angespannten internationalen Lage am folgenden Tag zu verlassen, und daß sie, die Delegierten, ihm verzeihen müßten, wenn er infolge Zeitmangels und seiner labilen Gesundheit keine Eröffnungsansprache halten könne. Die beiden Punkte »wurden von den Ratsmitgliedern aufmerksam aufgenommen« – um das Protokoll zu zitieren. Mit anderen Worten, vor Beginn der Sitzung hatte Dulnikker Zev aufmerksam gemacht, daß er das Protokoll so führen solle, als schriebe er das Protokoll der Knesset, und falls er das nicht täte, würde er – Dulnikker – sich nichts dabei denken, »die drastischsten Disziplinarmaßnahmen durch Parteikanäle« zu treffen, sobald sie heimkämen. Möge also das Protokoll den Trend der Diskussion spiegeln, wie es von dem Krankenwärter persönlich niedergeschrieben wurde:

VORSITZENDER: Da wir nunmehr die Machtbefugnis des Bürgermeisters definiert und die Art und Weise umrissen haben, in der er gewählt werden soll, können wir zur Klärung der Einzelheiten fortschreiten. Irgendwelche Fragen?

OFER KISCH, MITGLIED DES PROVISORISCHEN RATES: Ich wollte schon lange fragen – wozu brauchen wir einen Bürgermeister?

VORSITZENDER: Was meint ihr damit, Genossen?

OFER KISCH, MITGLIED DES PROVISORISCHEN RATES: Nur das. Warum einen Bürgermeister? Was gibt's für ihn zu tun? *Schweigen*

SEKRETÄR: Entschuldigung, meine Herren. Sie werden doch sicherlich jemanden brauchen, der sich darum kümmert, das Gehalt des Bürgermeisters einzusammeln, stimmt's?

VORSITZENDER: Du glaubst, daß du witzig bist, mein Freund, aber du hast eine interessante Frage aufgeworfen. Eine der Pflichten des Bürgermeisters wird es sein, die Einhebung von Steuern zu planen und zu überwachen. Denn die gegenwärtige Laxheit auf diesem Gebiet kann nämlich nicht so weitergehen! Jeder Bürger des Dorfes muß nach Maßgabe seiner Mittel zum Budget beitragen. *Schweigen* Irgendwelche Fragen?

OFER KISCH, MITGLIED DES PROVISORISCHEN RATS: Wozu brauchen wir ein Budget?

VORSITZENDER: Stellen Sie nicht so viele Fragen, ja? *Hammerschlag* Ich bitte um Ruhe. *Ruhe* Oj, oj, liebe Genossen! Habt ihr noch nie gehört, wie ein bestimmtes Dorf etwas aus seinem Budget erbaut hat?

ELIFAS HERMANOWITSCH, MITGLIED DES PROVISORISCHEN RATS: Welches Dorf?

VORSITZENDER: Wir sprechen natürlich von Kimmelquell!

Elifas Hermanowitsch, Mitglied des Provisorischen Rats: Wie kann Kimmelquell etwas bauen: Menschen bauen Häuser, aber Kimmelquell? Das ist doch nur ein Name!

Sekretär: Ein Kommunalname!

Vorsitzender *Hammerschlag*: Ich bitte nicht zu unterbrechen, meine Herren!

Sekretär: Ja, Euer Ehren.

Ja'akov Sfaradi, Mitglied des Provisorischen Rats: Ich verstehe schon, was der Herr Ingenieur meint. Ich glaube auch, es ist an der Zeit, daß wir in Kimmelquell aus den Beiträgen der Bürger eine Synagoge bauen.

Salman Hassidoff, Bürgermeister de facto, Mitglied des Provisorischen Rats: Völlig überflüssig. Du kannst weiter in meinem Barbierladen beten.

Elifas Hermanowitsch, Mitglied des Provisorischen Rats: Einen zweiten Fanatiker findest du hier ohnehin nicht.

Ja'akov Sfaradi, Mitglied des Provisorischen Rats: Atheist!

Vorsitzender *Hammerschlag*: Ratsmitglied Hermanowitsch! Ich bitte Sie, sich eines höflicheren Tones zu befleißigen.

Frau Hassidoff, Krankenschwester des Salman Hassidoff, Bürgermeister de facto, Mitglied des Provisorischen Rats: Ich schlage vor, daß wir ein Büro für den Bürgermeister bauen. Salman findet es sehr schwierig, sich in unserem winzigen Barbierladen um Dorfangelegenheiten zu kümmern.

Zemach Gurewitsch, Mitglied des Provisorischen Rats *brüllend*: Ich sage euch, wir werden mit dem Budget einen Brunnen bauen!

Vorsitzender: Nu, endlich rührt sich was, a bissel Leben!

Diese Bemerkung wurde später auf Befehl des Vorsitzenden aus dem Protokoll gestrichen.

Salman Hassidoff, Bürgermeister de facto, Mitglied des Provisorischen Rats: Dieser Brunnen ist widerlich.

Vorsitzender *Hammerschlag*: Ratsmitglied Hassidoff! Erlauben Sie mir, darauf hinzuweisen, daß meiner Meinung nach das Bohren eines Brunnens im Rahmen eines Arbeitsbeschaffungsprogramms die Beseitigung der Arbeitslosigkeit im Dorf möglich machen könnte.

Zemach Gurewitsch, Mitglied des Provisorischen Rats: Stimmt!

Vorsitzender: Wie hoch ist die Zahl der Arbeitslosen im Dorf?

ELIFAS HERMANOWITSCH, MITGLIED DES PROVISORISCHEN RATS: Es gibt keinen. *Langes Schweigen*

SEKRETÄR: Vielleicht könnte man den Gegenstand aufgreifen. Wie können wir Arbeitslosigkeit im Dorf schaffen?

VORSITZENDER *Hammerschlag*: Ruhe bitte! *Ruhe* Ich habe die angenehme Pflicht, Ihnen die Angelegenheit des Projektes zur Abstimmung vorzulegen. Wer für die Errichtung eines Büros für den Bürgermeister ist, möge bitte die Hand heben. *Herr Hassidoff stimmt dafür* Und nun: Wer für das Bohren eines Brunnens ist, wird die Hand erheben. Erheben Sie bitte nur eine Hand! *Herr Gurewitsch stimmt dafür* Was heißt das, meine Herren? Jeder Delegierte muß irgendeinen Standpunkt einnehmen! Ich verlange eine zweite Abstimmung! *Die Ergebnisse bleiben dieselben* Meine Herren, soll das eine Provokation sein?

SEKRETÄR: Euer Ehren, Herr Ingenieur, gestatten Sie, daß ich ausnahmsweise um die Erlaubnis ersuche, mit einer Gegenabstimmung vorzugehen! *Er erhält die Erlaubnis* Meine Herren, wer gegen den Brunnen ist, hebt die Hand. *Herr Hassidoff, Herr Sfaradi und Herr Kisch heben die Hand* Jetzt hebt die Hand, wer gegen ein Büro für den Bürgermeister ist. *Herr Gurewitsch, Herr Hermanowitsch und Herr Kisch heben die Hand* Euer Ehren, Herr Ingenieur, zugunsten der beiden Projekte steht die Abstimmung drei zu drei.

VORSITZENDER: Mir scheint, das Ratsmitglied Kisch hat zweimal abgestimmt!

OFER KISCH, MITGLIED DES PROVISORISCHEN RATS: Natürlich, ich möchte mit allen gut stehen!

VORSITZENDER: Meine Herren, wir sprechen von den Interessen des Dorfes!

OFER KISCH, MITGLIED DES PROVISORISCHEN RATS: Es ist im Interesse des Dorfes, wenn wir alle Freunde sind.

VORSITZENDER *Hammerschlag*: Machen wir eine kurze Pause.

Auf Ersuchen des Vorsitzenden servierte Malka den Delegierten Tee und Kuchen. Die Atmosphäre im Saal war dank der faszinierenden Debatte herzlich.

»Das Bürgermeisterbüro wird sehr billig sein«, erklärte Frau Hassidoff den Ratsmitgliedern während des Essens. »Vier Pfosten, und zwischen ihnen Wände aus unbehauenem Stein, genau wie ein gewöhnliches kleines Haus. Ein Raum für Salman und einer als Wartezimmer. Und vielleicht noch ein Raum für die Leute, die Salman nicht warten lassen will...«

Dulnikker staunte über die verwaltungstechnische Reife der Frau Hassidoff, aber sie bewies, daß ihre Talente sogar noch weiter gingen. Sie zog das »Zünglein an der Waage« in eine der dunkleren Ecken des Saales und sagte charmant zu ihm: »Salman hat schwarze Hosen, die gewendet und gebügelt werden müssen, weil die Sitzfläche derzeit für einen Bürgermeister de facto zuviel glänzt. Wir zahlen, was immer es kostet...«

»Sicher, Frau Hassidoff.« Der Schneider verbeugte sich. »Ich werde für den Herrn Bürgermeister glänzende Arbeit leisten.«

Am Ende der kurzen Pause brachte Dulnikker die Frage des öffentlichen Projekts wieder zur Gegenabstimmung. Diesmal hoben sich nur zwei Hände gegen die Erbauung eines Bürgermeisteramtes.

Zemach Gurewitsch, Mitglied des Provisorischen Rats: Ofer, du Gauner, vor der Pause hast du dagegen gestimmt!

Ofer Kisch, Mitglied des Provisorischen Rats: Ich stimme ab, wie ich will. Du kannst ja auch Arbeit an deinen Hosen bestellen!

Diese Bemerkung wurde wegen mangelnder Klarheit auf Anweisung des Vorsitzenden aus dem Protokoll gestrichen.

Vorsitzender: Der Dorfrat hat zugunsten eines Büros für den Bürgermeister entschieden. *Laute Bravorufe aus den Bänken der Frau Hassidoff* Somit müssen wir nur noch die Steuerangelegenheit entscheiden. *Stille* Muß ich wirklich immer alles selber machen, meine Herren? Bitte, Genossen, versucht selbst, die Kriterien zu entscheiden, die ihr bei der Einhebung von Steuern bei der Bewohnerschaft anwenden wollt. *Stille* Vielleicht die Größe ihrer Parzellen?

Salman Hassidoff, Bürgermeister de facto, Mitglied des Provisorischen Rats: Nix gut, Herr Ingenieur, mir gehört ein prachtvolles Stück Boden. Ich schlage vor, wir berechnen die Steuer nach der Zahl der Räume in einem Haus.

Zemach Gurewitsch, Mitglied des Provisorischen Rats: Pfui, Salman!

Vorsitzender: Bitte werden wir nicht persönlich!

Ja'akov Sfaradi, Mitglied des Provisorischen Rats: Vielleicht erheben wir die Steuern nach der Anzahl der Kinder?

Elifas Hermanowitsch, Mitglied des Provisorischen Rats: Und diese Kreatur überwacht meine Küche!

Vorsitzender *Hammerschlag*: Meine Herren! Meine Herren! Ich muß ausdrücklich gegen diesen egozentrischen Ton protestieren. Ich möchte als Basis für eine Luxussteuer den Umfang der Einkäufe von der Tnuva vorschlagen. *Die Majorität der Räte stimmt gegen seinen Vorschlag* Vielleicht die Anzahl der Kühe? *Die Majorität der Räte stimmt gegen seinen Vorschlag* Couch? Kaffeetischchen? Lüster?

Salman Hassidoff, Mitglied des Provisorischen Rats: Haben wir.

Sekretär: Euer Ehren, Herr Ingenieur! Erlauben Sie mir, darauf hinzuweisen, daß Mangel an Zeit und der gesunde Menschenverstand eine völlig andere Einstellung verlangen.

Vorsitzender: Na schön.

Sekretär: Meine Herren, was hat keiner von Ihnen?

Elifas Hermanowitsch, Mitglied des Provisorischen Rats: Ich erinnere mich, daß wir einmal diskutierten, daß alle von uns Schränke haben, die zu klein sind. *Der Dorfrat nimmt einstimmig seinen Vorschlag an*

Beschlüsse des Provisorischen Dorfrats bei seiner heutigen zweiten Sitzung: Zum Zweck der Erbauung eines Büros für den Bürgermeister wird eine einmalige Luxussteuer von drei Tnuva-Pfund von jedem Einwohner erhoben, dem ein dreitüriger Kleiderschrank gehört. Ofer Kisch, Mitglied des Provisorischen Rats, wurde beauftragt, ein Verzeichnis der Steuerpflichtigen anzulegen.

Im Namen des Provisorischen Dorfrats von Kimmelquell:

Elifas Hermanowitsch
Salman Hassidoff

Ofer Kisch
Ja'akov Sfaradi

Gula eilt zu Hilfe

Am Morgen jenes großen Tages wollte niemand auf die Felder hinausgehen, jedermann saß im Dorf herum und wartete ungeduldig auf die Ankunft der Abordnung aus der Stadt. Der Staatsmann selbst machte wenig Vorbereitungen für die Ankunft seiner Wohltäter. Die einzige Mühe, die er sich nahm, betraf seine Kleidung, das heißt, er vergewisserte sich, daß sein Anzug so schmutzig und zerknittert wie möglich war, weil mit den Abgeordneten ein Bildreporter kommen sollte, soweit man dem Tnuva-Chauffeur glauben konnte. Im letzten Augenblick wurde Dulnikker die Bedeutung klar, die er persönlich in verhältnismäßig kurzer Zeit bei den Dorfbewohnern erlangt hatte, als der Barbier in das Wirtshaus gestürmt kam und, fast auf den Knien, vor dem Staatsmann herausplatzte:

»Lassen Sie uns nicht im Stich, Herr Ingenieur. Wenn Sie nicht mehr bei uns sind, wird alles auf dem Kopf stehen, und Gurewitsch wird mich erledigen. Glauben Sie denn, Herr Ingenieur, daß ich eine Ahnung habe, was ein Bürgermeister de facto zu tun hat?«

Dulnikkers schwarzes Auto fuhr vormittags vor dem Wirtshaus neben der Sonnenuhr vor, und heraus kletterten sieben sehr müde Menschen. Das Septett verwandelte sich sofort in einen Magnet für die starrenden Blicke der örtlichen Menge, die sich in einer Zangenbewegung um die Ankömmlinge schloß.

Aus dem Zwang der Gewohnheit heraus wartete Dulnikker hinter der Wirtshaustür, um die erwartungsvolle Spannung zu erhöhen, und schlüpfte dann in Begleitung seines Sekretärs hinaus. Die beiden wichtigen Parteifunktionäre und Professor Tannenbaum, die zur Abordnung gehörten, brachen sofort in Applaus aus, der sich in der Menge der Zuschauer verbreitete. Ein Bildreporter stolzierte unter ihnen äußerst lange herum und verewigte die historische Szene für die Nachwelt und die Nachrichtenblätter. Zwei nach erstklassigem Material ausgehungerte Reporter zogen ihre Notizblöcke heraus und hefteten ihre ungeduldigen Blicke auf Amitz Dulnikkers Lippen.

Gula Dulnikker ging ruhig auf ihren Gatten zu, pflanzte den Schatten eines Kusses auf seine Wangen und bemerkte apathisch:

»Dulnikker, du bist schon wieder nicht rasiert.«

»Weiß ich«, erwiderte der Staatsmann und beschloß hiermit die familiäre Seite der Zeremonie. Dann hob Gula ihre Hand Zevs Nase zu einem Kuß entgegen und entzog sie gleichzeitig seinem Griffe so, wie es einer Parteiaktivistin zukommt. Hierauf betrat sie das Wirtshaus erschreckend munter und bestellte bei der Wirtin ein frühes Mittagessen. Malka war über die plumpe Erscheinung ihres korpulenten Gastes höchst erfreut.

Draußen trat einer der Würdenträger aus der Besuchergruppe hervor, blieb in respektvoller Entfernung vor Dulnikker stehen und schrie ihn an: »Wir sind heute hierher gekommen, in das Dorf Kimmelquell, um Ihnen, Amitz Dulnikker, die Grüße der Nation zu überbringen, die Grüße der Regierung, die Grüße der Institution, die Grüße der Fonds und die Grüße der Partei. Wir sind heute hergekommen, Amitz Dulnikker; wir sind hergekommen in der Hoffnung, daß Sie sich im Dorf Kimmelquell erholt haben, daß Sie sich erholt haben und Ihre Kräfte wieder der Nation zur Verfügung stellen können, zur Verfügung der Regierung, der Institution, der Fonds und der Partei. Wir sind heute hergekommen, Amitz Dulnikker...«

Der Sprecher der Abordnung hatte seine Rede kaum in das Windelstadium bekommen, als Dulnikker Kindesmord beging. In seinem ganzen Leben hatte der Staatsmann noch nie bereitwillig die Idioten geduldet, »die ihre endlosen Phrasen tausendund einmal wiederholen wie zurückgebliebene Papageien«. Obendrein waren die beiden »Würdenträger« Anhänger Shimshon Groidiss' und gleich von ihrem politischen Debüt an war das Verhältnis des Staatsmannes zu ihnen von gegenseitiger Verabscheuung gekennzeichnet gewesen. Dulnikker war mehr als nur leicht verärgert, daß ausgerechnet diese beiden zu seiner Begrüßung entsandt worden waren.

»Danke, liebe Genossen«, unterbrach er den Sprecher herzlich. »Ich schätze die Beredsamkeit eurer Begrüßung, glaube jedoch, daß ihr von eurer äußerst ermüdenden Reise erschöpft sein müßt und eines nahrhaften Mahls und eines gesunden Mittagsschläfchens mehr bedürft als langer, langweiliger Reden. Dennoch – bevor ich meine Worte in wenigen Augenblicken damit beende, daß ich eure Hände in die meinen nehme und euch mit ›Willkommen, Genossen‹ begrüße, möchte ich euch nur mit einem Minimum an Worten – im Telegrammstil – über die Entwicklung dieses Dorfes während meines Aufenthaltes erzählen...«

Der Staatsmann hatte aufrichtig vorgehabt, der Abordnung

vorzuführen, wie es tatsächlich möglich ist, eine Feierlichkeit mit einigen wenigen treffenden Bemerkungen zu konzentrieren und zu beenden. Inzwischen verfing er sich jedoch in einer Erörterung der Entwicklung der Handelsmarine, aus der es ihm nicht gelang, sich herauszuwinden, bis er eine Telegrammrechnung im Wert von 7500 Dollar für eine halbe Million Wörter zustande gebracht hatte. Inzwischen fiel ein Reporter, der im Gegensatz zu Dulnikker nicht an die Hitze gewöhnt war, in Ohnmacht und maß den Boden Kimmelquells vom Scheitel bis zur Sohle aus.

Die Dorfbewohner hatten sich schon lange von der Abordnung getrennt. Einige der Höflichen jedoch, wie die Mitglieder des Provisorischen Dorfrats, gingen heim, aßen zu Mittag und kehrten dann zu Dulnikker zurück, der noch immer in voller Lautstärke seine Telegrammrede hielt. Schließlich wurde diese Handvoll Getreuer reich belohnt, als Dulnikker, nachdem der Professor den schwächlich gebauten Reporter dem Leben wiedergegeben hatte, die Créme des Dorfes seinen Gästen systematisch vorstellte:

»Erlauben Sie, meine Herren: Professor Tannenbaum – Herr Salman Hassidoff, Tonsurkünstler, Bürgermeister de facto. Erlauben Sie, meine Herren: Professor Tannenbaum – Herr Elifas Hermanowitsch, Berufsgastgeber, einer der ursprünglichen Siedler. Erlauben Sie, meine Herren: Professor Tannenbaum – Herr Zemach Gurewitsch, Fachmann der Schuhmacherkunst, eine dynamische Persönlichkeit...« Und so weiter, bis der Fotograf das alles mit der Bitte an Dulnikker unterbrach, sich, bevor es dunkel würde, für eine Einzelaufnahme zu stellen.

Das Ersuchen des Fotografen wurde ohne Schwierigkeit bewilligt. Dulnikker stand zwischen zwei Kuhen mit traurigen Augen, die aus den Reihen der heimkehrenden Herde ausgewählt worden waren. Zusätzlich packte Dulnikker »ein süßes, lächelndes kleines Mädchen, des Pinsels eines Van Gogh würdig«, und schwang es trotz der Tränen der Kleinen hoch in die Luft. Danach ersuchte der Staatsmann den Bildreporter, »eine Aufnahme jenseits der Dorfgrenzen, im Herzen der Felder« zu machen, bei der er, Dulnikker, wie in seiner Jugend die Griffe eines Pfluges halten würde. Es stellte sich jedoch heraus, daß Kümmelfelder nicht gepflügt werden.

Das Ritual des Fotografierens bewirkte große Aufregung unter den Bürgern, die ehrfurchtsvoll vor der Linse standen. Andererseits kam es fast zu Blutvergießen, als der Fotograf ersuchte,

Dulnikker solle mit dem Dorfchef posieren. Herr und Frau Hassidoff stürzten sofort heran und stellten sich rechts neben den Ingenieur. Genau im selben Augenblick teilte jedoch Zemach Gurewitschs stattliche Figur die mit knisternder Spannung geladene Luft und landete genau vor dem Staatsmann, während dem Mund des Schuhflickers immer wieder die Erklärung entströmte, daß das Dorf zwar im Augenblick einen Bürgermeister habe, dieser jedoch nur de facto sei, was – sagte er – »aus Mitleid« bedeute. Dulnikker verlor seine Haltung nicht und rettete die brenzlige Situation, indem er sich bei beiden Gegnern einhängte. Während der Staatsmann sie kraft seiner Persönlichkeit auseinanderhielt und in die Kamera lächelte, stöhnte er innerlich und dachte: »Ich schwöre, die zwei hätten sich an der Gurgel, wenn ich nicht zufällig in dieses Dorf gekommen wäre!«

Nach dem »Unternehmen Foto« kehrte Dulnikker ins Wirtshaus zurück. Sein Magen war dank des erzwungenen Fastens während eines halben Tages von den saugenden Flammen des Hungers etwas zusammengeschrumpft. Dulnikker war sehr böse, daß die Delegation ihm nicht wenigstens ein einziges »gelbes« Nachmittagsblatt mitgebracht hatte. Nicht nur, daß er aus Mangel an einer Zeitung dazu verdammt war, in Unwissenheit über die Entwicklungen zu verharren, die während seiner Abwesenheit im In- und Ausland stattgefunden hatten, sondern seine Gattin vergrößerte seinen Ärger noch, indem sie sich zu ihrem zweiten Mittagessen an seinen Tisch setzte. Während Gula aß, leitete sie einen Frontalangriff ein und verständigte Dulnikker, daß sie unmöglich vor dem folgenden Tag abfahren konnten, weil sie nicht bereit war, an einem einzigen Tag eine zweite Fahrt durch den Schreckenstunnel zu unternehmen. Die unseligen Delegationsmitglieder waren somit gezwungen, sich aufzuteilen und eine Unterkunft in den Häusern der verschiedenen Bauern zu suchen. Und wozu das alles? Weil Dulnikker zufällig auf den Kopf gefallen war und beschlossen hatte, daß er sich nirgendwo anders erholen könne als in dem vernachlässigtsten Winkel des Staates. Denn der dickköpfige Dulnikker hört ja nie auf seine Frau, geht einfach rücksichtslos auf und davon und muß dann beschämt SOS-Rufe aussenden, damit sie ihn aus der Patsche hole...

Immerhin kam der Staatsmann mit dem Leben davon und legte sich in seiner Bude nieder, während Gula, vereinsamt, den

Zwillingen als Gegenstand einer eingehenden Betrachtung diente.

»Dicke Tante, bist du dem verrückten Ingenieur sein Mädchen?« fragte schließlich einer von ihnen.

»Nein«, erwiderte Gula, »betrüblicherweise bin ich Herrn Dulnikkers Ehefrau.«

»Bist du seine Ehefrau de facto oder nur einfach so?«

Gula, plötzlich neugierig geworden, hob die Augenbrauen. Vor ihrer Ehe mit Dulnikker war sie Kindergärtnerin gewesen, daher wußte sie, daß ein Kind immer die Wahrheit wiederholt, wie es sie von den Erwachsenen hört.

»Wer seid ihr, Kinder?«

»Wir sind die kommunalen Zwillinge«, sagten die kleinen Lümmel kichernd. Majdud wurde jedoch ernst. »Stimmt gar nicht«, verbesserte er, »ich habe das Seniorat, weil ich ein paar Minuten früher geboren bin.«

»Wo habt ihr diese Ausdrücke gelernt?«

»Vom Ingenieur und seinem mageren Krankenwärter.«

Gula zog die pausbäckigen Kinder an ihren mächtigen Busen.

»Hört zu, Kinder«, sagte sie mit einem herzlichen Lächeln, »möchtet ihr mir gern erzählen, was der Onkel Ingenieur die ganze Zeit hier getan hat?«

»Nein«, erwiderte Majdud. »Nur für Schokolade mit Nüssen drin.«

Gula war eine verständnisvolle, praktische Frau, die den Wert kleiner Geschenke in sozialen Beziehungen kannte. Daher steckte sie unverzüglich die Hand in die Handtasche, die ihr ständig an einem Riemen von der Schulter hing, und fischte ein Päckchen Süßigkeiten heraus. Sie reichte ihnen einige als Vorschuß, die im Nu in den Mündern der Zwillinge verschwanden.

»Und jetzt, Kinder, erzählt mir hübsch, was der Onkel Ingenieur hier alles gemacht hat.«

»Wirst du's niemandem sagen?«

»Nein.«

»Der verrückte Ingenieur hat einen Mordsspaß«, flüsterte Majdud – mit Seniorat – als erster. »In der Nacht klettert er auf Leitern herum und fängt Tauben. Der Pappa hat ihn geprügelt, und darum macht er es jetzt so, daß die Schuhflicker mit den Barbieren raufen, weil jeder sich selber einen Wagen kaufen will.«

Mit flatterndem Herzen nahm Gula Dulnikker die Schreckensnachrichten auf. Es war wahr, sie liebte Dulnikker gar nicht; aber immerhin hatte sie ihn mehr als dreißig Jahre lang verabscheut.

»Aber Kinder«, flüsterte Gula, »wieso ›Ingenieur‹?«

»Weil er allen erzählt, daß er ein Ingenieur ist. Er hat auch eine große rote Fahne, die er jede Nacht auf seinem Balkon heraushängt.«

Die Frau drückte ihnen den Rest des Päckchens in die Hand und murmelte leise:

»Gott im Himmel, ich habe doch immer gefürchtet, daß es einmal so weit kommen würde ...«

Das Klopfen an seiner Tür weckte Dulnikker aus seinem Nikkerchen, und er stand auf, um Professor Tannenbaum zu begrüßen, der ihn untersuchen kam. Der Professor horchte eine Weile seine Herzschläge ab und zog den Schluß, daß das leichte Leben und Dulnikkers völlige Enthaltsamkeit von Aufregungen ihr Werk getan hatten und Dulnikkers Gesundheit sich soweit gebessert hatte, daß er ihm erlauben konnte, mit den Reportern, die unten auf ihn warteten, zehn Minuten zu sprechen. Dulnikker hüpfte behende die Treppe hinunter und eröffnete sofort die Pressekonferenz, die in Anwesenheit der Würdenträger und einer großen neugierigen Menge örtlich ansässiger in den Räumen des Provisorischen Dorfrats stattfand. Die Reporter erhielten zwar nur 300 Wörter, aber sie waren eine richtige Bombe, ein Reißer, der hohes Lob und eine Gehaltserhöhung einzubringen versprach:

Wir sprachen mit Amitz Dulnikker – Lage ernst, aber nicht hoffnungslos – Sicherheit über alles – »Man bläst nicht, wenn es kalt ist« – Es kommt zu keiner Inflation –

Von unserem Korrespondenten in Kimmelquell
Während wir in diesem winzigen Dorf in Ober-Galiläa Amitz Dulnikker gegenübersitzen, wissen wir nicht, was uns mehr überrascht: Dulnikkers anregendes Gemüt, seine Herzenswärme den Dorfbewohnern gegenüber (siehe Bericht und Fotos im Inneren des Blattes); oder das Wunder, daß es trotz seiner völligen Isolierung und einer höchst primitiven Lebensweise dem »Wegbereiter« Dulnikker gelang, mit den jüngsten Entwicklungen im In- und Ausland dank einem erstaunlichen politischen Fingerspitzengefühl auf dem laufenden zu bleiben.

FRAGE: Herr Dulnikker, was ist Ihre Meinung über die neue Koalitionskrise?

ANTWORT: Die Lage ist ernst, aber in keiner Weise als hoffnungslos zu betrachten. Alle an einer Beendigung der Krise interessierten Parteien müssen sich bewußt sein, daß nur gegenseitiges Verständnis eine dauernde Regelung sichern kann.

FRAGE: Und wenn die Krise trotzdem länger andauern sollte?

ANTWORT: Diese Brücke überqueren wir, wenn wir zu ihr kommen.

FRAGE: Selbst angesichts aller wahrscheinlichen Auswirkungen der Änderung in der Außenpolitik?

ANTWORT: Bis zu einem gewissen Grad. *Allgemeines überraschtes Aufhorchen*

FRAGE: Herr Dulnikker! Stehen wir vor einer neuen Inflationswelle?

ANTWORT: Mit Ihrer Erlaubnis, meine Herren, werde ich diese Frage mit einer Anekdote beantworten. Eines Tages kam der Schächter tränenüberströmt zum Rebbe. »Rebbe, Rebbe, warum läßt man mich nicht am Rosh Hashanah den Schofar blasen?« Und was antwortete der Rebbe, meine Herren? »Ich habe gehört – hm –, daß du nicht in der Mikwe untergetaucht bist.« Der Schächter begann sich zu entschuldigen: »Rebbe, das Wasser war kalt, oj, war das kalt, Rebbe!« Und der Rebbe erwiderte: »Oif Kalts blust men nischt!« *Langanhaltendes herzliches Gelächter*

FRAGE: Verstehen wir Sie richtig, Herr Dulnikker, daß Sie die Inflation nicht für eine Bedrohung halten?

ANTWORT: Ich glaube, ich habe mich verständlich gemacht.

FRAGE: Dürfen wir Ihre Schlußfolgerungen veröffentlichen?

ANTWORT: Gewiß.

Die Pressekonferenz war noch in vollem Gang, als Frau Dulnikker, fast zu Tode gelangweilt, den Wirt aus dem Ratszimmer schleppte und ihn fragte, wie sie mit dem Ortsrat der werktätigen Frauen in Kontakt kommen könne. Elifas machte »hmhm« und »ä-ä« und erwiderte schließlich, daß die Ratsangelegenheiten im Dorf derzeit nicht allzu klar seien. Da Gula nicht nachließ, rief Elifas seine Frau für sie heraus und stürzte verwirrt zu der Pressekonferenz zurück. Nach einer Weile öffnete sich wieder die Tür, und diesmal wurde Frau Hassidoff gebeten, herauszukommen.

»Genossinnen«, wandte sich Gula Dulnikker an die beiden von der Ehre geschmeichelten Frauen, »möchtet ihr nicht gern im Dorf ein kleines Sozialprojekt unternehmen?«

Frau Hassidoff und Malka tauschten einen Blick voller Minderwertigkeitsgefühle.

»Jetzt gleich?«

»Natürlich jetzt gleich«, donnerte die geschäftige Aktivistin. »Ich hoffe, ich fahre morgen früh weg ...«

Es sei der Ordnung halber angemerkt, daß Gula vom Augenblick ihrer Ankunft im Dorf an einen unwiderstehlichen Drang empfunden hatte, etwas zu organisieren. Sie konnte nicht zulassen, einen ganzen Tag müßig zu verbringen, und hier winkte jungfräulicher Boden.

»In Tel Aviv steht ein ganz modernes Waisenhaus unter unserer Obhut«, unterrichtete sie die zwei Frauen. »In seinem Rahmen haben wir es mit zweihundertvier schmerzlich beraubten, einsamen Waisenkindern aus sämtlichen jüdischen Gemeinden zu tun, ohne irgendeine Hilfe oder Unterstützung von der Regierung.«

»Gott! Zweihundertvier Waisenkinder!« Malka war erschüttert. »Und nur der Herr Ingenieur und Frau Dulnikker?«

»Ich heiße Gula«, erklärte die Aktivistin, »und nicht ich mit Dulnikker leiten das Projekt, sondern unsere Sozialabteilung.«

»Selbst so ist das sehr nett, Frau Dulnikker.«

»Ich heiße Gula«, bemerkte die geschäftige Frau und begann ihnen alles über die kleinen Unschuldigen zu erzählen, die so sehr von den großmütigen Einwohnern von Kimmelquell abhingen. Sie zog ein dickes Quittungsbuch aus ihrer Tasche, auf dem in Blau ein Foto glücklicher Kinder gedruckt war, die Münder vollgestopft mit Butterbrot, und auf dem in klaren Blockbuchstaben stand: »Danke sehr, Liga der werktätigen Frauen, für die Rettung der jüdischen Waisenkinder G.m.b.H.« Gula übergab das Quittungsbuch in die Obhut der Frau Hassidoff und erklärte den freiwilligen Helferinnen, wie sie von Haus zu Haus zu gehen hatten und wie sie einen Betrag gegen Quittung in der Höhe von einem Israeli-Pfund erbitten sollten.

»Wenn es uns gelingt, die Leiden dieser unglücklichen Waisenkinder auch nur ein wenig zu lindern, wird unser Projekt der Mühe wert gewesen sein«, beendete Gula ihre Rede und fügte hinzu: »Und jetzt viel Glück, Genossinnen ...«

Die beiden Frauen starrten verblüfft die gutherzige Frau und ihr buntes Quittungsbuch an, wagten jedoch nicht, ihr offen zu widersprechen.

»Höre, Malka«, brummte Frau Hassidoff auf der Straße, »das ist nichts als ordinäre Bettelei!«

Malka zuckte schweigend die Achseln und klopfte leise an der Tür des Tierarzthauses, das am Rand des Dorfes lag.

»Reden wirst du«, platzte Frau Hassidoff heraus.

»Nein, du wirst reden«, sagte Malka beharrlich.

Die Tür öffnete sich einen schmalen Spalt, durch den Hermann Spiegels verschlafene und zornige Stimme drang.

»Wenn ihr der Kuh nicht soviel Wasser gegeben hättet, würde sie nicht soviel muhn!« keifte er durch den Spalt. Er versuchte sich wieder einzuschließen, aber Frau Hassidoff steckte gerade rechtzeitig die Schuhspitze zwischen Tür und Schwelle.

»Herr Spiegel, jetzt sind wir wegen etwas ganz anderem da. Wir sammeln Geld für arme Waisenkinder.«

»Was?« Er machte die Tür weit auf. »Wer ist gestorben?«

»Das wissen wir nicht, Herr Spiegel. Das weiß nur die Frau vom Ingenieur. Aber wenn Sie jetzt für die zweihundertvier Waisenkinder ein einziges Pfund spenden, gebe ich Ihnen ein kleines Bild, so wie das hier, und Ihr Name wird auch in die Kontobücher eingeschrieben. Das alles steht wirklich dafür, Herr Spiegel, weil es die Leiden der Waisenkinder lindert, deren Eltern nicht genug Geld haben, um sie in die Schule zu schicken. Natürlich, wenn Sie nicht wollen, brauchen Sie nicht, wir sind auch nicht sehr gern hergekommen, aber wir wollten Frau Dulnikker nicht beleidigen, nachdem sie nun schon einmal diese kleinen Bilder hat drucken lassen. Ich weiß sehr gut, daß der Herr Spiegel nie genug Geld hat, weil ihn die Bauern nicht bezahlen, wenn sie sollten. Ich glaube, auch mein Mann schuldet dem verehrten Doktor etwas, aber Sie müssen auch Salman verstehen: Die Ernte war letztes Jahr so gut, daß die Tnuva einen sehr niedrigen Preis für den Kümmel bezahlte. Es sieht danach aus, daß wir auch heuer wieder leider genauso eine große Ernte haben werden. Deshalb sagte Salman erst gestern zu mir: ›Wir werden den Gürtel enger schnallen müssen, Weib, wir müssen mit allen unnötigen Ausgaben aufhören.‹ Daher sage ich Ihnen, Herr Spiegel, daß ich selbst keinen roten Heller für Waisenkinder hergeben würde, die nicht meine eigenen sind. Wenn die Frau vom Ingenieur ihnen gar so sehr helfen will, dann soll sie selber für sie arbeiten gehen, dick genug ist sie dazu! Was glaubt sie eigentlich? Ein ganzes Pfund verlangen? Und was kommt als nächstes? Es macht mich wirklich bös! Entschuldigen Sie, Herr Spiegel, daß wir gestört haben. Empfehlungen an Ihre Gnädige.«

Die Abordnung besuchte neun weitere Häuser. Aber das Paar hatte kein Glück, und es kehrte in das Wirtshaus zurück.

»Sie geben nichts«, klagte Genossin Hassidoff. »Keiner will ein Bild kaufen. Die Leute sind sehr hartherzig, Frau Dulnikker ...«

»Ich heiße Gula«, erwiderte die Genossin enttäuscht. Aber der absolute Fehlschlag diente nur dazu, sie anzuspornen, ihr Projekt in einer anderen Dimension zu erneuern, und ohne zu zögern wandte sie sich an die Zwillinge, damit sie das Versagen ihrer Mutter sühnen konnten.

Gula eröffnete das Spiel mit einem volkstümlichen Schachzug: »Sagt mir, Majdudl und Hajdudl, seid ihr mit Papa und Mama zufrieden?«

»Je nachdem.«

»Jetzt stellt euch einen Augenblick vor, daß es viele Kinder gibt, die keinen Papa und keine Mama haben. Wollt ihr, daß auch sie glücklich sind?«

»Nein«, erwiderte Majdud mit Seniorat. »Warum sollen sie glücklich sein?«

Schließlich war Gula Dulnikker eine Frau mit klarem Kopf. Wortlos ging sie zum Wagen hinaus, weckte den Chauffeur, der am Lenkrad ein Nickerchen machte, und zog mit seiner Hilfe acht Sammelbüchsen aus dem Kofferraum. Sie wählte zwei unzerbeulte aus der Masse, die ihr durch den ganzen Staat wie soundso viele treue Lieblingstiere folgte, und kehrte mit den zwei zu den Zwillingen zurück.

»Kommt, Kinder«, sagte sie zu ihnen, »sekkieren wir die Großen ordentlich. Spielen wir ›Geldsammeln‹; es ist ein Riesenspaß ...«

Also sprach Gula und grub ein zweites Quittungsbuch aus Tiefen ihrer Handtasche. Es war kleiner, auf Straßensammlungen abgestimmt. Sie übergab der Jugend alles Werkzeug des Gewerbes.

Diesmal brauchte Gula Dulnikker nicht erst lange Anweisungen zu geben, denn die Zwillinge – trotz ihrer absoluten Isolierung von allen übrigen Jugendlichen des Landes – waren mit einer natürlichen Neigung aller Kinder der Nation gesegnet: Geld bei ausweichenden Passanten zu sammeln. Majdud und Hajdud verließen das Wirtshaus gegen Abend, und es gelang ihnen in kurzer Zeit, die unschuldigen Dörfler zu terrorisieren. Sie versteckten sich in einiger Entfernung voneinander hinter den Linden und fielen einer nach dem anderen in getrennten Angriffen plötzlich über die betrunkenen Bauern her. Blitzschnell hielt einer der beiden ihnen die Quittungen mit dem Singsang unter die Nase: »Der Papa is' tot! Der Papa is' tot! Onkel, gib wenigstens zehn Heller für die armen Waisenkinder!«

Die Dörfler ergründeten den Zweck des Projektes nicht ganz und versuchten, den zähen Fratz abzuschütteln. Aber der kleine Sturmtruppler hatte inzwischen schon die Hand in die Tasche seines Opfers gesteckt und ihn seines meisten Kleingeldes beraubt. Nach der bedingungslosen Kapitulation, zu der ihn die rauhe Wirklichkeit gezwungen hatte, erntete jeder Spender die warmen Worte des Lümmels:

»Du bist prima, Onkel. Danke im Namen der Ingenieurin, die auch ein großes, dickes, altes Waisenkind ist.«

Das jedoch war noch nicht das Ende des qualvollen Alptraums des verwirrten Spenders. Einige ermutigende Schritte vorwärts, und derselbe Lümmel stürzte aus der Dunkelheit und klapperte mit seiner Büchse zweimal so laut vor der langen Nase des Opfers.

»Kind!« donnerte der geduldige Bauer. »Gerade vor einer Minute habe ich dir schon zehn Heller gegeben!«

»Das hast du dem Majdud gegeben«, pflegte dann der kleine Sammler liebenswürdig zu erwidern. »Ich bin Hajdud.«

Spät abends kehrten die Zwillinge zu ihrem Stützpunkt zurück, müde von ihrem langen Kampf, aber glühend vor Begeisterung über das ungeheure Abenteuer, das sie der gutherzigen dicken Tante verdankten. Mit gerechtem Stolz übergaben sie Gula zwei vollgestopfte Sammelbüchsen.

»Frau Ingenieur«, erklärten sie, »da ist ein Vermögen für dich drin, zum Waisenkindermachen ...«

Nachdem die Büchsen geöffnet waren, wurde es allerdings klar, daß der Großteil der Münzen längst aus dem Verkehr gezogen war. Das schreckte jedoch die entschlossene und praktische Aktivistin nicht davon ab, als Zeichen ihrer Anerkennung den dankbaren Zwillingen eine zusätzliche Zuckerstange zu schenken. Gulas Überraschung über die Menge der Beute, die sie gemacht hatten, hätte sich verdoppelt oder vielleicht vervierfacht, hätte sie vermuten können, daß es Majdud und Hajdud gelungen war, die zwei Büchsen zweimal zu leeren, indem sie sie umkehrten und sachte schüttelten.

Am selben Abend traf eine Bekanntgabe des Staatsmannes die Abordnung wie ein Blitz aus heiterem Himmel.

Sie saßen um einen wohlbeladenen Tisch und feierten Amitz Dulnikkers Rückkehr ins öffentliche Leben mit einem Privatbankett, als der Ehrengast aufstand und mit dem Weinglas in der Hand zu sprechen begann. Diesmal hatten alle Anwesenden seinen Worten aufmerksam zugehört, als es langsam klar wurde, daß er sich entschlossen hatte, seinen Aufenthalt in Kimmelquell auf unbestimmte Zeit zu verlängern.

Dulnikker erklärte seinen Entschluß, in seiner unnachahmlichen Art, indem er von der Tatsache ausging, daß er in diesem entscheidenden Stadium die einzige Brücke zwischen den Dorfparteien war und daß seine vorzeitige Abreise angesichts der vergifteten politischen Atmosphäre alle Dämme zum Bersten bringen könnte.

»Ich werde dieses Dorf erst verlassen«, schloß der Staatsmann, »wenn ich meine Mission hier voll und ganz erfüllt habe!«

Malka, die hinter der Küchentür stand, hörte Dulnikkers Ankündigung mit großer Genugtuung zu, obwohl sie seinen schicksalhaften Entschluß seit ihrem jüngsten Stelldichein in der Nacht zuvor schon kannte. In völligem Gegensatz zu Malkas Glück wurde die Banketthalle zu einem aufgescheuchten Bienenschwarm. Alle Teilnehmer sprangen auf und versuchten ihr Äußerstes, den halsstarrigen Staatsmann zu einem Sinneswandel zu bewegen. Sie bombardierten ihn stundenlang mit Vernunftgründen und gefühlsmäßigen Argumenten, sprachen von nationalen Verpflichtungen, von der Verantwortung den Generationen gegenüber, von Unverantwortlichkeit. Dulnikker jedoch blieb fest wie ein Fels im Meer und wehrte alle ihre Bemühungen damit ab, daß er über den Alltagskram hinausgewachsen sei und nun ihre kleinliche Hetzjagd von hoch oben her betrachte.

Um Mitternacht zerstreuten sich die Gäste, enttäuscht und gebrochenen Herzens. Dulnikker aber war frisch und froh wie eh und je, als er seinem Privatsekretär, sich vergnügt die Nase reibend, einen kurzen, höflichen Befehl gab:

»Zev, mein Freund«, sagte er, »bitte packe gütigst unsere Koffer aus!«

Obwohl der Sekretär vor Wut fast hochging, erwiderte er: »Wie Sie wünschen, Dulnikker.« Er kehrte nicht heim, weil ihm Frau Dulnikker am Schluß des Banketts Zeichen gegeben hatte, daß sie ihn zu sprechen wünsche.

»Zev«, fragte Gula den Sekretär, als sie allein waren, »hast du nichts Seltsames an Dulnikker bemerkt?«

Die Frau zog vor ihrer Stirn kleine Kreise in der Luft, um ihre Vermutung deutlich zu machen, und der vife junge Mann erkannte sofort die große Gelegenheit, die sich ihm förmlich aufdrängte.

»Gula Dulnikker«, erwiderte er mit einer Stimme voller Traurigkeit und Kummer, »ich wollte nichts sagen, aber jetzt sehe ich mich verpflichtet, Ihnen mitzuteilen, daß die Geisteskräfte des Herrn Ingenieurs in diesem Dorf sehr gelitten haben.«

»Glaubst du, das ist was Neues?« Ein Zittern durchlief Gulas Wirbelsäule. »Wir wissen beide, daß er schon immer senil war.«

Ich wollte, es wäre nur Senilität«, stöhnte der Sekretär. »Ich fürchte, wir haben es mit dem psychopathischen Beispiel einer fixen Idee zu tun, bei dem sich der Ingenieur für unentbehrlich für die Dörfler hält ...«

»Auch du nennst ihn Ingenieur?« unterbrach ihn Gula hysterisch. »Er ist kein Ingenieur!«

»Ich weiß, ich weiß«, beruhigte sie Zev, »es kommt nur daher, daß ich so daran gewöhnt bin, ihn so zu nennen. Praktisch gesprochen, Gula Dulnikker, ich sehe keine andere Möglichkeit, als ihn unverzüglich heimzubringen.«

»Nein«, sagte Gula, »wir müssen uns zuerst mit Professor Tannenbaum beraten. Nur er kann entscheiden.«

»Schön, ich setze mich sofort mit ihm in Verbindung. Ich werde darauf sehen, daß der Professor sich ein Bild davon machen kann – in all seiner Schrecklichkeit.«

Der Eifer des Privatsekretärs erreichte seinen Zweck. Professor Tannenbaum besuchte Frau Dulnikker am nächsten Morgen schon sehr früh. Der Leibarzt der Parteihierarchie war noch immer von den Schrecken des vergangenen Abends benommen und verwirrt: »Ich ersuche Sie, Frau Dulnikker, die Geschehnisse in chronologischer Reihenfolge rekonstruieren zu dürfen«, flüsterte der Professor. »Also. Vor Mitternacht holte mich der Sekretär auf dem Weg zu meiner zeitweiligen Unterkunft ein und schilderte mir das entsetzliche Bild. Der Sekretär schlug vor, daß ich mich mit eigenen Augen von den jüngsten Entwicklungen überzeuge, und ich stimmte um einer genauen Diagnose willen zu. Also. Statt zu meiner zeitweiligen Unterkunft zu gehen, ging ich in das Schlafzimmer des Sekretärs, weil es dem Wirtshaus gegenüberliegt und sein Fenster in die gleiche Richtung geht, so daß man über die Baumkronen hinweg deutlich auf den Balkon von Herrn Dulnikkers Zimmer sehen kann. Um ungefähr zwölf Uhr sechsunddreißig bemerkten wir von unserer Stellung aus, daß sich jemand in der Umgebung von Herrn Dulnikkers Zimmer bewegte, und wenige Minuten später trat Herr Dulnikker im Pyjama auf den Balkon hinaus und dehnte sich im Mondlicht ...«

Professor Tannenbaum schwieg geheimnisvoll.

»Frau Dulnikker!« fuhr er nach einer kleinen Weile fort, »ich habe allen Grund zu glauben, daß die erschreckende Enthüllung, die ich sogleich machen werde, unerwünschte Wirkungen auf Ihre weibliche Seele haben wird, daher bitte ich Sie: befreien Sie mich von der Pflicht, genau zu sein.«

»Nein, nein, Professor Tannenbaum«, protestierte Gula, »ich muß alles erfahren!«

»Wie Sie wünschen, Madame, aber ausschließlich auf Ihre Verantwortung. Also. Herr Dulnikker band seinen roten Bademantel an das Balkongitter und begann an ihm hinunterzuklettern. Als er das Ende seines Bademantels erreichte, zog er unter seinem Arm einen großen Regenschirm hervor, mit dem als Fallschirm er sich in den Garten hinunterließ.«

»Mein Gott im Himmel!« stöhnte die Frau. »Ist Dulnikker Schlafwandler?«

»Das liegt nicht außerhalb der Möglichkeit.«

»Was geschah dann?«

»Eine Stunde und zwanzig Minuten lang sahen wir Herrn Dulnikker nicht, da die übermäßige Vegetation seine ohnehin unklare Gestalt vor unserer Sicht verbarg. Jedoch um zwei Uhr morgens tauchte er unerwartet auf dem Balkon vor seinem Zimmer wieder auf, knüpfte seinen Bademantel vom Balkongitter, und nach einem weiteren Sichdehnen wie dem ersteren verschwand er hinter der Tür.«

Eine kurze Stille bezeichnete das Ende von Professor Tannenbaums Bericht.

»Mein lieber Professor«, bat Gula den Leibarzt der Parteihierarchie, »retten Sie meinen Gatten! Wir würden das allergrößte Opfer bringen, wenn er nur wieder gesund werden könnte! Was kann man für ihn tun?«

»In Amerika hat man solche geistigen Verwirrungen erfolgreich mit Elektroschock behandelt. Gibt es irgendeinen Weg, Herrn Dulnikker für eine Propagandatour auf eine lange Reise in die USA zu schicken?«

»Über solche Fragen müssen wir uns mit Zev beraten«, sagte Gula vorsichtig. Beide stürzten zum Haus des Schuhflickers und trafen den Sekretär angezogen und fertig an, als hätte er sie schon erwartet.

»Ich habe eine andere Idee«, erklärte er, »vielleicht können wir ihn auf zwei Monate in die Schweiz schicken?«

»Schön«, meinte die Frau, »aber wer wird sich dort um ihn kümmern?«

»Gula Dulnikker«, informierte sie der Sekretär, »Sie wissen, daß Sie sich in einer solchen Situation auf mich verlassen können!«

»Schön, aber wie bekommen wir ihn ohne Skandal aus diesem verdammten Dorf?«

»Es bleibt nur eine Wahl«, meinte Zev, »wir müssen Dulnikker vor ein fait accompli stellen. Ich werde heimlich seine wichtigsten Sachen packen und den großen Koffer in den Kofferraum des Wagens stellen. Dann werden wir Dulnikker unter dem Vorwand einer Rundfahrt durch die Umgebung in den Wagen bringen und geradewegs zur Überlandstraße fahren. Dulnikker wird unser heiliges Komplott erst entdecken, wenn er weit genug auf seinem Heimweg ist, und dann wird er bestimmt sein Schicksal hinnehmen.«

Alles lief planmäßig. Professor Tannenbaum erklärte den beiden Würdenträgern die Realitäten der Situation. Ohne die geringste Überraschung über seine Enthüllung versicherten sie ihm, sie würden den Kranken zwischen sich setzen und seine Aufmerksamkeit fesseln, bis die Gefahrenzone verlassen war. Während des Frühstücks stahl sich der Sekretär in die Kammer seines Herrn und Meisters, wo er mit geübter Dienstfertigkeit die wichtigsten Effekten in den großen Koffer packte. Er ließ ihn in den Garten hinunter fallen und versteckte ihn dann im Kofferraum des Wagens, der mit der Pünktlichkeit eines militärischen Manövers vor den Eingang des Hauses glitt. Zev beschloß, ihre Rechnung bei Elifas Hermanowitsch nicht zu bezahlen, um nicht Malkas Mißtrauen zu wecken. Er plante, alles Fällige, erst nachdem alles vorüber war, durch Schultheiß zu begleichen. Das, so meinte er, machte ihren Fluchtplan frei von Hindernissen. Dulnikker selbst half ihnen unwissentlich, indem er ihre Einladung, eine Tour durch die ländliche Umgebung zu machen, annahm, denn er sah darin ein ermutigendes Zeichen einer Änderung in der Einstellung seiner Besucher zu seinem Entschluß, im Dorf zu bleiben. Die Gruppe ging sofort nach dem Frühstück zum Wagen hinaus, aber auf der Straße begab sich etwas, das ihre Abreise verzögerte.

»Unser Geld zurück, bitte«, begrüßte etwa ein Dutzend Bauern Gula. Sie hatten sich um den Wagen versammelt und streckten ihr die Quittungen hin, welche ihnen die Zwillinge aufgedrängt hatten. »Wir wollten diese Zettel verwenden, um den Tnuva-Chauffeur für unsere Waren zu bezahlen, aber er will sie nicht annehmen.«

»Aber Genossen«, argumentierte Gula, »ihr habt Geld für Waisenkinder gespendet!«

»Das haben wir dem Chauffeur auch gesagt, aber er hat sich trotzdem geweigert, die Zettel als Geld anzunehmen. Vielleicht reden Sie mit ihm, gnädige Frau!«

Gula wollte die Entführung nicht durch einen weiteren Zeitverlust gefährden, daher begann sie die zerknitterten Zettel zurückzukaufen. Aus irgendeinem Grund kostete sie diese Aktivität insgesamt neun Pfund und 58 Agorot. Die Zwillinge, die diesem Umtausch mit erstaunlichem Gleichmut zusahen, benutzten das kurze Zwischenspiel, um ihren eigenen Beitrag zu der Verwirrung zu leisten. Sie zogen den Ingenieur beiseite und flüsterten ihm ins Ohr:

»Ihr Krankenwärter hat Ihren Koffer in den Wagen gesteckt. Dann hat uns Ihre Frau Ingenieur gebeten, es Ihnen nicht zu erzählen, und wir sagen auch nichts. Das wär's.«

In diesem Augenblick saß die Gruppe im Wagen, bereit, Hals über Kopf und auf und davon zu fahren. Dulnikker stürzte zum Kofferraum, hob schnell den Deckel und erblickte mit seinen eigenen Augen seinen größten Koffer in majestätischer Ruhe daliegen. Blitzartig traf der Gestank des Komplotts die Nasenflügel seines Geistes. Er sprang zur Wagentür, riß sie auf und brüllte: »Was soll das?«

»Alles wird völlig in Ordnung kommen, Herr Dulnikker«, sagte Professor Tannenbaum, während er das Jackett des Staatsmannes packte und ihn hineinzerrte. Dulnikker begann mit dem Leibarzt der Parteihierarchie zu ringen, aber Gula schaltete sich ein und stieß ihren Gatten mit unwiderstehlicher Kraft auf seinen Sitz zwischen den zwei zu Stein erstarrten Würdenträgern. Gleichzeitig versuchte sie den Staatsmann zu beruhigen:

»Du darfst dich nicht aufregen, Dulnikker ... das Land braucht dich ... du bekommst alle Leitern und Regenschirme, die du willst, Dulnikker ... es ist alles nur zu deinem eigenen Wohl ...«

Die Reporter beobachteten atemlos diese Alptraumszene. Sie waren so erstaunt, daß der Bildreporter sogar vergaß, die Dulnikker-Entführung für die Nachwelt festzuhalten, was er sich nie verzieh. Zev saß die ganze Zeit drinnen, sein Gesicht ein Bild des »nichts-Ungewöhnliches-bemerkend«. Gula war die erste, die sich erholte, und rief dem Chauffeur zu: »Los!«

Genau in dem Augenblick riß Dulnikker den Mund auf und brüllte wild: »Hilfe! Entführer! Hilfe!«

Die Dörfler, die sich um den Wagen versammelt hatten, reagierten mit bemerkenswerter Wachsamkeit, rissen die geschlossene Wagentür auf und versuchten, ihren geliebten Ingenieur aus dem Wagen zu zerren. Die Schreie der Bürgerschaft »Sie entführen den Ingenieur!« wurden lauter, und kräftige Verstärkungstruppen ergossen sich von allen Seiten auf den Schauplatz. Diesmal waren sogar der Schuhflicker und der Barbier einig in ihren Anstrengungen, ihren Meister und Lehrer aus den Händen der Eindringlinge zu retten. Endlich zogen sie ihn gemeinsam durch die Tür, zusammen mit dem Teil Professor Tannenbaums, der um die Beine des Staatsmannes gewickelt war. Der Leibarzt der Parteihierarchie ließ Dulnikker schließlich los, als das Fenster neben dem Chauffeur durch einen Stein zerschmissen wurde. So kam es, daß das entfliehende Fahrzeug den Gegenstand seiner Flucht in den Händen seiner örtlichen Verehrer hinterließ.

Der schwarze Wagen raste rücksichtslos über die Steine der Landstraße dahin, aber jetzt beachtete keiner der Leute drinnen sein Rütteln; sie beschworen alle einstimmig den Chauffeur, so schnell wie möglich zu fahren.

»Schnell, schnell!« schrie die zitternde Gula. »Sie verfolgen uns wahrscheinlich zu Pferd!«

Nachdem es klar wurde, daß die Wachsamen nicht über dem nächsten Kamm erscheinen würden, beruhigte sich die Aktivistin etwas und versicherte voller Zorn:

»Dulnikker ist wirklich irre!«

Die Würdenträger nickten zustimmend, während sie gleichzeitig die Freude über Dulnikkers Unglück überwältigte, denn sie hatten das Plappermaul immer gehaßt. Ihre Genugtuung war jedoch geringfügig, verglichen mit der guten Laune der Reporter. Denn sie hatten eben entdeckt, daß sie keinen frischen Artikel schreiben mußten. Sie brauchten nur die Schlagzeile über den 300 Wörtern zu ändern, die sie alle fertig hatten, und sie würden ihre Redaktionen mit einem sensationellen internationalen Reißer beschenken, mit der Balkenüberschrift: NEUESTER BEWEIS FÜR AMITZ DULNIKKERS IRRSINN!

Gula befahl eine kurze Rast und wandte sich mit der lebenswichtigsten aller Fragen an den Professor:

»Was jetzt?«

»So wie ich es sehe, Frau Dulnikker, leidet Ihr Gatte an einer neurasthenisch-psycholokalen Affinität zu dem Dorf Kimmelquell. Ich glaube daher, es wäre unklug, ihn aus dem Dorf zu reißen, solange er sich in seinem gegenwärtigen Zustand befindet. Überdies«, wandte sich der Leibarzt der Parteihierarchie an die Reporter, »würde ich vorschlagen, daß über das Thema so lange nichts veröffentlicht wird, bis er geheilt ist!«

»Klar«, murmelten die Presseleute mit saurem Gesicht. »Wirklich, das ist ganz selbstverständlich ...«

Die erste Pause seit dem Beginn der Kette schrecklicher Ereignisse hatte eine mächtige psychologische Wirkung auf Gula! »Der arme Dulnikker« – ihre Tränen flossen vor Erleichterung –, »ich bin überzeugt, er ist von allen diesen seinen langen Reden wahnsinnig geworden ... und jetzt wird er in diesem rückständigen Dorf mit diesen Barbaren so allein wie ein Hund sein ... Selbst die Dinge, die er am meisten braucht, haben wir mitgenommen ... Wer wird sich dort um ihn kümmern? Wer, um Gottes willen?«

Gulas Blick fiel auf das Gesicht des Sekretärs – und er erschauerte.

Ungefähr drei Stunden, nachdem der Wagen der Sicht entschwunden war und in einer Staubwolke südwärts fuhr, bemerkten einige scharfäugige Kimmelqueller eine große, dünne Gestalt, die sich nordwärts den Abhang hinaufbewegte, der zum Dorf führte. In der heißen Sonne waren sie bald imstande auszumachen, daß sie drei Koffer und eine gelbe Aktentasche schleppte. Das war der Grund, warum ein blondes, unermeßlich glückliches Mädchen voll wiedererwachender Freude zum Lagerhaus hinausging, um den Neuankömmling zu begrüßen.

»Ich wußte, daß du zu mir zurückkehren würdest.« Dwora umarmte den verschwitzten jungen Gepäckträger. »Jetzt wirst du auf immer hierbleiben. Stimmt's?«

»Anscheinend«, hauchte Zev kurz und bündig. Er setzte sich auf eines der Gepäckstücke und starrte in den blauen Himmel hinauf, als verlange er, daß dieser ihm die Grausamkeit der Natur erkläre.

Der Rückkehr des Sekretärs war eine stürmische Debatte im Wagen vorangegangen. Gula hatte ungestüm verlangt, daß Zev aussteige und im Geist seiner bekannten Ergebenheit zu Dulnikker ins Dorf zurückkehre. Der Sekretär hatte dem entgegnet, daß es einen Monat her sei, seit er zum letztenmal Zivilisation gesehen habe, und daß ihn seine zweite Verbannung ans Ende der Welt wahrscheinlich in den Wahnsinn treiben würde. Letzteres Argument hatte jedoch aus offenkundigen Gründen keinerlei Wirkung auf die aktivistische Schwester Genossin. Außerdem waren die beiden ungeduldigen Würdenträger der armen Frau zu Hilfe gekommen, deren Situation sich nicht sehr von der einer Witwe unterschied. Sie hatten Zev energisch erklärt, daß er die Wahl habe: entweder den Wagen oder die Partei zu verlassen. Zev hatte – es sei angemerkt: ohne zu zögern – erstere Alternative gewählt. Alles, was er von der Gruppe erbeten hatte, war nur, daß sie ihn einen Teil des Weges zurückfahren wollten. Aber selbst das war ihm von Gula hartherzig verwehrt worden, die nach wie vor eine wilde Schar rachsüchtiger Berittener fürchtete. Somit war der Sekretär zu einer Pilgerfahrt nach Kimmelquell mit einem Rücken voll Gepäck verurteilt, während er unaufhörlich eine widerliche Gesellschaft verfluchte, die von einem aufstrebenden jungen Politiker verlangte, einen solchen Tort auf sich zu nehmen.

Dulnikker begrüßte Zev persönlich, obwohl er noch immer durch die Ereignisse des Morgens außer sich war. Trotzdem versuchte er, einen so kühlen Ton wie möglich anzuschlagen, als er ihn ansprach.

»Hör zu, mein Freund Zev, ich weiß nicht, wie tief du in diesen kindischen, dummen Streich verwickelt warst, der alles, was ich hier erreicht habe, zunichte machen sollte. Jedenfalls warst du in stillschweigendem Einverständnis mit den Verschwörern.«

»Dulnikker«, sagte Zev, »ich weiß, daß auch ich von einer oberflächlichen Perspektive aus gesehen etwas Schuld zu haben scheine, aber glauben Sie mir, ich handelte nur im Interesse des Staates und der Gesamtheit.«

»In dem Fall, meine Herren, haben Sie sich verrechnet.« Dulnikker war böse. »Weil es weder der Staat noch die Gesamtheit war, die dich vom absoluten Nullpunkt dazu erhob, Amitz Dulnikkers Sekretär zu sein! Ich, und nur ich, habe das getan, in einem meiner schwachen Augenblicke. Nichtsdestoweniger beabsichtige ich im Augenblick nicht, eine Disziplinarmaßnahme zu treffen. Ich muß Sie jedoch, meine Herren, darauf hinweisen, daß nur redliche, anständige Ausdauer bei der Wiederherstellung unseres Dorfes Ihr taktloses Benehmen möglicherweise einigermaßen sühnen kann.«

»Ich verstehe, Dulnikker«, antwortete der Sekretär und kehrte seinen Blick abermals himmelwärts. Wie zu erraten ist, dauerte es auch diesmal lange, bis eine Antwort kam.

Der peinliche Zwischenfall verzögerte die Entwicklung von Kimmelquell nur um einige flüchtige Stunden. Der Staub in den Wagenspuren hatte sich noch kaum gesetzt, als neue Einladungen zu den Mitgliedern des Provisorischen Dorfrats unterwegs waren, die sie zu einer offiziellen Sitzung einberiefen, deren Zweck – in des wiedergekehrten Sekretärs einzigartigem Stil verfaßten Tagesordnung – »Die Errichtung einer örtlichen Verwaltung« war, »deren Funktion es sein wird, ein ständiges Einkommen zu sichern, um die Existenz der örtlichen Verwaltung zu garantieren«.

Die Sitzung wurde wie gewöhnlich bei dem flackernden Licht von zehn Laternen in der Ratskammer abgehalten. Dulnikker, auf die Höhen des Podiums zurückgekehrt, führte einen neuen

Vorgang ein und hielt einen Zählappell, um zu sehen, ob alle Mitglieder anwesend waren. Es stellte sich heraus, daß niemand fehlte. Angesichts dessen erteilte der Vorsitzende das Wort Ofer Kisch, der, wie erinnerlich, beauftragt worden war, eine Liste von Steuerzahlern aufzustellen. Der kleine Schneider erhob sich feierlich und las folgende offizielle Einzelheiten aus einem Notizbuch vor:

»Um die Anzahl von Bürgern festzustellen, die dreitürige Kleiderschränke besitzen, besuchte ich im Lauf von vier Tagen persönlich: Häuser – 65; Räume – 206; Familien – 75 ...«

»Langsam, Ofer, langsam«, polterte Zemach Gurewitsch, »du mißt keinen Anzug an! Sag uns einfach, wie viele dreitürige Kleiderschränke du gefunden hast?«

»Ich? Keinen.«

»Keinen?«

»Keinen.«

»Sie sehen, Herr Ingenieur«, wandte sich Elifas höchst erbittert an den Vorsitzenden. »Jetzt gehen Sie einmal hier herum, Steuern einheben! Das ist ein höchst halsstarriges Volk.«

»Ich ersuche um Ruhe, meine Herren!« Der zornige Vorsitzende schlug mit seinem Hammer auf den Tisch. »Wer hat euch denn beigebracht, wenn ich fragen darf, daß der Vertreter des Städtischen Steueramtes persönlich hingehen und nachsehen soll, was die Dorfbewohner tun? Ich erinnere mich sehr gut, daß Herr Kisch nur gebeten wurde, eine Liste der Einzustufenden zusammenzustellen.«

»Eine Liste der was?«

»›Einzustufender‹ bedeutet einen Steuerzahler«, erklärte Dulnikker ungeduldig. »Man mißt den finanziellen Stand eines Einzustufenden nicht mit dem Zollstock, Genossen, man schätzt ihn ein!«

Die Abgeordneten schrumpften in sich zusammen, rührten in ihrem Tee herum und tätschelten den Katzen mit den Stiefelspitzen die Rücken.

Zev rettete die Schlacht und die Debatte. »Der Herr Ingenieur will sagen, daß es nicht wichtig ist, wer wirklich einen dreitürigen Kleiderschrank besitzt, sondern nur, wer einen solchen Schrank besitzen könnte.«

Der Schächter Ja'akov Sfaradi war der erste, dem der Sinn der Sache aufging. »Ich verstehe«, verkündete er. »Das ist ein viel gerechteres System. Wir werden uns nicht um den Schrank kümmern, der wirklich ein unwichtiges Symbol ist ...«

»Halt!« der Barbier begann die Sache zu erfassen. »Vor allem müssen wir klären, was ›wir werden uns kümmern‹ bedeutet. Wer wird sich kümmern?«

»Der gesunde Menschenverstand diktiert«, meinte der Schneider, »daß der Mann, der dazu ernannt ist, die Einzustufenden, oder wie sie heißen, zusammenzustellen, auch die Steuerzahler auswählt.«

»Richtig«, stimmte ihm Dulnikker zu und schlug auch die Ernennung einer Einstufungskommission vor, die dem unerfahrenen Steueraufseher bei seinen Pflichten helfen sollte. Der Provisorische Dorfrat identifizierte sich mit dem Vorschlag und ernannte sich selbst zu Mitgliedern der Kommission. Aber sowie die Kommission eine Liste der Dorfbewohner aufzustellen begann, wurde es völlig klar, daß die im Dorf herrschende »katastrophale Gleichheit« dem Unternehmen entgegenstand.

»Der eine hat mehr Boden, der andere mehr Vieh«, versicherte der Schuhflicker. »Sie könnten alle oder keiner einen dreitürigen Kleiderschrank besitzen.«

Die Entdeckung deprimierte die Abgeordneten allgemein. Schließlich rettete Zev die Ehre der Einstufungskommission: »Es gibt nur einen Weg, um Ungerechtigkeiten zu vermeiden. Wir müssen losen.«

Die Idee befriedigte die Kommission, und ihre Mitglieder machten sich sofort daran, sie in die Praxis umzusetzen. Der Schneider schrieb schnell die Namen der Bauern von seiner Liste auf Zettel ab, die im Hut des Wirts durcheinandergeworfen wurden. Die Kommission beschloß, zwölf Steuerzahler auszulosen, zur Erinnerung an die zwölf Söhne Jakobs, und bot dem Vorsitzenden die Ehre an, zwölf Zettel aus dem Hut zu ziehen. Der Vorsitzende lehnte mit der Begründung ab, daß er eine absolut unabhängige Organisation zu erziehen wünsche. Daher wurde die Aufgabe Elifas Hermanowitsch zugewiesen, dem ja ohnehin der Hut gehörte.

Die Lotterie ging jedoch nicht ohne einige Verwirrung bringende Pannen vonstatten. Es schien zunächst, daß es Elifas Hermanowitsch gelang, elf richtige Namen aus seinem Hut zu ziehen, und diese wurden unverzüglich vom Steueraufseher notiert. Schließlich aber zog der Wirt einen langen Namen heraus, worauf er erbleichte.

»Das« – er schielte – »bin ich ...«

Die gesamte Einstufungskommission war verwirrt. Alle schauten zu Dulnikker, aber anscheinend hatte auch er keine klare Meinung zu diesem Problem. Endlich machte Malka dem unerfreulichen Schweigen ein Ende:

»Unsinn!« sagte sie zu ihrem Mann. »Schmeiß ihn zurück!«

Elifas grinste erbarmungswürdig, gab den Zettel zu den übrigen und mischte sie gründlich. Er zog wieder, und diesmal kreischte er auf, als hätte er einen Leprakranken berührt:

»Was ist das? Wieder ich!«

Aber sein Augenblick der Schwäche ging vorbei. Das Gesicht des Wirts wurde grün vor Wut, und er schmiß den beleidigenden Zettel mit einigen Ausdrücken des Abscheus auf den Grund des Hutes.

»Aus meinem eigenen Hut!« knurrte er. »Das ist wirklich ein Witz! Genausogut hätte ich irgendeinen anderen Namen ziehen können!«

Das dritte Mal zog Elifas einen Namen, der nicht der seine war, eine Leistung, die das Herz aller Teilnehmer einschließlich des Vorsitzenden erleichterte. Der erstaunlich flinke Krankenwärter hatte inzwischen die offizielle Benachrichtigung geschrieben, die zum Programm gehörte.

»Sehr geehrter Herr«, lautete sie. »Die Einstufungskommission des Provisorischen Dorfrats unter Vorsitz des Herrn Ingenieurs hat nach eingehender Prüfung Ihres finanziellen Standes entschieden, daß Ihr Einkommen genügt, um einen dreitürigen Kleiderschrank, mit Spiegel, aus Kastanienholz, zu erstehen. Schränke dieser Art wurden von der Einstufungskommission als Luxusgüter klassifiziert, und Sie werden daher ersucht, dem Steueraufseher, Ofer Kisch, eine einmalige städtische Luxussteuer von drei (3) Tnuva-Pfund für den Bau eines Bürgermeisteramtes zu bezahlen sowie 20 Agoroth zur Deckung der Eintreibungskosten. Im Weigerungsfalle sieht sich die Kommission gezwungen, den vorerwähnten Schrank zu beschlagnahmen, um Ihre Verpflichtungen zu decken.

In vorzüglicher Hochachtung
Salman Hassidoff
Bürgermeister de facto.«

Die erste Notstandssitzung des Provisorischen Dorfrats wurde am frühen Nachmittag des folgenden Tages abgehalten. Sie wurde aufgrund des mündlichen Ersuchens des Steueraufsehers Kisch einberufen. Die Abgeordneten waren etwas gereizt durch die häufige Belästigung, die ihre hohe Stellung mit sich brachte, aber ein Blick auf den Schneider genügte, um sie zu besänftigen. Ofer Kisch konnte kein Glied rühren, ohne vor Schmerz zu weinen. Die frischen Verletzungen an seinem Körper waren durch die Risse seiner Hose deutlich sichtbar, und der blaue Fleck unter seinem linken Auge zeigte an, was für ein Glück er hatte, das Auge noch zu besitzen. Der leidende Steueraufseher konnte sich nicht beherrschen und nahm das Wort, ohne daß es ihm erteilt wurde:

»Was habt ihr mir angetan?« jammerte der kleine Schneider. »Man hat mich fast umgebracht! Ich bin nicht einmal soweit gekommen, den Brief zu erklären, und schon wurde ich angegriffen! ›Wer braucht hier einen Dorfrat?‹ schrien sie wie die Irren, ›Was für einen Schrank?‹, und hetzten die Hunde auf mich.«

Dulnikker schlug mit dem Hammer auf den Tisch.

»Genossen!« rief er. »Das ist Gesetzlosigkeit!« Seine etwas feierliche Stimmung teilte sich den Abgeordneten mit.

»Was ist eigentlich los?« platzte Frau Hassidoff heraus. »Haben sie uns gewählt oder nicht?«

»Das ist's ja«, bemerkte der Bürgermeister de facto mit offenkundigem Groll, »Vorteile aus dem Dorfrat beziehen – fein; aber etwas hergeben – o nein!«

»Nu ja, so ist das einmal«, versicherte der Schächter plötzlich. »Also lösen wir den ganzen Dorfrat auf, ja, Herr Ingenieur?«

Der vernichtende, wütende, verabscheuende, herabsetzende Blick des Vorsitzenden genügte, um die leichtherzigen Worte in Ja'akov Sfaradis Kehle zu ersticken.

»Zurückziehen?« donnerte Dulnikker. »Nachgeben?«

»Ja, aber – was dann?«

»Eine Polizeitruppe.«

»Sag mir, Mischa, mein Freund«, sagte Dulnikker zu dem mächtigen Burschen, als dieser spät am selben Abend schwer auf seine Bettstatt sank, »bist du mit der Schuhflickerstochter irgendwie weitergekommen?«

»Teufel, nein!« brummte Mischa. »Dwora ist so verliebt in ihre bebrillte Vogelscheuche, daß wir kaum miteinander reden. Ehrlich, ich halte mich von ihr zurück, Herr Ingenieur, weil ich Angst habe, ich könnte eines Tages diesem Angsthasen den Schädel einschlagen . . .«

»Pfui über dich, Mischa«, warf Dulnikker ein. »Habe ich dich nicht schon längst darauf hingewiesen, daß du die Schranken, die dich von Dwora trennen, nur dadurch niederbrechen kannst, daß du dir einen achtbaren öffentlichen Posten erwirbst?«

»Gibt es irgendeinen achtbareren als den des Kuhhirten, der das Eigentum des Dorfes hütet?«

»Doch, Mischa. Den Hüter des Gesetzes zum Beispiel.«

»Wer ist das?«

»Der Polizist!«

»Was für eine Polizei?«

»Machen Sie keine Witze, meine Herren! Haben Sie nicht gehört, daß der Provisorische Dorfrat Himmel und Hölle nach einem Polizisten absucht? Eigentlich – warum nicht? Du bist ein kräftiger junger Bursche, Mischa, du kannst lesen und schreiben, so gut man das erwarten darf, und dein Hund ist einer der größten im Dorf ...«

»Halt, Herr Ingenieur. Ich mag grüne Weiden und Tiere lieber als die Menschen. Ich bin als Polizist ungeeignet.«

»Mischa, mein Freund, wer spricht von einem Polizisten? Ich will dich zum Chef der Kimmelqueller Polizeitruppe ernennen!«

Der höchst wichtigen Verkündigung des Ingenieurs folgte langes Schweigen.

»Dann wäre ich ein Offizier ... Sie meinen ...«

»Genau, was du gehört hast, Freundchen. Im Rang eines Hauptmannes.«

»Und keiner über mir?«

»Entschieden nein. Außerdem wirst du in zwei weiteren Monaten imstande sein, es bis zum Oberst zu bringen.«

»Nu ja, dann geht das also in Ordnung«, willigte Mischa ein, »weil ich nicht ganz von unten her anfangen wollte.«

Vor der Eröffnungszeremonie hielt der Ingenieur persönlich für den Chef der Kimmelqueller Polizei einen Schnellkursus über das ›Verhalten erstrangiger Polizeihauptleute‹.

»Ein Polizeihauptmann weiß alles, sieht alles, hört alles!«

Das war der Eröffnungssatz des ersten Vortrages des Staatsmannes, und der Kuhhirte nickte zustimmend.

»Sollte irgend etwas, Gott behüte, in Verletzung des Gesetzes geschehen, erscheint der Polizeibeamte auf dem Schauplatz des Verbrechens oder besser, er erscheint schon, bevor das Verbrechen begangen werden kann. Nachher verhört er die Zeugen und unterbreitet der Vollsitzung des Dorfrats einen eingehenden schriftlichen Bericht. Jedoch« – Dulnikker hob den Zeigefinger – »*ein* Zeuge ist ungültig!«

»Bitte sehr, wer ist der ungültige Zeuge?«

»Ich meine die Zahl ›einer‹«, erklärte er mit dem Glorienschein der Geduld, die er in vielen Sitzungen mit den Kimmelquellern entwickelt hatte. »Ein Zeuge allein ist kein Zeuge, obwohl du ihn trotzdem ins Kreuzverhör nehmen mußt.«

»Da verlassen Sie sich darauf, Herr Ingenieur.« Der Kuhhirte wies stolz seine gigantischen Hände vor.

»Ohne Emotion, Genossen, ohne Emotion!« Dulnikker hob die Stimme. »Ihr dürft dem Verdächtigen kein Haar krümmen! Ihr müßt alles schriftlich niederlegen, in Form von Frage und Antwort, etwa so: Ich: Wie heißen Sie? Verdächtiger: Soundso ...«

»Das ist kein Name!«

»Um Himmels willen, das ist doch nur angenommen, Genossen! Ich: Wo sind Sie geboren, Herr? Verdächtiger: In Rosinesco. Ich: Wie alt sind Sie? Et cetera. Folgst du mir, mein Freund?«

»Ich verstehe«, erwiderte Mischa. »Ende letzten Jahres war ich achtundzwanzig.«

Nach dreieinhalb Stunden Schwerstarbeit überwand ein eiserner Wille den Mangel an Begriffsvermögen des Hauptmanns. Endlich sah es aus, als hätte Mischa die Grundbegriffe kapiert.

»Und noch eines«, endete der Staatsmann völlig heiser. »Ich werde keinen Polizeibeamten dulden, der in der Politik herumpfuscht! Die Polizeitruppe muß die eiserne Faust des rechtmäßig eingesetzten Dorfrats sein. Folgst du mir? Wenn Ihnen, meine Herren, befohlen wird, Ihren Bruder zu verhaften, dann werden Sie ihn verhaften.«

»Ich habe keinen Bruder. Nur zwei Schwestern.«

»Das ist alles nur angenommen«, flüsterte Dulnikker mit tränenerstickter Stimme. »Ich versuche dir zu erklären, daß du Befehle ausführen mußt, ohne viel zu denken. Sollte dir befohlen werden, dich aufzuhängen ...«

»Warum denn?« protestierte Mischa und stand schockiert auf. »Ich habe nichts Unrechtes getan! Entschuldigen Sie, Herr Ingenieur, aber ich mag kein Polizeibeamter sein, wenn ich mich aufhängen muß!«

»Nein!« schrie Dulnikker und stampfte vor Wut auf. »Man wird es nicht von dir verlangen!«

»Warum haben Sie dann gesagt, daß Sie es würden?«

»Ich habe nur Spaß gemacht! Vergeßt es, Genossen, vergeßt, was ich gesagt habe!«

»Alles?«

»Alles!«

Wie es so gern im täglichen Leben zugeht – obwohl der Polizeichef von Kimmelquell seine theoretischen Prüfungen nicht bestanden hatte, machte er sich im aktiven Dienst vortrefflich. Mischa begann den verwundeten Steueraufseher, Ofer Kisch, zu den Behausungen der zwölf Auserwählten zu begleiten, und seine bedeutungsvolle Anwesenheit hatte die Wirkung einer kalten Dusche auf die besuchten Parteien. Praktisch war keine Gewalt vonnöten. Allgemein gesprochen lächelte der Hauptmann breit, während seine überdimensionale Hand geistesabwesend das Fell Satans – seines gigantischen Schäferhundes – streichelte.

Ihrer beider Auftauchen allein veranlaßte die Bauern, ihre Mißhandlung des Schneiders einzustellen und ihren Kummer in eine einzige Frage zu verdichten:

»Warum gerade wir?«

»Ich weiß wirklich nicht«, pflegte der Polizist in solchen Fällen zu antworten. »Ich bin bloß eine eiserne Faust, die tut, was ihr befohlen wird. Sonst hängen sie mich mir-nichts-dir-nichts!«

Die Wolke, welche die Angelegenheit verhüllte, verdichtete sich, als die zwölf Steuerzahler Unterstützung bei dem glücklichen Rest der Dorfbewohner suchten. Diese meinten, daß der Dorfrat sicher genügend Grund habe, die Steuer gerade jenen Leuten aufzuerlegen, denen sie auferlegt war, denn die Räte waren ernstzunehmende Leute, und wenn es so war, wie sich alles auswirkte, dann sollte man nicht viel klagen: Man mußte einfach den Gürtel ein bißchen enger schnallen – und zahlen! Somit konzentrierte sich die Wut des Dutzends und sammelte sich um die Teufelsgestalt Salman Hassidoffs, des Bürgermeisters de facto, dessen Unterschrift die schändliche Verständigung zierte.

Die »Dreitürniks«, die sich von der steuerfreien Majorität etwas exkommuniziert vorkamen, fanden einen kargen Trost in ihren heimlichen Gesprächen mit Zemach Gurewitsch. Der Schuhflicker sagte dem unglücklichen Dutzend offen, daß ihnen seiner Meinung nach dieser Kerl, der Hassidoff, unrecht tue, und wenn er, Gurewitsch, zum Bürgermeister gewählt würde, er sofort die Steuerlast durch eine gerechtere Regelung auf die Schultern von zwölf anderen Bauern überwälzen würde. Aber das, sagte er, verlange natürlich, daß er, der Schuhflicker, in den kommenden Wahlen zum Bürgermeister gewählt werde, denn was nützten schon guter Wille und menschliches Verständnis, wenn sie nicht durch Handeln gestützt würden?

Am Ende verwandelte sich jedoch die Steuer dank Umständen, an die niemand gedacht hätte, fast in einen großen Verlust. Die ersten Anzeichen der Krise waren die scharfen Proteste, die immer stärker aus den Dorfställen hervordrangen und die nach einigen Tagen an einem heiseren Chor langgedehnter Muhs wurden, in den alle gefangenen Kühe einstimmten. Der Polizeichef von Kimmelquell informierte den Rat kurz und bündig, daß er so lange nicht als Gemeindehirt dienen würde, solange er die offizielle Uniform trage. Um die Verwirrung noch zu vergrößern, waren die übrigen Dorfbewohner von dem Gedanken, den Hirtenstab zu ergreifen, nicht begeistert und behaupteten, jetzt hätten die Ratsmitglieder ihre Suppe und könnten sie auslöffeln.

Schließlich berief Amitz Dulnikker eine außerordentliche Sitzung des Provisorischen Dorfrats ein und murmelte, daß er anscheinend immer alles selber machen müsse. Alle Abgeordneten erschienen. Als sie eintraten, flüsterte Salman Hassidoff seiner ihm ehelich angetrauten Krankenschwester eine Bemerkung zu, die den Grundton der ganzen Sitzung vorwegnahm:

»Oj! Und nochmals oj!« Der Barbier wies auf die fleckenlose, frisch gewendete Hose des Schuhflickers. »Heute abend gibt's keine Majorität!«

Und so geschah's. Zemach Gurewitsch bat als erster ums Wort und schlug eine einstweilige Regelung vor, derzufolge der Bürgermeister den zwölf Steuerzahlern de facto einen persönlichen Brief schicken und ihnen auftragen solle, sich als kommunale Kuhhirten abzuwechseln. Salman Hassidoff war instinktiv gegen den Vorschlag und schlug vor, daß die Ratsmitglieder in der Reihenfolge ihres Ranges Kuhhirten werden sollten. An diesem Abend wurden sechs Gegenabstimmungen abgehalten; alle waren stimmengleich, weil das »Zünglein an der Waage« konsequent gegen beide Fraktionen in frisch gebügelten Hosen stimmte.

Knapp vor Mitternacht brachte der Krankenwärter seine Meinung zum Ausdruck, daß lieber die letzte Kuh tot umfallen solle, als die Ratsmitglieder aus Schlafmangel. Dieses zynische Aparte war es, was schließlich zur Lösung des Problems führte.

»Meine Herren!« verkündete Dulnikker von seiner Höhe herab, »ich verhülle mein Gesicht aus Scham über Sie! Es sieht so aus, daß ich persönlich gezwungen sein werde, mit meinem Krankenwärter zusammen die leidenden Kühe auf die Weide zu führen.«

Wenn der Staatsmann tief im Herzen erwartete, daß sein Tadel das schlafende Gewissen der Räte wecken würde, dann irrte er, denn seine freiwillige Meldung ließ Wogen der Bewunderung in den Seelen der Abgeordneten aufwallen. Malka begann sofort zu klatschen, und der Großteil des Dorfrats schloß sich freudig an. Selbst den heuchlerischen Schächter freute es, sich zu erkundigen, ob denn der ehrenwerte Ingenieur auch im Kühehüten Erfahrung habe? Er erhielt eine spitze, wenn auch etwas zweideutige Erwiderung vom Sekretär. Zev bemerkte zwischen zwei Gähnen, daß für einen Mann der Öffentlichkeit von Herr Dulnikkers Rang das Hüten von Vieh nichts Neues sei.

So endete die von Pech verfolgte Sitzung dennoch glücklich, und der Krankenwärter, der sich für einen Großstädter hielt, fühlte sich leicht entwürdigt.

»Hören Sie, Dulnikker«, sagte der Sekretär zu seinem Herrn und Meister, nachdem diesem die Abgeordneten ›Masel tow‹ gewünscht und den Raum verlassen hatten, »wenn Sie um jeden Preis zurück zur Natur wollen, ist das Ihre Angelegenheit, aber warum müssen Sie mich mitschleppen?«

»Warum?« wiederholte Dulnikker jovial. »Ich werde euch gleich erklären, warum, Genossen! Was mich betrifft, so glaube ich fest an den Einfluß des persönlichen Beispiels auf die Massen. Was dich betrifft, mein Freund Zev, so wirst du bei Sonnenaufgang mit mir auf die Weide ziehen, weil du mein vertrauenswürdiger Krankenwärter bist, der bereit ist, für mich durchs Feuer zu gehen. Oder hast du dir vorgestellt, mein Freund Zev, daß ich im Alter von siebenundfünfzig Jahren anfange, stumme Tiere herumzujagen?«

Der Sekretär senkte den Blutdruck des Staatsmannes, indem er sich sofort ergab. Das neue erfreuliche Alter seines Herrn und Meisters schrieb er der erfrischenden Anwesenheit Malkas zu. Tatsächlich hatte die Häufigkeit der Begegnungen in der strohgedeckten Hütte nach dem niederträchtigen Entführungsversuch zugenommen, und das Erregende war für die beiden Nachtschwärmer keinen Augenblick geringer geworden. Nachdem der grüne Pullover vollendet war, begann Malka Handschuhe und Pulswärmer aus demselben grünen Wollknäuel zu stricken, während Dulnikker in großen Sprüngen in die

Vergangenheit zurückeilte und nur bei den wichtigsten Ereignissen seiner Biographie innehielt.

Malka, sanft an Dulnikker gelehnt, wurde wohlig durchrieselt von den wunderbaren Erzählungen von Diplomaten, Flugzeugen, Appellen, Visionen, Banketten, Schwachköpfen, Krisen, Zvi Grinstein, Projekten, Schiffen, der Geschichte von einem Schächter, dem nicht erlaubt worden war, Schofar zu blasen, von Huliganen und Wahlen, Bankkrediten, Shimshon Groidiss' Komplotten, Prestige, Entwicklung und mehr desgleichen. Eines Nachts, endlich, endlich, öffnete die Frau den Mund und sprach zu ihrem Ritter in einem Ton, der unbändiges Staunen verriet:

»Herr Dulnikker, niemand hier ahnt ja, wer Sie sind! Sie sind ein so großer Mann, daß ich wünsche, Majdud und Hajdud würden wie Sie werden. Manchmal flehe ich den Himmel an: Was für eine gute Tat habe ich vollbracht, daß Sie irrtümlich mein Zimmer betraten? Warum liebt mich der Himmel so sehr?«

»Das werden wir kaum herausfinden«, meinte Dulnikker, »deshalb verschwenden wir keine Zeit damit, darüber nachzudenken. Ich muß Sie bitten, Madame, mich nicht jeden Augenblick zu unterbrechen ...«

Als der Herr Ingenieur und sein persönlicher Krankenwärter früh an jenem Morgen das Vieh hinausführten, stand die Einwohnerschaft offenen Mundes an den Toren des Dorfes. Die beiden freiwilligen Kuhhirten trugen geborgte Kleidung, die ihnen eine äußerst originelle Erscheinung verlieh. Besonders ins Auge fallend waren dank der kurzen Hosen ihre marmorweißen Beine. Dulnikker hatte sich ein buntes Tuch um den Hals geschlungen, und beide trugen Knotenstöcke aus Mischas Sammlung. Die Hirtenstäbe gerieten ihnen immer wieder zwischen die Füße, wenn sie laufen mußten, und laufen mußten sie, weil die ungeduldigen Kühe schnurstracks zur Wiese stürmten, während Dulnikker mit erstickter Stimme heulte: »Hoiss! Rennt nicht! Hoiss! Halt!«

Kein Wunder, daß die beiden zusammenbrachen, als sie die Herde endlich eingeholt hatten. Sie streckten sich auf dem grasigen Abhang des kleinen Hügels aus und spürten mit geschlossenen Augen die rote Sonne durch die Lider, als sie sanft jede Zelle ihres Körpers überflutete.

»Siehst du, Zev«, erklärte der Staatsmann nach langem

Schweigen, »wir sind erschreckend außer Form. Kannst du erraten, mein Freund, was uns das zu tun verpflichtet?«

»Sicher.« Zev beschattete seine Augen vor der Sonne. »Wir müssen heimfahren.«

»Da haben wir die neue Generation!« Dulnikker kochte vor Wut. »Typisch – sie will nur eines: Bequemlichkeit, sonst nichts! Glaubst du wirklich, ich amüsiere mich in diesem Dorf?«

»Ja, Dulnikker. Für Sie ist es großartig.«

»Na und? Stört dich das vielleicht? In dem Fall, schwöre ich, bleibe ich mit dir hier bis zu dem Tag, an dem ich – oder du stirbst!«

Das beendete ihre fruchtlose Debatte, und beide schläfrigen Männer ergaben sich dem Kuß der Mutter Sonne. Sie lagen regungslos in dem frischgrünen Gras, und der Staatsmann war nur selten gezwungen, seinen Krankenwärter loszuschicken, um eine streunende Kuh zurückzujagen – weil ja der Schäferhund, dessen Aufgabe das natürlicherweise war, im Augenblick im Dienst der kommunalen Steuerabteilung stand.

Dulnikker erwachte, weil ihn jemand leicht an der Schulter rüttelte. Er öffnete schläfrig benommen ein Auge, riß jedoch sofort auch das andere auf und öffnete den Mund zu einem heiseren Aufschrei. Ein ältlicher Araber, in einen ländlichen Kumbas und einen Kafija gekleidet, beugte sich über den erschrockenen Staatsmann und flüsterte etwas durch seinen struppigen Schnurrbart. Dulnikker, ehemaliger Parteisprecher im Unterausschuß für Minderheitenprobleme, versuchte sich schnell aus den Armen seines Angreifers zu befreien und zu fliehen, mit dem einzigen Erfolg, daß er auf dem Gras ausrutschte und flach auf den Rücken fiel. Zev, den das Aufkreischen des Staatsmannes geweckt hatte, langte nach seinem Knotenstock, aber der Araber war schneller. Er griff in seine Ledertasche und zog eine kleine Blechbüchse heraus.

»Kafaj, Amerika«, sagte er mit einem herzlichen Grinsen. »Amerika, Kafaj.«

Die beiden Kuhhirten waren sprachlos. Nachdem der Araber noch mehrmals »Kafaj, Amerika« wiederholt hatte, flüsterte Dulnikker seinem Sekretär zu: »Wus sugt er?«

»Warum reden Sie jiddisch, Dulnikker?« fragte der Sekretär leise. Und der Staatsmann flüsterte zurück: »Damit er mich nicht versteht.« An diesem Punkt ging Dulnikker jedoch die Geduld aus, und er schrie Zev an: »Warum, mein Freund, mußt du dir in einer solchen Zeit philologische Überlegungen leisten? Geh zu ihm hinüber und finde heraus, was er will! Du hast in der Schule Arabisch gehabt!«

Der Sekretär erhob sich und ging zu dem Araber, der mit orientalischem Gleichmut auf das Ende der internen Debatte wartete. Zev durchforschte sein Gedächtnis und grub mühsam einen arabischen Satz von unzweifelhafter literarischer Qualität aus. Aber der Araber schüttelte den Kopf und schnalzte traurig mit der Zunge, um dem Kuhhirten anzudeuten, daß er kein Wort verstanden hatte.

»Wäre es möglich, Zev, daß er nicht Arabisch kann?« überlegte Dulnikker. Dann fragte er den Araber aus einer Gewohnheit, die ihm dank seinen Besuchen von Einwandererlagern zur zweiten Natur geworden war:

»Murvy pan po polsku? Guvriti pa russki?«

»Ness kafaj«, erwiderte dieser und hielt dem Staatsmann die Büchse unter die Nase. »Ness kafaj.«

Dulnikker nahm die Büchse und bewegte den Kopf in der stummen Frage: »Wieviel?«

Der Araber wies auf eine der Kühe. Das machte Dulnikker böse.

»Der Kerl ist verrückt«, versicherte der Staatsmann. »Er will eine ganze Kuh für seine Büchse!«

Da jedoch nahm ihre Beziehung eine entscheidende Wendung. Der Araber begann auf französisch zu murmeln, eine Sprache, die er und Zev mehr oder weniger gemeinsam kannten.

»Er bietet hundert Büchsen Neskaffee für eine Kuh«, übersetzte der Sekretär und fügte hinzu, »das ist wirklich billig, Dulnikker.«

»Kommt überhaupt nicht in Frage«, fuhr ihn der Staatsmann an. »Sag ihm, mein Freund, daß die Kühe nicht unser persönliches Eigentum sind. Außerdem darf ich wegen meines hohen Blutdrucks keinen Kaffee trinken. Überhaupt, wer ist dieser Kerl? Er kommt mir nicht bekannt vor.«

»He«, fragte Zev, »woher kommst du?«

»Aus dem Libanon.«

Diese erschreckende Eröffnung verursachte im Lager der Kuhhirten einige Verwirrung. Dulnikker zog seinen Sekretär beiseite und flüsterte ihm sehr aufgeregt zu:

»Ich wußte von Anfang an, daß er ein Infiltrator ist, weil kein israelischer Araber den Weg hier heraus finden könnte. Wir dürfen keinen Handel mit ihm treiben, Genossen!«

Der Infiltrator stand in einnehmender Schlichtheit da, voll ruhiger Erwartung, den großen Kopf leicht zur Seite gewendet, und streckte von Zeit zu Zeit den beiden sich beratenden Kuhhirten die Büchse entgegen. Die Sonne leuchtete mit dem Glanz der Brüderlichkeit, die Kühe käuten unschuldig das Gras wieder, und hie und da flatterte ein bunter Schmetterling vorbei.

»Setz dich«, befahl Dulnikker dem Infiltrator, denn er konnte es nie leiden, Leute müßig herumstehen zu lassen. Er setzte sein Gespräch mit seinem Sekretär fort.

»Ich will keine Komplikationen! Dieser Kerl muß trotzdem als Feind betrachtet werden!«

»Schön«, sagte Zev nachgiebig. »In dem Fall bringen wir ihn also um.«

»Das ist die Aufgabe unserer Sicherheitstruppen und der Grenzpolizei«, versicherte Dulnikker. »Frag ihn, was ihn hergeführt hat.«

Der Araber begann es mit einer endlosen Tirade zu erklären, und der Staatsmann erfuhr von Zev, daß er – der Araber – Kimmelquells Hauptlieferant war und in regelmäßigem Kontakt mit dem ehemaligen Kuhhirten stand. Wenn ihm die Effendis nicht glaubten, könnten sie den ehemaligen Kuhhirten über ihn ausfragen, und auch der würde ihnen sagen, daß er – der Araber – Juden gern hatte und auch bereit sei, sie zu vernünftigen Preisen mit allen anderen, im jüdischen Staat schwer erhältlichen Artikeln zu versorgen.

Dies verletzte den Stolz des Staatsmannes ernstlich.

»Sag ihm«, schrie er Zev an, »daß wir seine erbärmliche Ware nicht brauchen! Im Gegenteil, wenn wir die Blockade über ihn verhängen, hilft uns das, schnellstens unsere wirtschaftliche Unabhängigkeit zu erreichen!«

»Ja«, sagte der Sekretär gehorsam und übersetzte dem Schmuggler: »Wieviel willst du für eine Büchse?«

»Ein Pfund siebzig. Aber nur Tnuva-Geld. Das ist reiner amerikanischer Neskaffee, Effendi.«

Die Geheimverhandlungen zwischen dem Araber und dem Dolmetscher führten jedoch zu keinem Resultat, weil Dulnikker seinen Sekretär sehr aufmerksam überwachte. Er warnte ihn, nicht mit dem Araber zu schwätzen, nicht zu viele Sätze zu verwenden, in denen »Neskaffee« allzuhäufig vorkam, sondern dem Infiltrator zu befehlen, zu verschwinden, bevor er »die Treppe hinuntergeschmissen wird«.

»Ein Pfund sechzig«, murmelte der Araber und trat beim Anblick von Dulnikkers störrischem Gesicht einige Schritte zurück. Aber anscheinend rührte der Weltschmerz in seiner Stimme das Herz des Staatsmannes.

»Frage ihn, Zev«, befahl er plötzlich, »ob es ihm möglich wäre, mir die israelische Presse zu verschaffen?«

»Zeitungen?«

»Genau wie ihr gehört habt, Genossen. Meinst du, ich soll vielleicht warten, bis sie vom Himmel fallen?«

Der Araber war etwas überrascht, als ihm die Frage übersetzt wurde, und erklärte leise, daß in dreißig ununterbrochenen Jahren seiner Schmugglertätigkeit so etwas zum erstenmal bei ihm bestellt werde. Seine Kaufmannsseele gewann jedoch die Oberhand, und er bat um die Namen der Zeitungen, an denen der Effendi interessiert war. Nachdem Dulnikker eine Weile nachgedacht hatte, nannte er das Morgenblatt seiner Partei sowie ein »gelbes« Abendblatt und betonte, daß er keinen Heller für eine mehr als einen Monat alte Zeitung bezahlen würde.

»Sag ihm bitte, daß ich keinen Vorschuß zahle«, schloß Dulnikker. »Ich habe bittere Erfahrungen mit unbekannten Hausierern.«

Der Araber verließ die seltsamen Effendis mit einer Sturzflut von Segenswünschen für eine erfolgreiche Genesung. Er kehrte zu seinem Esel zurück, setzte sich sehr aufrecht auf ihn und ritt davon. Während der Araber nordwärts den Wäldern des Libanon zustrebte, schrie ihm Zev in Übersetzung seines Chefs nach, daß die Freitagsblätter besonders wichtig seien. Es ist fraglich, ob der Infiltrator diese letzte Aufklärung noch hörte.

Nachdem sich die Erregung gelegt hatte, streckte sich Dulnikker zufrieden ins Gras und sonnte sich weiter. Nicht so sein Erster Sekretär.

»Hören Sie, Dulnikker«, klagte er zornig, »warum darf ich mir nicht eine Büchse Neskaffee kaufen, wenn ich nach einer Tasse anständigen Kaffees lechze, Sie aber aus derselben verdächtigen Quelle Zeitungen bestellen?«

»Ich will dir die Dinge erklären, mein Freund.« Dulnikker rieb sich die Nasenflügel. »Der Ankauf von Kaffee ist ein rein kommerzieller Akt, während ich versuche, Informationen vom Feind zu erhalten. Übrigens«, fügte der Staatsmann nach einem männlich kraftvollen Sich-Strecken hinzu, »glaubst du nicht, mein Freund, daß ich eine gemeinsame Sprache mit dem arabischen Volk spreche? Weißt du, es ist nicht unmöglich, daß ich mehr als eine der brennenden Fragen unserer Region zu lösen geeignet wäre. Aber« – niedergeschlagen machte er eine resignierende Geste – »ich kann nicht immer alles selber machen...«

Am späten Nachmittag, als der Zeiger der Sonnenuhr seinen längsten Schatten warf, begannen die Kühe heimwärts zu strömen, bis oben hin voll grünen Grases, wert des Wiederkäuens, die beiden vorbildlichen und vom Nichtstun erschöpften Freiwilligen an ihrer Seite.

Ehrlich gesagt hatte Dulnikker noch nie einen so vollen Anteil an den Annehmlichkeiten des Lebens genossen. Das gesunde Vergnügen, in dem weichen grünen Gras auf dem Rücken zu liegen, freute ihn so, als hätte er eben an jenem Tag entdeckt, daß es eine Sonne am Himmel gab. Auf dem Heimweg winkte Dulnikker den Bauern zu, die ihren Boden mit breiten Hacken bearbeiteten, und als sie mit freundlichem Winken und aufmunternden Zurufen antworteten, zog der Staatsmann den Schluß, daß sein persönlicher Charme bei den Massen noch keineswegs verblichen war.

Am folgenden Tag kamen Majdud und Hajdud auf die Weide hinaus, mit glänzenden, stadtgemachten Schleudern bewaffnet. Sie frönten langen Schießübungen, indem sie Kiesel auf die Flanken der unschuldig weidenden Kühe abfeuerten. Dulnikker rief sie herbei und fragte sie vorwurfsvoll: »Warum schießt ihr auf unschuldige Kühe?«

»Wir haben Vögel probiert«, sagte Hajdud entschuldigend, »aber sie sind für Zielschießen zu klein.«

»Sicher, aber was würdet ihr sagen, wenn euch die Kühe so behandeln würden, wie ihr sie behandelt?«

»Nichts«, sagte Majdud – mit Seniorat. »Sollen sie auch mit Kieseln schießen.«

»Woher habt ihr diese gefährlichen Waffen, wenn ich fragen darf?«

»Wir haben sie bestellt.«

»Von wem?«

»Von wem glaubst du schon? Von der Tnuva! Wir waren eine Zeitlang Waisenkinder...«

Stückchen um Stückchen entlockte Dulnikker den Zwillingen die Geschichte der glorreichen Straßensammlung, obwohl er während der ganzen Erzählung unzählige Male schwören mußte, daß er sie bei sich behalten würde, da die Zwillinge planten, das erfolgreiche Projekt zu wiederholen, ohne ein Drittel des Reingewinns irgendeiner blöden Tante geben zu müssen. Dulnikker hörte ihrer Geschichte zu und brach immer wieder in stürmisches Gelächter aus:

»Die arme Gula – ich hatte schon immer Angst, daß es soweit kommen würde...«

Später, als es den Kindern zu langweilig wurde, auf ein so massives Ziel zu schießen, nahm Dulnikker die hübschen Zwillinge auf den Schoß und erzählte ihnen stundenlang, was er in Äthiopien gesehen hatte, als er es jüngst besucht hatte, um Vorkehrungen für Fleischtransporte zu treffen. Als der Staatsmann die Erntetänze der Eingeborenen beschrieb, wackelte er mit den Hüften, klatschte rhythmisch in die Hände und begann sogar die Lieder der Feiernden zu summen. Die Kinder öffneten die Münder in ungezügelter Inbrunst, und ihre glänzenden Augen starrten den Staatsmann aus dem Meer der Sommersprossen in unverhüllter Ehrfurcht an.

»Onkel«, erklärte Majdud, »ich schwöre, ich habe nie gewußt, daß du so ein Ingenieur bist!«

Dulnikker hatte plötzlich ein seltsames Gefühl im Herzen, das ihm fast Tränen in die Augen trieb. Ein stilles Glück und das Empfinden höchsten Friedens wogte in ihm auf. »Der Mann, der eine ganze Generation herangezogen hatte«, hielt zum erstenmal in seinem Leben ein Kind auf dem Schoß.

Eines Tages erlebte er eine große Überraschung. Der Infiltrator tauchte auf seinem Esel auf und übergab dem Effendi senior dessen Bestellung: Drei Zeitungen, deren Seiten vergilbt vor Alter waren. Es waren amerikanische jiddische Blätter, die vor vielen Jahren veröffentlicht worden waren. Nichtsdestoweniger bezahlte Dulnikker sehr ansehnlich für sie, weil die hebräischen Buchstaben eine magische Wirkung auf ihn ausübten. Er übergab die archivreifen Blätter sofort der Obhut seines Ersten Sekretärs mit dem üblichen Befehl, freundlicherweise alles auszuschneiden, was sich direkt oder indirekt auf ihn bezog. Zev vermochte jedoch nur einen einzigen, kurzen Artikel zu finden, mit dem Titel ›Forderung nach erhöhter Milchproduktion‹ und dem Untertitel ›Fachmann schlägt neues Melksystem vor‹. Den überreichte er Dulnikker mit ernstem Ausdruck und sagte:

»Das betrifft Sie direkt, Dulnikker.«

Dulnikker nahm das Blatt in die Hand und studierte den Artikel gründlich.

»Danke dir sehr.« Er gab seinem Sekretär die Zeitung zurück.

»Wirklich sehr interessant. Bitte leg es ab, Zev, mein Freund, weil wir vielleicht die Möglichkeit haben, das neue System in ein paar Jahren hier anzuwenden.«

Während Dulnikker und Zev in der Kunst des Kühehütens ermutigend schnell zu Fachleuten wurden, entwickelte sich das öffentliche Leben im Dorf selbst in nicht weniger befriedigendem Tempo. Bürgermeister de facto Hassidoff kam mit dem bäuerlichen Baumeister des Dorfes zu einem Übereinkommen, der das Bürgermeisterbüro sofort auf einer zentral gelegenen Stelle zu bauen begann, wenige kurze Schritte vom Wirtshaus entfernt, in Richtung Lagerhaus. Der Lastwagen der Tnuva kam mit Zementsäcken beladen an, die im Hof des Barbiers abgeladen wurden.

Kaum waren die vier aufrecht stehenden Betonpfeiler ausgegossen worden, wurde die Fortsetzung der Bauarbeiten aus Geldmangel verschoben. Schon in diesem Frühstadium des Programms öffentlicher Bauten wurde es klar, daß die Einkünfte aus der Dreitürschranksteuer nicht für das ganze Bauprojekt, ja schlimmer noch, nicht einmal für einen kleinen Teil davon genügen würden. Angesichts des Vorhergehenden trat die Einstufungskommission zusammen und stimmte einhellig dagegen, »den zwölf Steuerzahlern keine zusätzliche einmalige Luxussteuer von sechs Pfund« aufzuerlegen.

Die neue Anweisung wurde durch Steueraufseher Ofer Kisch und Hauptmann Mischa – Satan im Schlepptau – mit geziemender Eile durchgeführt, und am selben Abend blieb Elifas am Tisch des Staatsmannes stehen und dankte ihm mit ein paar herzlichen Worten für die rasche Entwicklung des Dorfes.

»Nichts zu danken. Ich tue nur meine moralische Pflicht«, erwiderte der Staatsmann bescheiden, während Zevs leichtes Kichern seine Wut aufrührte. »Halten Sie sich ein Ziel vor Augen, Herr Hermanowitsch: Wahl in den neuen Rat!«

»Herr Ingenieur« – Elifas wurde kühner –, »ich wollte Sie eben fragen, was ich tun soll. Der Barbier hat seine Anhänger, weil er der Bürgermeister ist, der Schuhflicker hat seine Clicque, der Schächter ist fromm, und der Schneidet macht sich Freunde durch die Steuern. Was aber kann ich tun?«

»Ihr müßt die Wählerschaft für euch gewinnen.« Dulnikker legte ihm die Hand auf die Schulter. »Aber zuerst müssen Sie sich Ihre Stellung klar machen: Was ist Ihr öffentliches Ziel?«

»In den neuen Rat gewählt werden.«

»Absolut unparteiisch!« spöttelte der Sekretär. Dulnikker war jedoch über solche Kleinigkeiten weit hinausgewachsen, und er widmete der Unterweisung des Wirts eine lange Zeit. Elifas Hermanowitsch konnte keinen angemessenen Ausdruck für seinen tiefempfundenen Dank finden.

»Herr Ingenieur«, er drückte dem Staatsmann die Hand, »wir werden eine Gans für Sie braten.«

»Danke, Genossen, aber ich muß euch bitten, mich bei meiner Diät zu lassen.«

»Das wird nichts ausmachen. Morgen schicke ich die Gans mit Malka auf die Weide hinaus.«

»Danke, aber ich will wirklich nicht lästig fallen...«

»Wieso denn, Herr Ingenieur? Ist es leichter, jede Nacht zu der strohgedeckten Hütte hinunterzuklettern? Nein, nein, Malka soll nur ruhig zu Ihnen auf die Weide hinauskommen.«

Dulnikker war wie vom Donner gerührt und brachte kein Wort heraus. Noch lange, nachdem der Wirt gegangen war, blieb er auf seinem Stuhl wie festgenagelt sitzen.

»Warum sind Sie so erstaunt, Dulnikker?« brach Zev schließlich das Schweigen und flüsterte spitz: »Die Leute beginnen eben politisch zu reifen.«

»Das ist keine Reife.« Dulnikker starrte glasig ins Leere. »Das ist Sodom und Gomorrha!«

Es stand jedoch außerhalb menschlicher Kräfte, die Richtung, in der die Dinge liefen, zu ändern. Am nächsten Tag merkte Dulnikker auf seinem Heimweg von der Weide, daß kein Mensch auf den Feldern draußen war. Der Staatsmann konnte das Rätsel nicht ergründen, bis sie ins Dorf zurückkamen, wo es sich allerdings schnell löste. Die Leute standen die ganze Straße entlang in kleinen Gruppen beisammen oder saßen in eifriger Beratung an den Wirtshaustischen. Es war leicht zu sehen, was die Gärung verursacht hatte, denn auf der weißen Wand des Lagerhauses stand mit roter Kreide in gigantischen Buchstaben geschrieben:

DER KAHLE BARBIER
UNTERSCHREIBT DIE STEUER-VORSCHREIBUNGEN!!!

Dulnikker studierte sorgfältig die krummen Buchstaben, deren mehr als einer auf dem Kopf standen, und sein Gesicht wurde heftig purpurrot. Ohne sein Hirtenkostüm zu wechseln, stürmte der Staatsmann in die Werkstatt des Schuhflickers.

»Was hat Sie nur einen solchen Mist an die Wand schreiben lassen?« bearbeitete der Staatsmann Gurewitsch. Dieser stand jedoch in einer sicheren Stellung verschanzt, von der aus er ruhig erklärte:

»Ich hab' es nicht geschrieben, der Papa hat's getan.«

Dulnikker drehte sich um und trat auf den bleichsüchtigen Alten zu. Dieser entwich samt seinem Schemel in seinen Zufluchtswinkel.

»Unmöglich, Herr Ingenieur«, kreischte der ältere Gurewitsch, »ich kann keine einzige Stunde weniger arbeiten!«

»Ich bin nicht gekommen, um über Sie zu diskutieren«, explodierte der Staatsmann, »ich bin gekommen, um Ihren Erstgeborenen davon abzuhalten, sich mit seiner wahnsinnigen Herrschsucht zu ruinieren!«

»Entschuldigen Sie, Herr Ingenieur!« protestierte der Schuhflicker. »Sie haben uns gesagt, daß wir uns schriftlich und mündlich auf die Wahlen vorbereiten müssen. Was ist also schon falsch daran, wenn ich den Papa bitte, für mich auf die Wand zu schreiben, daß der Barbier die Steuervorschreibungen unterschreibt? Er unterschreibt sie doch, oder nicht?«

»Zugegeben. Er unterzeichnet sie. Aber warum haben Sie ›der kahle Barbier‹ geschrieben?«

»Weil er wirklich kahl ist!« Der Schuhflicker war wütend. »Herr Ingenieur, Sie haben uns gesagt, daß wir mit ehrlichen, anständigen Mitteln kämpfen sollen. Schön, das akzeptiere ich. Aber verzeihen Sie schon, wenn ich frage: Kann ich denn nicht die nackte Wahrheit feststellen? Wenn Salman überhaupt Haare hätte, dann wäre das ein Argument für Sie – aber er hat nicht eine einzige Haarsträhne, Herr Ingenieur. Was wollen Sie also?«

»Ihr habt unrecht, Genossen«, murmelte Dulnikker etwas verwirrt. »Eines Tages werde ich euch erklären, warum.«

Der Staatsmann verließ die Werkstatt. Plötzlich fühlte er sich sehr müde und war nicht sicher, warum Gurewitsch unrecht hatte. In tragischem Ton bemerkte Dulnikker zu seinem Sekretär:

»Genossen! Im Kampf um die Gunst der Massen gibt es kein Halten!«

Seine Überlegung wurde schnell bestätigt durch die übergroße Schrift, die auf der zweiten Wand des Lagerhauses erschien:

SEIT WANN KANN DER LAHME SCHUSTER SCHREIBEN?

Von der Zeit an redeten der Schuhflicker und der Barbier nicht mehr miteinander, außer in ihrer offiziellen Eigenschaft im Dorfrat und in dessen Ausschüssen. Der Barbier verkündete öffentlich, daß er und seine Anhänger eher in zerrissenen Schuhen herumgehen würden, als auch nur einen Fuß auf die Schwelle des Schuhflickers zu setzen. Gurewitsch tat einen nicht weniger drastischen Ausspruch und vermied die Umgebung des Barbierladens. Ja, er ließ sich sogar einen Bart wachsen und freundete sich mit dem Schächter an. Was Ja'akov Sfaradi selbst betraf, forderte er angesichts des verweltlichten Charakters des Dorfes immer nachdrücklicher religiöse Observanz. So schrieb er zum Beispiel an alle Türpfosten: »Wie wär's mit einer Mezuza?«, und am Ruhetag wanderte er von Tür zu Tür und bestürmte die Bauern, auch an Wochentagen nicht mehr zu rauchen. Kurz gesagt, Ja'akov Sfaradi verbarg vor der Öffentlichkeit nicht seinen Wunsch, in den Rat wiedergewählt zu werden. In diesem Geiste hetzte er die Bevölkerung leise gegen die ungläubigen Abgeordneten auf, indem er sie beschuldigte, sich in solchen Mengen mit geschmuggeltem Schweinefleisch vollzustopfen, daß keines für die anderen Dorfbewohner übrig blieb. Natürlich tat der Schächter das überall taktvoll und höflich, außer in den Häusern der »Dreitürniks«. Hier erlaubte er sich selbstverständlich einen lauteren, energischeren Ton, wenn er verlangte, daß sie den Glauben so fromm wie möglich einhielten.

Dulnikker folgte der überraschenden Aktivität mit gemischten Gefühlen. »Jeder Kampf ist an sich etwas Wunderbares«, bemerkte der Staatsmann zu seinem Sekretär, »trotzdem würde ich etwas weniger persönliche Streitereien und ein bißchen mehr Selbstlosigkeit im öffentlichen Dienst bevorzugen.«

»In dem Fall, Dulnikker«, meinte Zev, »ist endlich die Zeit für uns gekommen, die Dorfleute zu verlassen. Lassen Sie doch diese Idioten allein miteinander spielen. Ich schwöre, wir sind ihnen allmählich im Weg.«

»Mein Freund Zev!« protestierte Dulnikker, »wie kannst du nur so leichtherzig über so qualvolle Erscheinungen sprechen?«

»Schön.« Der Sekretär erblaßte. »Nennen wir es also: die Geburtswehen des Konsolidierungsprozesses.«

In jeder Woche ereigneten sich Dinge, die in der ganzen Geschichte Kimmelquells beispiellos waren. Der Barbier brach das ungeschriebene Gesetz des Dorfes:

Salman Hassidoff fuhr nach Tel Aviv.

Dieser revolutionären Handlung waren viele Diskussionen vorangegangen. Zunächst einmal fuhr der Barbier in seinem Kommunalgefährt zu einem Besuch Dulnikkers, der in einiger Entfernung von seinem Sekretär im Gras ein Sonnenbad nahm. Hassidoff unterbrach es mit seiner verzweifelten Bitte.

»Herr Ingenieur, nur Sie können mir helfen!« jammerte der Barbier. »Die Wahlen nähern sich, und ich sehe, daß der lahme Schuhflicker alles besser macht, als ich es kann. Ich war ein Narr, die Steuervorschreibungen zu unterzeichnen, weil sie jetzt alle Angst haben, daß ich auch die übrigen besteuern werde. Daher dachte ich, vielleicht sollten wir die Steuer aufheben, bis die Dinge ausgebügelt sind?«

Dulnikker war böse, daß er mitten in seinen stillen Überlegungen über das Herumhüpfen der drolligen Kälber gestört wurde, dennoch empfand er gleichzeitig etwas Mitleid mit dem kleinen Mann, der meinte, die Welt würde zusammenstürzen, wenn er nicht zum Bürgermeister wiedergewählt würde.

»Es ist unethisch, eine Steuer aufzuheben, um die Wähler für sich zu gewinnen«, erwiderte er dem Barbier, ohne den Kopf aus den entspannenden Sonnenstrahlen zu heben. »Sie können sie höchstens ein bißchen beschneiden. Aber in diesem Fall, Genossen, gehört es sich, hinzugehen und die Dinge in großen propagandistischen Zügen zu klären.«

»Geht nicht, Herr Ingenieur«, blökte der Barbier. »Ich kann nicht allen hundertfünfzig Dorfbewohnern einzeln erklären, warum ich recht habe. Und ich könnte das alles nicht auf die Wände draufkriegen. Was also soll ich tun?«

Dulnikker erhob sich ein bißchen und tätschelte Hassidoffs Schulter in einer Anwandlung von plötzlicher Zuneigung.

»Herr Hassidoff«, rief er aus, »die ganze Zeit, in der ich unter euch lebe, habe ich noch nie eine so vernünftige Begründung gehört. Bravo!«

Der Barbier schielte vor Verblüffung.

»Nu ja«, murmelte er, stolz lächelnd, »manchmal kommt das bei mir vor.«

»Jetzt hört aufmerksam zu, Genossen.« Dulnikker enthüllte das Motiv, das ihn aufgerüttelt hatte. »Es ist vernünftig, daß Sie sich nicht hundertfünfzigmal wiederholen wollen. Sie brauchen es nur einmal zu sagen, in Anwesenheit von hundertfünfzig Leuten. Daher, meine Herren, müssen Sie lernen, Reden zu halten!«

»Nein, Herr Ingenieur, das kann ich wirklich nicht.«

»Es wird Ihnen sehr schön gelingen! Natürlich nicht ohne Unterricht, das ist nicht zu leugnen. Aber der Haken dabei, Genossen, liegt darin, daß euch in diesem Dorf ein entsprechender Ort fehlt, wo man öffentliche Reden halten könnte.«

»Vielleicht auf der Straße?«

»Auf der Straße kann man die Menge nicht zusammenhalten. Was nottut, ist ein Kulturzentrum mit einem vernünftigen Fassungsraum, nach den Gesetzen der Akustik erbaut. Ehrlich gesagt, ist mir eine solche Halle gleich von Anfang an abgegangen.«

Der Provisorische Dorfrat nahm den Vorschlag eines ›Kulturpalastes‹ (um die Wortprägung des Sekretärs zu benützen) bei der Gegenabstimmung durch einstimmige Enthaltung an und ging daran, für ihn ein großes Grundstück gegenüber dem Büro des Bürgermeisters bereitzustellen. Das zur Finanzierung des Projekts benötigte Geld? Der Rat suchte es von den zwölf ›Dreitürniks‹ einzuheben, indem er jeden mit einer einmaligen Zwangssteuer von 30 Pfund belastete. Steueraufseher Kisch brachte jedoch seine Meinung vor, daß die Einhebung der neuen Steuerlast auf Schwierigkeiten stoßen würde.

»Seien wir objektiv, meine Herren!« meinte auch der Vorsitzende. »Warum müssen wir darauf bestehen, nur von jenen wenigen Bürgern Steuern einzuheben?«

»Sehr einfach, Herr Ingenieur.« Ofer Kisch klärte die Einstellung des gesamten Rats: »Diese Burschen kennen wir bereits, wir brauchen unseren Weg zu ihnen nicht zu suchen. Möglich, daß Satan sie ein-, zweimal gebissen hat. Aber das Wichtigste: Sie sind über das erste Stadium hinaus, wo sich der Steuerzahler aufführt, als ziehe man ihm die Haut ab. Diese Leute sind bereits an die Steuern gewöhnt, Herr Ingenieur, und ich habe keine Lust, mit neuen wieder von vorne anzufangen. Wozu soll ich?«

»Schön«, meinte Dulnikker, »aber sie werden im Lauf der Zeit wirtschaftlich schwach werden und verarmen.«

»Was meinen Sie damit?« protestierte Gurewitsch. »Sind sie Kinder? Keine Sorge, Herr Ingenieur, alles könnte bestens laufen, wenn es nicht die abnormalen Leute gäbe, die das Bürgermeisteramt versehen ...«

»Selber abnormal!« schrie Frau Hassidoff. Und ihr Gatte fügte genußreich hinzu: »Schwein!«

»Platzen sollste!«

Dulnikker schlug mit seinem Hammer wild auf den Präsidialtisch und verwarnte seinen Sekretär, daß ›indiskretes Gelächter das Zeichen mangelnder Geistigkeit‹ sei. Das half ihm jedoch nicht, die Wut des beleidigten Barbiers zu besänftigen.

»Ich sage Ihnen auf der Stelle, warum sie nicht bereitwillig zahlen!« schimpfte der kleine Mann. »Weil sie Zemach Gurewitsch aufhetzt!«

»Nu und?« explodierte der Schuhflicker. »Hetz sie also selber auf!«

»Nein«, erklärte der Barbier, »ich tu' etwas anderes! Ich werde eine Gummistampiglie bestellen!«

Allmählich wurde die Sache den übrigen Räten klar. Salman Hassidoff behauptete, daß niemand gern zahle, wenn er für sein Geld keine anständige Quittung bekomme. Wenn man zum Beispiel die Tnuva bezahlte, brachte einem der Chauffeur immer eine Quittung, die oben und unten abgestempelt war, und sogar das Datum war draufgestempelt. Wenn der Rat eine offiziell gestempelte Quittung ausgeben könnte, dann würde sich die Haltung der Steuerzahler sofort vollkommen ändern. Das Argument des Barbiers klang sehr überzeugend.

»Das ist eine gute Idee«, begeisterte sich Elifas. »Was mich betrifft, könnt ihr dem Chauffeur sagen, er soll ein Gummistampiglie mit Blumen rundherum bestellen.«

»Ich verlasse mich in Angelegenheiten des Geschmacks nicht auf den Chauffeur«, fing der Barbier wieder zitternd an und rückte näher zu seiner Frau. »Ich glaube«, fügte er hinzu, »ich werde gezwungen sein, selbst zu fahren...«

Einen kurzen Augenblick hing tödliche Stille über dem Ratszimmer. Selbst die Katzen hörten wegen des plötzlichen Schweigens auf, zwischen den Beinen der Abgeordneten herumzustreifen, und starrten verwirrt zu den Leuten hinauf. Der Schuhflicker war der erste Rat, der reagierte. Schäumend vor Wut sprang er auf den Tisch und donnerte auf den erschrockenen Barbier hinunter:

»Zum Teufel! Du, Salman Hassidoff, wirst keine Dorfgelder zu Reisen benützen, das verspreche ich dir!«

»Ich fahre«, flüsterte der Barbier unsicher. »Ich werde fahren!«

»Das wirst du nicht!«

»Doch.«

»Nein!«

»Doch.«

Krach! Mit ohrenbetäubendem Lärm brach der Präsidialtisch unter den zunehmend kraftvollen Hammerschlägen des Vorsitzenden zusammen. Aus den Splittern erhob sich Dulnikker, das Gesicht rot wie eine Rübe, aber sein staub- und wuterfüllter Kehlkopf vermochte keinen einzigen klaren Laut hervorzubringen. Zev sah, daß nur schnelles Handeln seinen Herrn und Meister vor nicht wiedergutzumachendem Schaden bewahren konnte.

»Aber Herr Gurewitsch«, fragte er in das lange Schweigen hinein, »liegt denn so viel daran, wer die erste Reise unternimmt?«

Das Schweigen verdichtete sich. Zemach Gurewitsch kletterte vom Tisch herunter und grübelte eine Weile vor sich hin.

»Das ist etwas anderes«, sagte er schließlich. »Soll also Salman als erster fahren.«

Eines Morgens fuhr also der Barbier im Lastwagen der Tnuva ab, nachdem man eine Ladung Baumaterial in Hassidoffs Hof abgeladen hatte. Salman war der Gelegenheit entsprechend in einen tadellosen schwarzen Anzug gekleidet, und sein Gesicht strahlte vor Freude. Alle Dorfbewohner hatten sich versammelt, um ihn zu verabschieden, mit Ausnahme des Schuhflikkers, dessen kleinliche Augen es nicht ertragen konnten, die Aufregung der Dorfbewohner über »die Fahrt des Barbiers de facto, um ihr Geld auf blöde Stempel zu verschwenden«, mitanzusehen. Der Schächter wünschte Hassidoff im Namen des Provisorischen Dorfrats eine erfolgreiche Reise und murmelte sogar einen geräuschvollen Segenswunsch, weil er, der Schächter, vom Vorsitzenden zum Geschäftsführenden Bürgermeister ernannt worden war. Es stimmte, der Barbier würde nur vierundzwanzig Stunden fortbleiben: Er sollte am nächsten Tag mit der Zementladung zurückkommen. Dennoch übergab er sicherheitshalber die Zügel der laufenden Geschäfte dem Schächter – einschließlich eines versiegelten Briefumschlags, den der Tnuva-Chauffeur für »Den Bürgermeister« gebracht hatte. Der Barbier hatte ihn wegen seiner angeborenen Abneigung gegenüber versiegelten Umschlägen nicht zu öffnen gewagt. Der große Lastwagen fuhr unter lauten Hochrufen der schreienden Volksmenge an, während der Barbier immer wieder den Kopf aus dem Fenster der Fahrerkabine hinausstreckte, um den allmählich fernerrückenden Feiernden zuzuwinken. Nach zwei Windungen der krummen Straße ließ Salman Hassidoff den Wagen anhalten und half seiner Frau aus ihrem Versteck hinter den dicken Planen der Ladefläche heraus und auf den Sitz neben sich im Fahrerhaus, damit sie es für den Rest ihrer langen Reise bequem hätte.

Der Barbier und Abgesandte kehrte am nächsten Tag nicht nach Kimmelquell zurück. Ebensowenig kehrte er am folgenden, noch am dritten Tag zurück. Dem Schächter gelang es jedoch durchaus, seine Pflichten als Geschäftsführender Bürgermeister getreulich zu erfüllen, und er verhinderte es, daß unerwünschte Aufregungen das Dorf in Hassidoffs Abwesenheit erschütterten, indem er die verzweifelten Bauern überredete, heimzugehen und zu versuchen, sich selbst zu rasieren. Es kann zu seinen Gunsten gesagt werden, daß Ja'akov Sfaradi seine vorübergehende Amtsgewalt zu keinem persönlichen Vorteil ausnützte und sich nicht in den alltäglichen Gang des Dorfes einmischte, mit Ausnahme der äußerst bescheidenen Angelegenheit, dreimal täglich elf Dorfbewohner in sein Haus zu beordern, um ein regelmäßiges Quorum für die Gebete zu sichern, solange der Barbierladen geschlossen blieb.

Vier Tage nach seiner Abfahrt erschien der Lastwagen der Tnuva wieder im Dorf und parkte direkt neben Hassidoffs Hof. Die Passanten, die sich schnell ansammelten, waren Zeugen einer unvergeßlichen Szene, als die Frau des Barbiers aus der Fahrerkabine herauskletterte und ein goldgerahmtes Ölgemälde mit sich schleppte, das kunstvoll gemalt alle möglichen bunten Früchte und eine Violine und eine schön gebundene Bibel zeigte. Die kühneren unter den Neugierigen schlichen sich an das blendende Wunder heran und fragten den Barbier, was für ein Vermögen ihn das gekostet habe, aber Frau Hassidoff antwortete auf der Stelle, daß das ihre und ihres Mannes Privatangelegenheit sei.

Natürlich konnte jedoch eine Vollsitzung des Dorfrats diese ›Affäre‹ in seiner Tagesordnung nicht übergehen und mußte daher auf Anweisung des Ingenieurs eine neue Kommission, Untersuchungsausschuß genannt, einsetzen, die folgende Mitglieder umfaßte: Gurewitsch, Kisch, Sfaradi, Hassidoff und Hermanowitsch.

Der Ausschuß studierte die nicht näher aufgeschlüsselte Rechnung zwecks Deckung seiner Reisespesen, die der Barbier vorlegte, und fand sie äußerst kompliziert.

»Sag, Salman, ist in dieser Summe der Preis des Gemäldes enthalten?«

»Ja«, antwortete Hassidoff schlicht. Dieses Über-Bord-Werfen überkommener Maßstäbe der Ethik und des Anstandes veranlaßte die Abgeordneten, verständnislos in die Richtung des Vorsitzenden zu blinzeln. Der Herr Ingenieur zögerte selbst lange, bis er zu einer Schlußfolgerung kam:

»Es steht klar geschrieben: Du sollst einem Ochsen nicht das Maul verbinden, so er da drischt. Das Gemälde muß als Ausgabe betrachtet werden.«

Gurewitsch gab jedoch nicht nach und suchte den maulkorblosen Ochsen bei den Hörnern zu packen.

»Sei dem so!« kreischte er. »Aber was hat drei Tage gedauert?«

»Einen Gummistempel machen dauert so lange«, erklärte das Barbiermitglied des Untersuchungsausschusses, aber seine Antwort befriedigte die meisten Kommissionsmitglieder nicht.

»Warum hast du deine Frau mitgenommen?«

»Ich mußte sie mitnehmen«, entschuldigte sich Hassidoff. »Es ist schwer für einen Mann, drei Tage allein zu leben.«

»Egal«, bemerkte Ofer Kisch, »zeig uns den Stempel.«

»Es gibt keinen Stempel«, antwortete der Bürgermeister de facto schmerzlich und fügte hinzu: »Ich hatte nur für einen Tag Geld mitgenommen, so daß ich nach drei Tagen nicht genug Geld in der Tasche für einen Stempel hatte.«

»Sehr fein!« Gurewitsch pfiff durch die Zähne. Er war weiß wie die Wand, und seine Nasenflügel bebten. »Morgen fahre *ich* einen Stempel kaufen!«

»Unnötig«, bemerkte der Barbier sanft, »auf meinem Weg nach Tel Aviv entdeckte ich, wie wir die Kosten eines Stempels sparen können. Wir ziehen einfach die Steuern der Steuerzahler von dem Geld ab, das ihnen die Tnuva für ihre Kümmelernte zahlen soll.«

Sein Vorschlag war für den Untersuchungsausschuß zu glänzend, als daß man imstande gewesen wäre, Hassidoffs vergebliche Reise zu mißbilligen. Daher schluckten die Ausschußmitglieder die bittere Pille und verziehen dem Barbier. Aber die Tatsache, daß Frau Hassidoff bei der ganzen Verhandlung mit einem violetten breitkrempigen Hut auf dem Kopf dasaß, über dem eine riesige, regenbogenfarbene Pfauenfeder flatterte – das war etwas, das keines der Mitglieder verwinden konnte.

An diesem Abend schmückten geheimnisvolle Hände die dritte Wand des Lagerhauses mit folgender Frage:

WOMIT KAUFTE DER BARBIER SEINER FRAU EINEN TRUTHAHNHUT?

Gleich am nächsten Tag trug die vierte Wand eine schicksalsschwangere Erwiderung:

WAS LIESS DEN BAUCH DER SCHUHFLICKERSTOCHTER ANSCHWELLEN?

Die Nachricht vom Zustand der Schuhflickerstochter breitete sich von den Kreisen um Hermann Spiegel aus. Das Mädchen klagte dem Tierarzt, daß es an gelegentlichen Schwindelanfällen litt. Daher untersuchte er sie sorgfältig und fand sie als das, was sie war. Als der Arzt Dwora mit freudigem Tremolo ihre gesegneten Umstände mitteilte, brach sie in eine Tränenflut aus und bat ihn, keinem Menschen etwas zu sagen. Hermann Spiegel beruhigte das gefallene Mädchen und versicherte ihr, daß seine Berufsehre ihn verpflichte, ihr Geheimnis auf alle Fälle zu wahren, und daß er nicht einmal den Bauern verriet, wenn ihre Kühe guter Hoffnung waren. Und die Wahrheit ist, daß Hermann Spiegel keiner Menschenseele etwas von Dworas Zustand sagte, außer natürlich seiner Frau.

Dulnikker wurde über die jüngste Schlagzeile an der Wand auf eine einzigartige Weise unterrichtet.

Dank seiner Beschäftigung mit dem Vieh am Busen der Natur war der Schlaf des Staatsmannes seit neuestem unvergleichlich süß und leicht geworden – ein wunderbares Gefühl, dessen er in den dreißig Jahren seit seiner Ernennung zum Regionalsekretär der Partei beraubt gewesen war. Dulnikker bezog großes Vergnügen aus der erfreulichen Veränderung und begann die langen Nachmittagsschläfchen zu genießen. An jenem schwarzen Tag wurde der Versuch des Staatsmannes, sein Nikkerchen zu machen, im Keim erstickt. Wie in einem Alptraum sah er plötzlich das Gesicht eines gräßlichen Gespenstes, das ihn an der Gurgel faßte und kräftig schüttelte, wobei es ununterbrochen kreischte:

»Dulnikker! Dulnikker!«

Dulnikker schüttelte sich zitternd, und es gelang ihm, sich zu wecken. Aber das Gesicht des seltsamen Geschöpfes verschwand nicht, denn es zeigte sich unverzüglich, daß es das Gesicht seiner Rechten Hand war, die ihn unter lautem Geschrei auf dem Bett schaukelte. Tatsächlich identifizierte Dulnikker Zev nur an dessen Stimme, denn sein Gesicht war bis zur Unkenntlichkeit grün und blau.

»Oh, mein Gott!« Dulnikker sprang aus dem Bett. »Was ist geschehen, mein Freund?«

Das sekretärähnliche Geschöpf brach auf dem Bett zusammen

und klagte seinem Herrn und Meister unter ständigen Schmerzensschreien sein Leid. Auch Zev hatte ein Mittagsschläfchen gehalten, als plötzlich die Tür seines Zimmers im Haus des Schuhflickers aufsprang, eine übermenschliche Kraft ihn aus dem Bett zog und grausame Hiebe auf sein Gesicht niederhagelten, bis das Blut floß.

»Ganz fraglos ein Akt der Brutalität«, stellte der Staatsmann fest.

»Zuerst verstand ich gar nichts«, jammerte Zev. »›Ich will dir beibringen, Dorfmädchen zu verführen, du Schweinehund‹, hörte ich durch die Hiebe hindurch, ›jetzt werden wir ja sehen, ob du so ein Zuchthahn bleibst?‹«

Zu seiner großen Überraschung spürte Dulnikker, wie sich seine Lippen zu seinem behaglichen Lächeln verzogen. Es gelang ihm jedoch schnell, seine schadenfrohen Gedanken zu unterdrücken.

»Mein Freund, das mußt du unbedingt dem Dorfpolizisten erzählen!«

»Ich hab' ihm ja die ganze Zeit gesagt, er soll um Gottes willen aufhören, mich umzubringen, aber es war nutzlos.«

»Was?«

»Sie haben richtig gehört«, heulte der Sekretär und bearbeitete die Matratze mit beiden Füßen. »Die Idioten hätten es nie gewagt, sich so zu benehmen, wenn Sie sie nicht verdorben und ermutigt hätten, frech zu werden!«

»Eine Sekunde!« unterbrach ihn Dulnikker. »Zuallererst wollen wir einmal die Tatsache feststellen, daß die Schuhflickerstochter nicht von mir schwanger ist. Zweitens habe ich dich beizeiten gewarnt, mein Freund, dich vor unbedachten Abenteuern zu hüten, aber meine Worte waren ja bloß eine Stimme in der Wüste der Sünde.«

Nach Zevs Ausbruch fühlte sich Dulnikker nicht länger verpflichtet, höflich zu sein.

»In solchen Fällen« – er rieb sich die Nase mit dem Handrükken –, »in solchen Fällen kommt es häufig vor, daß der Mob den Verführer lyncht.«

Der Sekretär lehnte sich an die Wand zurück, und sein Gesicht zuckte vor Angst.

»Ja, mein Herr!« fuhr Dulnikker fort und ging auf und ab. »Wer immer unfähig ist, seine Neigung zu bezähmen, und ein Sklave seiner Lust wird, täte viel besser daran, seinen Ehrgeiz aufzugeben, dem Volk und der Partei zu dienen. Große Staatsmänner wie Julius Cäsar, alle Habsburger, Zvi Grinstein und andere stürzten einfach wegen ihrer unverantwortlichen sexuellen Schwäche von ihrer hohen Stellung. Das Volk, Genossen, das Volk weiß alles! Du bist gewogen und für zu leicht befunden worden, Zev, mein Freund.«

Der entnervte Sekretär erhob sich, die Finger noch immer in die Ohren gestopft, und brüllte:

»Genug! Genug, sag' ich, Dulnikker! Ich bin in der schlimmsten Situation, und alles, was Sie tun, ist, mir einen Vortrag halten!«

Genau in diesem Augenblick brach zwischen den Bauern im Schankraum ein Wortgefecht aus – etwas heutzutage sehr Übliches –, und ihre lauten Schreie drangen in Dulnikkers Zimmer. Zev schaute verwirrt wie ein gehetztes Tier um sich, das die Jäger einkreisen. Er stürzte auf den Balkon hinaus, kletterte über das Gitter und floh stöhnend und hinkend auf die Straße.

Am Abend wußte jedermann, daß der Krankenwärter verschwunden war.

Die Sache war mehr als undurchsichtig.

Der Wächter des Lagerhauses war der letzte gewesen, der den Krankenwärter gesehen hatte, als dieser in das Lagerhaus stürzte und schnell einen Laib Brot, eine Flasche Zitronensaft und eine ›extrastarke‹ Taube kaufte. Der Wächter war sehr erschrocken über die Erscheinung des jungen Gespenstes und atmete erst leichter, nachdem Zev die Waren in seine gelbe Aktenmappe gestopft und auf torkelnden Beinen in die Wälder davongeeilt war. Nachher wurde das verzerrte Gesicht des Krankenwärters von niemandem mehr gesehen. Der Polizeichef eröffnete sofort eine Untersuchung, um etwas Licht auf den Ursprung der dem Vermißten zugefügten Verletzungen zu werfen, da er jedoch keinen anderen verläßlichen Zeugen für den Überfall als sich selbst fand, war Mischa gezwungen, die fruchtlose Suche aufzugeben.

Die Dorfbewohner diskutierten die Affäre in ihren üblichen kleinen streitlustigen Gruppen gründlich. Die meisten von ihnen behaupteten, die Flucht des Krankenwärters sei übereilt und völlig unnötig gewesen angesichts der Tatsache, daß der Zustand der Schuhflickerstochter nicht so unnatürlich war, wie er das zuerst schien. Diese Kollektivmeinung änderte sich jedoch mittags, als der Schächter eine Leiter gegen eine der vier einsamen Betonsäulen des Gemeindeamtes in spe lehnte, zur Spitze kletterte und gefühlvoll begann:

»Seht, wohin wir gekommen sind! Kimmelquell wurde prostituiert! Eure Eltern, Gott gebe ihnen die ewige Ruhe, fürchteten noch den Herrn und hielten die Gebote der Thora ein. Ihr aber hört nicht mehr auf die Rabbiner, sondern nur auf Leute, in deren Familien eine solche Schande eine tägliche Begebenheit ist. Gewohnheitssünder seid ihr alle! Es gibt nicht einen einzigen anständigen Menschen im ganzen Dorf!«

Die Leute sammelten sich um den Pfosten und hörten, Verwirrung in den Gesichtern, der unerwarteten Strafpredigt zu, bis sie allmählich die Absicht des Schächters zu ergründen begannen.

»Höre, Ja'akov«, schrie jemand hinauf, »willst du damit sagen, daß jeder Mann im Dorf einen Anteil an dem Baby hat?« Die rüden Angehörigen der Menge brachen in lärmendes Gelächter aus. Das aber spornte den Dorfpropheten nur an.

»Ihr werdet nicht mehr lange lachen, ihr Schurken!« brüllte Ja'akov Sfaradi. »Was glaubt ihr, wie lange der Allerheiligste eure Mißachtung seiner Gebote dulden wird? Ihr stellt keine Mezuzot in eure Einfahrten, am Sabbath raucht ihr wie die Schlote, aber in der Synagoge auftauchen, auch nur einmal in der Woche...«

»Was meinst du damit, Ja'akov?« unterbrach ihn unten einer, »in was für einer Synagoge?«

»Es gibt eben keine!« donnerte der Schächter verächtlich. »Aber selbst wenn es eine Synagoge im Dorf gäbe, würdet ihr nicht kommen. Ich kenne euch! Eure Kinder werden Götzendiener, wie der Barbier und der Schuhflicker! Aber wartet nur, Sünder, wartet nur; ihr werdet für diese Liederlichkeit noch einen großen Preis bezahlen.«

Die Menge hörte in wachsender Verwirrung zu.

»Höre, Ja'akov«, fragte unten einer, »wann hast du dich das letzte Mal mit dem Allerheiligsten persönlich unterhalten?«

Der Schächter erschauerte, als hätte man ihm mit einer Peitsche ins Gesicht geschlagen. Er richtete den Blick nach oben, als wollte er sagen: ›Hast du das gehört?‹ Dann richtete er sich auf und sagte mit messerscharfem Flüstern:

»Ihr werdet schon sehen, Sünder! Der Herr wird euch strafen. Es könnte sein, daß ihr morgen von sechs Uhr früh an keinen Tropfen Wasser haben werdet, um euren Durst zu löschen. Wer weiß? Die Wege des Allmächtigen sind geheimnisvoll.

Weg von mir, Ungläubige, weg von mir, euer bloßer Anblick ekelt mich!«

Dann kletterte der Schächter die Leiter hinunter und kehrte ohne einen Blick auf die stockstill dastehenden Sünder heim. Die Bauern starrten die dürre, ganz in Schwarz gekleidete Gestalt an und schüttelten den Kopf, denn keiner konnte sich Sfaradis seltsames Benehmen erklären, ohne anzunehmen, daß die Schwangerschaft der Schuhflickerstochter ihn verrückt gemacht hatte.

»Laßt euch von ihm nicht zum Narren halten«, warnte Elifas Hermanowitsch die Zunächststehenden. »Er will den Preis für eine Überwachung meiner Küche erhöhen. Ich kenne ihn schon.«

»Er spielt sich auf«, meinte der Steueraufseher zum örtlichen Polizeichef. »Er will in den Dorfrat wiedergewählt werden, das ist alles.«

Die Bauern grinsten und wechselten irdisch saftige Bemerkungen. Aber tief im Herzen witterten sie, daß die Schwingen von etwas Geheimnisvollem immer näher an das Dorf heranschwebten.

Nach objektiver Überlegung, bar jedes gefühlsmäßigen Tenors, kam Dulnikker zu dem Schluß, daß er seinen Krankenwärter nur in einem rein technischen Sinn vermißte. Des Jünglings schädliche Einstellung zu seinem erhabenen Projekt, das dem Leben ›dieses durch Selbstgefälligkeit zum Tode verurteilten Provinzdorfes‹ frisches Blut injiziert hatte – ja, jene zynische Haltung plus der sexuellen Verirrung hatte seit langem eine unsichtbare Trennwand zwischen ihm und seinem verhätschelten Sekretär errichtet. Jetzt grollte Dulnikker Zev wegen der herzlosen Worte, die er vor seiner Flucht via Balkon geäußert hatte, und blätterte in seinem Gedächtnis unter ›Bestrafung, strengere‹ nach, beginnend mit Disziplinarmaßnahmen durch Parteikanäle und endend mit der Abwertung des schändlichen Günstlings zu seinem Zweiten Sekretär. Schließlich beschloß der Staatsmann, dem minderwertigen Kerl die Höchststrafe aufzuerlegen: Er würde ihn in seiner Autobiographie nicht erwähnen! Dieser Akt einer potentiellen Vergeltung hatte dem Herzen des Staatsmannes oftFrieden gebracht. Shimshon Groidiss und seine anderen niederträchtigen Rivalen hatten in der Partei unaufhörlich gegen ihn intrigiert, und Dulnikker hatte oft die Zeit für reif gehalten, mit seinen Memoiren zu beginnen, selbst wenn auch nur aus dem Grund, die Namen seiner schlimmsten Feinde wegzulassen, als hätten sie nie existiert.

Jetzt, da sein Krankenwärter in die Wälder verschwunden war, sah sich Dulnikker gezwungen, das Vieh allein zu hüten. Zuerst war der Staatsmann der zusätzlichen Last etwas müde, bald aber zeigte es sich, daß der status quo vorherrschte; das heißt, die unschuldigen Kühe fuhren mit ihren eigenen Bräuchen so fort, als vermißten sie den jüngeren Hirten nicht. Der Staatsmann verbrachte seine Zeit weiter mit unaufhörlichem Sonnenbräunen, als hoffe er, seine frühere Vernachlässigung dieses Bereichs wettzumachen. Außerdem entdeckte er einen neuen Zeitvertreib und begann die wunderbare Insektenwelt zu studieren. Fasziniert pflegte er sich auf dem Bauch auszustrecken und den Atem anzuhalten, während er einem uralten Tausendfüßler nachkroch, einem Geschöpf, das er zum erstenmal im Leben erblickt hatte. Dulnikker war von den Reizen der Natur so gefesselt, daß er die Welt um sich völlig vergaß, bis Malkas Stimme ihn in die Wirklichkeit zurückbrachte. Hajdud und Majdud hatten ihre Mutter begleitet, aber sie schickte sie sofort zum Blumenpflücken weg.

»Wollen keine Blumen, Mama«, erwiderten die Zwillinge. »Wollen zuhören.«

»Worüber ich mit dem Herrn Ingenieur sprechen will, ist nichts für kleine Kinder«, wies sie ihre Mutter zurecht. Als die kleinen Lümmel davonwanderten, versicherte Majdud mit Seniorat:

»Wahrscheinlich reden sie über den Bastard von der Schuhflickerstochter.«

Malka war erregt, als sie Dulnikker sein Mahl servierte.

»Herr Dulnikker«, sagte sie zu ihm, »bitte besuchen Sie das arme Mädchen!«

»Warum, wenn ich fragen darf?« protestierte Dulnikker, dessen Ärger über das Mädchen nach dessen Pech nur größer geworden war.

»Weil er schließlich Ihr Krankenwärter war. Ich weiß, Sie haben ein sehr gutes Herz, Herr Dulnikker, und daß Sie tief innen Dwora bemitleiden. Jetzt sagen Sie kein Wort, Herr Dulnikker. Ich weiß, es ist nicht fair, daß Sie immer alles selber machen müssen, aber stellen Sie sich einen Augenblick vor, was Sie fühlen würden, wenn Ihr davongelaufener Krankenwärter Sie schwanger zurückgelassen hätte.«

Nach dem Abendessen ging der Staatsmann zum Haus des Schuhflickers und traf Zemach Gurewitsch daheim an, der niedergeschlagen auf und ab ging.

»Herr Ingenieur«, sagte der Schuhflicker düster, »glauben Sie mir, ich hätte das schändliche Geschöpf umgebracht, wenn es nicht meine Tochter wäre. So also stehen die Dinge! Da zieht ein Mensch ein mutterloses Mädchen auf, und dann kommt irgendein fremder Hochstapler daher und verdreht ihr den Kopf mit irgendeiner barbierhaften Schurkerei. Gehen Sie zu ihr hinein, Herr Ingenieur, sie ist gerade todunglücklich.«

Dulnikker zupfte zerstreut seine Krawatte zurecht und betrat das Zimmer des Mädchens ohne Begeisterung. Dwora lag auf dem Bett, die rotgeweinten Augen an die Decke geheftet.

»Schauen Sie mich nicht an, Herr Ingenieur«, piepste das Mädchen. »Ich schäme mich so. Zev erzählte mir immer, daß nichts passieren kann.«

Dulnikker schaute Dwora lange an und spürte plötzlich ein Würgen in der Kehle. Das Mädchen war so klein und so blond! Ein großäugiges Kalb, von dem noch immer der Geruch der Muttermilch ausging. »Mischa hat diesem Schurken gegeben, was er verdient!« dachte Dulnikker sehr befriedigt und setzte sich auf den Bettrand.

»Du brauchst dich nicht zu grämen, mein Mädchen, es ist ja nichts passiert. Die Natur wird dir helfen, die Katastrophe zu überwinden.«

»Oh, dieser verrückte Mischa! Wer hat ihn schon gebeten, meinen armen Liebsten zu verprügeln?«

Die Worte des Mädchens rührten das Herz des Staatsmannes. Er legte seine warme Hand auf ihren fröstelnden, zitternden Arm.

»Kopf hoch, mein Fräulein«, sagte er langsam. »Glauben Sie einem Mann, der sechsundsechzig Jahre lang Erfahrung gesammelt hat: Das Leben heilt alles. Suchen Sie Trost in der Natur. Nehmen Sie zum Beispiel den gewöhnlichen Tausendfüßler – wie er seinen weichen Körper mit einer so überaus großen Schnelligkeit aktiviert. Hast du schon einmal einen Tausendfüßler gesehen, Dwora?«

»Natürlich sehe ich sie.« Das Mädchen brach in Tränen aus. »Das ganze Haus wimmelt von ihnen. Wie kann man sie nur loswerden?«

»Nun, mein Mädchen, hoffen wir, daß dich die Vorsehung mit

einem gesunden kleinen Jungen segnet. Übrigens, wie beabsichtigen Sie Ihren Sohn zu nennen, Madame?«

»Zev.«

»Es ist egal, wie Sie ihn nennen. Wichtig ist allein, daß Sie dem Kind eine moderne Erziehung geben, verbunden mit zionistischen Idealen. Ja, Fräulein Dwora, ich bin noch immer dem Schlagwort treu, über das sich gewisse, nach dem Westen schielende Kreise lustig machen: Pioniertum! Wer ein Kaufmann, ein Beamter, ein Literat werden möchte – viel Glück für ihn, aber sie werden diese Einöde nicht zum Blühen bringen, meine Damen. Das wird die von gewerkschaftlichen Überlieferungen so sehr erfüllte Jugend sein! Wie viele Jahre werden wir noch amerikanische Hilfe erhalten? Zwei? Fünf? Zehn? Und was dann? Nein, meine Herren, größer als das Bedürfnis der nationalen Sicherheit nach schwerer Artillerie ist das Bedürfnis nach Grenzsiedlungen!«

Dwora hatte schon lange zu wimmern aufgehört. Ein leichtes Lächeln lag auf ihrem Gesicht, und ihr Daumen ruhte in ihrem Mund.

»Sie schläft ruhig wie ein kleines Kind«, murmelte Dulnikker etwas bewegt. »Wie müde das arme Mädchen war!«

Der Staatsmann zog Dwora die Decke bis zum Kinn, richtete mit väterlicher Sorgfalt die Kissen unter ihrem Kopf und sprach mit gesenkter Stimme weiter, um sie nicht zu wecken. Nach langer Zeit stand Dulnikker auf, drückte Dwora einen Kuß auf die Stirn, schneuzte sich gerührt und ging auf Fußspitzen aus dem Zimmer.

Am nächsten Morgen stand das Dorf kopf.

Die Dorfbewohner liefen verwirrt herum und murmelten mit blutleeren Lippen lang vergessene Gebete. Die furchtbare Prophezeiung des Schächters hatte sich erfüllt. Früh am Morgen, als der Zeiger der Sonnenuhr sechs anzeigte, versiegten alle Wasserhähne in Kimmelquell und weigerten sich, weiterhin auch nur einen einzigen Tropfen Wasser zu spenden.

Wie zu erraten, hatte sich außer dem Schächter niemand die Mühe gemacht, einen Wasservorrat anzulegen. Dennoch war ihr körperliches Leiden nichts, verglichen mit der Last des alptraumhaften Gedankens, daß der Weltenschöpfer auf das Dorf wegen seiner vielen Sünden böse geworden war. Es gab viele, die es für ungerecht hielten, ein ganzes Dorf für eine ziemlich gewöhnliche Sünde zu strafen, die von einem ungestümen

Jüngling begangen worden war, der noch nicht einmal ein echter Bürger des Dorfes, sondern nur ein Großstadtmensch auf Ferien war. Diese stummen Proteste hatten jedoch keinerlei Wirkung auf den grausamen Urteilsspruch: Das Wasser hatte zu fließen aufgehört.

Die Bauern hatten somit keine andere Wahl, als ihr Vertrauen auf den Schächter-Propheten zu setzen, der, wie es schien, sowohl der einzige die Sünde fürchtende Mensch im Dorf als auch der Vertraute des Herrn der Erde war. Der dürre Ja'akov Sfaradi, der noch vor wenigen Stunden in aller Öffentlichkeit ausgelacht worden war, wurde nun als ein moralischer Leuchtturm oder sogar als ein neuer Moses angesehen, von so äußerster Reinheit, daß er das Wasser in den Felsen zurückzubefehlen vermochte. Die Menschen strömten zu dem kleinen, etwas von der Straße abseits liegenden Haus des Schächters. Alle trugen Käppchen oder sonst irgendeine Kopfbedeckung und hielten schändlich verstaubte Gebetbücher in der Hand. Auch entsetzte Kinder nahmen an der öffentlichen Versammlung der Eltern teil, weil der Schächter seine Schule an diesem Tag des Gerichts geschlossen und die Schüler heimgeschickt hatte. Ja'akov Sfaradi, in seinen Gebetsschal gehüllt, stand in einer dunklen Ecke seines verwahrlosten Zimmers und betete unermüdlich den ganzen Tag lang, ohne auch nur eine Brotkrume in den Mund zu stecken. Er war so sehr in seine Bitten an den Herrn der Welt vertieft, daß er die Menge nicht bemerkte, die sich auf seiner Türstufe drängte, obwohl er häufig aus dem Haus trat, siebenmal seinen Schofar blies und wortlos wieder zum Beten zurückkehrte.

Bis Mittag hatte sich das ganze Dorf um die Höhle des geistlichen Hirten versammelt – mit Ausnahme des Schuhflickers und des Barbiers, deren Stolz es ihnen verbot zu kommen. Aber sie beteten daheim. Der einzige Sterbliche, der ruhig blieb und den das Wunder nicht kümmerte, war der Ingenieur, der zur gleichen Zeit ahnungslos in der Gesellschaft seiner geliebten Kühe in der angenehmen Herbstsonne lag. Abgesehen von dem getreuen Kuhhirten stand das ganze Dorf um den Schächter-Heiland versammelt.

»Wir haben Glück, daß er noch bei uns ist«, flüsterte Doktor Hermann Spiegel, der ein seidenes Käppchen trug, das er sich von seinen Nachbarn ausgeliehen hatte, und auf dem dreimal hintereinander mit Goldfaden gestickt ›Good Boy‹ stand. »Ich hatte schon immer das Gefühl, daß Ja'akov Sfaradi eine besondere Persönlichkeit ist, daß irgendein mächtiges inneres Feuer in seinen Augen brennt.«

»Richtig«, stimmte Elifas Hermanowitsch dem Doktor zu. »Manchmal schlagen Feuerzungen aus seinen Augen ...«

»Pst! Pst!« brachten sie die Leute zum Schweigen. »Betet lieber! Es gibt noch immer kein Wasser!«

Als die Sterne in den Himmelshöhen erschienen und die ganze Welt in Dunkelheit gehüllt war, ging der Schächter zu seiner Gemeinde hinaus. Er stieß wieder in seinen Schofar und streckte die geäderten Arme aus:

»So seid ihr also gekommen«, erhob er seine Stimme in dem Schweigen, und sein dünner Körper streckte sich noch höher. »Ihr seid zu mir gekommen, um bei mir und beim Allerheiligsten sofortige Buße für alles zu erreichen, was ihr seit Jahren gesündigt habt. Aber ich lasse euch wissen, daß eure Heuchelei vergeblich ist. Euer Gebetemurmeln ist vergeblich, wenn ihr in euren Herzen die gleichen gottlosen Ungläubigen bleibt.«

»Meister«, sagten die Leute und verneigten sich, »also ehrlich, es ist uns ernst damit. Wir werden haufenweise beten.«

»Ihr und beten?« explodierte der Schächter. »Glaubt ihr Narren, der Meister des Weltalls braucht eure erbärmlichen Gebete? Nein, meine Freunde, wenn ihr einmal am Tag des Gerichts vor ihm steht, gebrochen, zerschmettert wie eine weggeworfene Schüssel, wird der Herr der Welt nur eine Frage an eure Seelen stellen: ›Menschensohn, für wen hast du bei den Gemeindewahlen gestimmt?‹«

Daraufhin kehrte der Schächter den verlorenen Seelen den Rücken und schritt in seinen Bau zurück. Die Bauern standen benommen und verwirrt da, weil sie unfähig waren, die Absicht der Predigt zu ergründen.

»Meister«, schrien sie verzweifelt Ja'akov Sfaradi nach, »verlaß uns nicht, verlaß uns nicht in dieser Stunde! Gib uns Wasser, Meister!«

Am Fenster erschien die Gestalt des Schächters, von dem zukkenden Licht zweier Sabbathkerzen erhellt. Ehrfürchtige Stille breitete sich aus.

»Also spricht Ja'akov Sfaradi ben Schlesinger.« Der Schächter breitete seine Arme aus. »Der Unaussprechliche hat meine Bitte erfüllt. Morgen früh um sechs Uhr wird frisches, süßes Trinkwasser aus den Wasserhähnen fließen. Nun geht heim und betet weiter! Der Schächter hat gesprochen!«

Die Leute gingen heim und taten, wie ihnen der Schächter

geboten hatte, die ganze Nacht lang. Bei Sonnenaufgang, als der Zeiger der Sonnenuhr seinen ersten Schatten warf, traten sie an ihre Wasserhähne und drehten sie mit zitternden Händen auf. Aber es kam kein Wasser. Nicht ein Tropfen.

Die Verlängerung des Wunders verursachte eine verständliche Verwirrung unter der örtlichen Bürgerschaft, aber der verwirrteste war der Wunderwirker selbst. Nach einer Nacht gesegnet gesunden Schlafs stand der Schächter früh auf, streckte sich kräftig, stürzte zum Wasserhahn – und entdeckte, was er entdeckte. In die Seele des geistigen Hirten fraß sich scharf eine verständliche Gereiztheit. Er eilte zu seiner Schreibtischlade, zog einen fast vergessenen Umschlag hervor und las den darin enthaltenen Brief nochmals aufmerksam durch:

»An den Ehrenw. Bürgermeister
Kimmelquell
Sehr geehrter Herr!

Infolge Reparaturarbeiten an der Pumpe sind wir gezwungen, den Wasserzufluß zu Ihrem Dorf am 13. ds. M. für vierundzwanzig Stunden zu unterbrechen, beginnend um sechs Uhr morgens.

Es ist ratsam, vorher einen Trinkwasservorrat anzulegen.

Mit kameradschaftlichen Grüßen
Die Leitung
Mekorot Wasserwerke G. m. b. H.«

Ja'akov Sfaradi las den Brief mehrmals durch, wurde aber deshalb keine Spur klüger aus ihm. Plötzlich schoß ihm ein schrecklicher Gedanke durch den Kopf: Vielleicht waren irgendwelche Ungläubige, so wie der Barbier oder der Schuhflicker, in der Nacht hinausgegangen und hatten den Haupthahn zugedreht, der sich in einiger Entfernung vom Dorf befand. Der Schächter legte den Brief in den Umschlag und den Umschlag in seine Lade zurück. Dann eilte er zu dem Haupthahn hinaus, aber zu seiner großen Enttäuschung entdeckte er, daß dieser wie gewöhnlich offenstand. Was also stimmte da nicht?

Ja'akov Sfaradi ben Schlesinger hob in einem gräßlichen Verdacht langsam den Blick himmelwärts, aber sein nüchterner Verstand verwarf den Gedanken als unmöglich. Die Reparaturen dauerten bestimmt noch einen weiteren Tag; das war alles.

Als der Schächter heimkam, wurde er von einer verständlicherweise erbitterten Menge begrüßt, deren Mehrzahl in ihrem Protest davon absah, sich den Kopf zu bedecken.

»Was geht hier vor, Schächter?« beklagte sich der Mob. »Du hast gesagt, Gott habe zugestimmt. Wo also bleibt das Wasser?«

Ja'akov Sfaradi wurde wütend und trampelte die Kühnen augenblicklich nieder: »Fragt nicht mich nach Wasser, Sünder, fragt euch selbst!« schrie er sie an. »Der Allerheiligste kennt bestimmt die Gründe seiner Strafen. Er weiß sehr gut, daß ihr nur an der Oberfläche bereut habt, daß ihr euch gesagt habt, ›das Wasser soll nur wieder aus dem Hahn fließen, und wir können den heuchlerischen Schächter vergessen und wieder zum Schweinefleisch zurückkehren‹.«

»Ist schon gut«, beruhigten ihn die Leute. Sie waren sehr verdutzt, daß der Allerheiligste ihre Gedanken so gut kannte. »Was fangen wir also jetzt an?«

Der Schächter erwog die Möglichkeiten, dann sagte er: »Also spricht Ja'akov Sfaradi ben Schlesinger: Bringt alle eure Kochgeräte aus euren Häusern herbei, um sie wie in den Tagen eurer gottesfürchtigen Väter – Gott hab sie selig – zu reinigen. Wie geschrieben steht: Ihr sollt allen Sauerteig aus euren Häusern entfernen.«

Die Leute tauschten verwundert Blicke untereinander.

»Meister«, erwiderten sie staunend, »aber wir haben doch jetzt nicht Passover?«

»Ich weiß. Aber ›Lebensgefahr zieht heilige Tage herbei‹. Gehet hin, Sünder, und bringt eure besudelten Töpfe her. Der Schächter hat gesprochen.«

Nolens volens kehrten sie heim, während Ja'akov Sfaradi unverzüglich einen Kessel voll Wasser(!) aus seinem Haus schleppte, unter ihm eine Handvoll Reisig ausbreitete, es mit Kerosin besprengte und ein großes Feuer anfachte.

Nach einer Weile schlängelte sich eine lange Reihe von Hausfrauen mit ihren beladenen Männern auf den Kessel zu, und Ja'akov Sfaradi reinigte ihre Geräte in dem brühheißen Kessel gegen einen bescheidenen, einmaligen Beitrag für den »Fonds zur baldigsten Erbauung einer Synagoge«. Der Schächter unterbrach seine Aufgabe nicht vor Sternenaufgang, außer um etwas Wasser zum Kochen zuzugießen oder gelegentlich seinen Schofar zu blasen. Natürlich gab es einige Murrende in der Menge, die meinten, daß das Wasser, das auf das Koschermachen verschwendet wurde, genügt hätte, den Durst des Dorfes erheblich zu verringern. Aber selbst sie wagten ihre Meinung nicht laut werden zu lassen, und sie redeten auch lieber nicht zuviel wegen der geschwollenen Zunge, die ihnen am ausgetrockneten Gaumen klebte. In der Reinigungsreihe vertrat Elifas Hermanowitsch die Hauptdorfräte mit gesenkten Augen. Der Schuster sandte seine schwangere Tochter zu der Bußversammlung, und der Barbier entsandte seine Frau in Begleitung ihres Sohnes. Denn sowohl Hassidoff wie Gurewitsch fürchteten die Ergebnisse einer Unterwerfung in der Öffentlichkeit. Ofer Kisch hatte keine Töpfe im Haus, weil er kein Haus hatte, schloß sich jedoch als Zeichen des guten Willens der gewundenen Reihe an und schlängelte sich mit ihr langsam und geduldig zum Kessel.

Nachdem der Schächter spät nachts den letzten Topf gereinigt hatte, brach er vor Müdigkeit fast zusammen. Er sagte zu den Leuten:

»Morgen früh gibt es Wasser. Ihr sollt daheim beten und allen Sauerteig vernichten. Gehet dahin! Der Schächter hat gesprochen.«

Die Bauern verbrachten die Nacht an ihren Wasserhähnen, begleitet von dem heiseren Summen halbvergessener Psalmen, während sich ihre durstigen Frauen wachhielten und mit letzter Kraft allen Sauerteig aus ihren Heimen kehrten. Aber es war alles umsonst. Am Morgen erreichte der Schatten des Zeigers die Zahl 10, aber die Wasserhähne gaben nichts her. Der Grund dafür war wirklich nicht vorauszusehen gewesen. Erst nachdem man die große Pumpe auseinandergenommen hatte, wurde es den Leuten der Pumpstation klar, daß die Kolbenstange der Länge nach gesprungen war und zum Schweißen zu Grünwald & Sohn nach Haifa geschickt werden mußte.

Das verlängerte Wunder, das sich vor den Augen des Dorfes drei ganze Tage lang abspielte, rettete das Dorf vor einer äußerst ernsten inneren Krise. Die Sache hatte ungefähr eine Woche früher begonnen: Der Schuhflicker war auf die Weide gekommen, um eine dringende Angelegenheit mit dem Ingenieur zu besprechen. Eine solche Strecke zu Fuß war für den hinkenden Gurewitsch mehr als schwierig, aber seine flammende Wut trieb ihn vorwärts. Er überraschte Dulnikker beim Blumenpflücken, die er zu einem Kranz winden wollte.

»Herr Ingenieur, was geht denn schon wieder vor?«

Die Tatsachen des neuen Skandals wurden schnell klar. Nach dem »Unternehmen Gummistempel« hatte Gurewitsch den unwiderstehlichen Drang verspürt, das Schatzamt des Dorfes zu überprüfen, zu welchem Zweck er den Barbier besuchte und dessen Rechnungsbelege mit einem Vergrößerungsglas prüfte. Ganz unten auf der Ausgabenliste fand er dabei folgende bescheidene Eintragung: »Gehaltsvorschuß für den Kommunalwächter des Kommunalbüros – 45 örtliche Pfund.«

»Haben Sie das gehört, Herr Ingenieur? Einen Vorschuß!« Der Schuhflicker war wild. »Und wer, glauben Sie, ist der ehrenwerte Wächter? Salmans Schwager!«

»Keine Temperamentsausbrüche, wenn ich bitten darf!« Das Gesicht des Staatsmannes wurde rot wie die Mohnblumen in seiner Hand. »Versucht doch, meine Herren, die Angelegenheit mit Hassidoff persönlich zu regeln.«

»Dazu bin ich nicht bereit, Herr Ingenieur«, erwiderte Gurewitsch. »Salman tritt beim Raufen mit den Füßen.«

Dulnikker gab diese Gesellschaft von Schwächlingen vollkommen auf, die den ganzen Tag nichts taten, als kleinliche Intrigen auszuhecken. Am Abend berief er Hassidoff zu sich und ergoß den ganzen Zorn über ihn, der sich in den letzten Tagen in ihm aufgespeichert hatte.

»Was soll das heißen?« schrie er ihn an. »Von dem Gebäude, das Ihr Büro werden sollte, ist nichts zu sehen als die Betonpfeiler, die wie einsame Felsvorsprünge in der Wüste dastehen. Und inzwischen haben Sie sich beeilt, Herr Hassidoff, ohne Rücksicht auf die Forderungen des Schuhflickers, Ihren Schwager zum Wächter des Nichtvorhandenen zu ernennen!«

»Das verstehe ich nicht«, erwiderte der Barbier zornig. »Erst sagen Sie immer etwas, Herr Ingenieur, und dann ist es unmöglich zu erklären. Ich hasse Gurewitsch wie die Pest. Wohingegen mein Schwager eine Tochter bekommen hat und sehr nötig etwas zusätzliches Einkommen braucht. Warum also sollte ich mit dem Schuhflicker abrechnen?«

»Erstens, meine Herren, versuchen Sie sich prägnanter auszudrücken! Ich glaube, dazu brauchen Sie kein Ingenieur-Diplom! Zweitens versuchen Sie, an Ihre Sicherheit zu denken. Was würde geschehen, wenn Gott behüte der Schuhflicker zum Bürgermeister gewählt würde?«

»Er wird nicht gewählt«, versicherte ihm Frau Hassidoff, »dafür garantiere ich.«

»Nehmen wir um des Arguments willen an, daß er doch gewählt wird. Was wird seine erste Aufgabe sein, wenn er das Amt betritt? Ihren ehrenwerten Schwager hinauszuschmeißen und seine eigenen Verwandten einzusetzen! Aber wenn ihr jetzt auf seine Familie Rücksicht nehmt, dann wird er auf euren Schwager Rücksicht nehmen, egal, wie die Dinge ausgehen. Ein bißchen Verständnis, meine Herren! Sie können ja in der politischen Arena kämpfen, aber Sie brauchen nicht zu Raubtieren zu werden.«

Das Wasserwunder brachte die glückliche Lösung der Wächteraffäre mit sich. Dulnikker war auf der Weide draußen und verbrachte köstliche Stunden im Gespräch mit seinem Infiltrator. Bei Beginn ihres Gespräches erkundigte sich der Staatsmann in gebrochenem Englisch nach der ethischen Grundhaltung des Infiltrators und seiner Einstellung zu der Suezkanalkrise im allgemeinen und im besonderen. Da sich jedoch die Antworten des Arabers auf den immer wiederkehrenden Ausdruck »Ja, Effendi« beschränkten, wandte sich ihr Gespräch Dulnikkers Tätigkeiten und Lebenslauf zu, einschließlich vieler interessanter Einzelheiten aus der Periode seiner Jugend sowie einer Anekdote – um die neuen Grenzspannungen zu beleuchten – über einen gewissen Rabbi, dem gegenüber sich der Schächter beklagte, daß man ihm nicht erlaubt hatte, zu Rosh Hashanah Schofar zu blasen...

Es war schwierig, die Pointe ins Englische zu übersetzen, aber der Araber kommentierte trotzdem zweimal mit »Allah akbar« und deutete an, daß er bereit sei, dem Effendi ewig zuzuhören, die Sorge um seine Familie jedoch seine baldigste Heimkehr verlange. Dulnikker kaufte eine Dose Neskaffee, um ihn zu weiteren Besuchen auf der Wiese zu ermutigen. Daraufhin trennten sich die Angehörigen der beiden feindlichen Nationen, und Dulnikker zog den befreienden Schluß, daß er nur etwas gegen die feudalistischen arabischen Gebieter, nicht jedoch gegen das Volk hatte.

Das plötzliche Auftauchen des Barbiers brachte den Staatsmann von seinem orientalischen Gipfel herunter. Salman Hassidoff hatte seinen Karren am Rande der Weide geparkt und bahnte sich seinen Weg durch die Kühe geradewegs zu Dulnikker. Der durstige Bürgermeister ließ sich neben dem Staatsmann ins Gras fallen und beschrieb das Wasserwunder in allen seinen Einzelheiten.

»Deshalb sagte meine Frau, daß wir jetzt jeder von uns irgend etwas Gutes tun und unseren Feinden vergeben müßten und solche Sachen, sonst werden wir bis zur Regenperiode überhaupt kein Wasser mehr bekommen«, endete der Barbier leicht verwirrt, »daher bitte, Herr Ingenieur, sagen Sie dem Schuhflikker, daß für seine Familie ein kleiner Posten frei wäre, weil ich nicht einmal für ein ganzes Faß Wasser mit ihm reden würde.«

So geschah es, daß Zemach Gurewitschs Vetter mitten in der Trockenperiode zum Wächter des zu bohrenden Dorfbrunnens mit einem Gehalt von 25 örtlichen Pfund bestellt wurde. Aber der Bürgermeister setzte eine Probezeit fest: Falls der Brunnen nicht innerhalb von zehn Jahren gegraben würde, könnte der Chef des Dorfrats die Ernennung zurückziehen.

Der Schächter spähte hinter seinen Vorhängen auf die anwachsende Menge hinaus, die sich in unheilvollem Schweigen vor seinem Haus versammelte. Seine Scheu vor der Öffentlichkeit wuchs, obwohl nicht alle Bauern ihre Mistgabeln mitgebracht hatten. Einige Dutzend hatten nur ihre geballten Fäuste. In dieser Nacht, nach einem Tag, der vollkommen locker gewesen war, hatte auch der Schächter kein Auge zugetan, sondern war an seinen Wasserhahn geheftet dagesessen und hatte funkelnagelneue, eigenschöpferische Gebete zum Himmel emporgesandt, in denen er den Schöpfer zu überzeugen suchte, daß er, der Schächter, das Wunder einzig um seinetwillen bewirkt habe. So daß es für den Allerheiligsten richtig sei, endlich etwas wegen der verflixten Pumpenreparatur zu unternehmen.

Aber der Wasserhahn blieb grausam, rüde still. Der fröstelnde Ja'akov Sfaradi erkannte, daß ihn wahrscheinlich nur eine feste Haltung vor Schwierigkeiten bewahren konnte. Daher öffnete er die Tür und stellte sich in dem strahlenden Morgen dem Mob, die Arme über der Brust gekreuzt und mit einem tiefen Vorwurf in den Augen.

»Was wollt ihr von mir?« fragte er. Aber seine Stimme rutschte aus und kam von ihrem Kurs ab. »Ich bin bloß ein Schofar in der Hand des Herrn.«

Nein. Es war sicherlich kein Akt der Klugheit gewesen, in diesem Stadium der Ereignisse einen Schofar zu erwähnen. Die Männer verengten den Kreis um den Schächter, und die Mistgabeln in ihren Händen begannen über den bevorstehenden einseitigen Zusammenstoß hämisch erfreut zu funkeln.

»Hör zu schwätzen auf, Ja'akov«, murmelten die Bauern krächzend aus trockenen Kehlen. »Du hast im vorhinein gewußt, daß es kein Wasser geben würde! Und was schlimmer ist, sehr wahrscheinlich hast du einen Handel mit Gott abgeschlossen, um uns festzunageln!«

»Ihr werdet das Herz des Allerheiligsten nicht mit Drohungen erweichen, sondern nur mit vollständiger Reue«, rügte sie der Schächter. Laut fügte er hinzu: »Polizei! Polizei!«

Aber Mischa hatte wegen Durstes Urlaub von seinen Pflichten genommen und konnte nichts für den körperlichen Schutz des belagerten Dorfratsmitglieds tun. Ja'akov Sfaradi war ganz allein. Seine verschreckten Augen schossen herum und sahen nur große Gefahr, die – um der Sache auf den Grund zu gehen – nur auf die unerwartete Einberufung des jüngeren Grünwald in Haifa zu Reserveübungen zurückzuführen war.

»Jetzt geht jedermann heim« – der Schächter gürtete seine zitternden Lenden – »und faste bis morgen früh, als wäre Jom Kippur. Der Schächter hat gesprochen.«

Sowie der Schächter den Mund zutat, packten rohe Finger seinen Kragen, die entzauberten Angehörigen seiner Herde reichten ihn straßauf, straßab weiter und begleiteten seinen Durchzug mit Schlägen, Fußtritten und Stößen.

»Wartet nur, wartet nur, ihr Antisemiten!« kreischte Ja'akov Sfaradi ben Schlesinger. »Wartet nur, ihr Sünder, ihr werdet schon sehen, was euch der Allerheiligste antun wird! Ihr werdet schon sehen!«

Aber es nützte nichts. Blinde Wut verdrängte, was an spärlichem frommem Gefühl sie hatten. Die Dorfbewohner ließen erst davon ab, den Schächter Spießruten laufen zu lassen, als sie selbst vor Schwäche fast zusammenbrachen. Dann gingen sie sehr langsam heim und wurden von ihren Frauen mit der erfrischenden Neuigkeit begrüßt: Aus den Wasserhähnen floß Wasser.

Kaum hatten sich die Leute einen Rausch mit Wasser angetrunken, als ihnen eine neue Überraschung vom Staatsmann angekündigt wurde, der verwirrt aus den Feldern herbeigerannt kam und Alarm schlug, daß am Eingang des Dorfes mitten auf der Straße eine Leiche liege. Einige neugierige, entsetzte Männer kehrten mit dem Staatsmann zu der Stelle zurück und entschieden erleichtert, daß die unbekannte Leiche noch lebte. Zwei stämmige Bauern hoben sie auf und trugen sie ins Dorf zum Haus des Tierarztes. Der Mann war ein ausgemergeltes Gerippe in schmutzigen Lumpen. Sein Gesicht war voller Bartstoppeln, und seine glasigen, rotumränderten Augen quollen reglos hinter einer zerbrochenen Brille vor. Dulnikker erriet sofort, daß die kaum erkennbare Gestalt niemand anderer als sein persönlicher Sekretär war, und sein Verdacht wurde durch die gelbe Aktenmappe gestützt, die der Arme in seinen verkrampften Fingern hielt.

Die Schuhflickerstochter rannte zu der Erste-Hilfe-Mannschaft hinaus und warf sich auf das menschliche Wrack, weinend vor großer Freude und vor Staunen, daß Zev freiwillig zu ihr zurückgekehrt war. Eben da begannen seine Augen einige Lebensfunken zu zeigen, und er sah in großer Furcht um sich. Dulnikker schlug seinem Sekretär herzlich auf die Knochen, die ihm aus dem Rücken vorstanden, und fragte ihn sanft: »So bist du also zurückgekehrt, mein Freund?«

Die Frage war sichtlich unnötig, zeitigte jedoch eine seltsame Reaktion. Zev begann am ganzen Leib zu zittern, starrte den Staatsmann an, als sehe er Gespenster, und stopfte sich zwei hagere Finger in die Ohren:

»Aufhören! Um Gottes willen, aufhören!« heulten die Überreste des Ersten Sekretärs. »Ich kann es nicht mehr aushalten! Halten Sie den Mund, Dulnikker, halten Sie den Mund!« Sein Kreischen war so gräßlich und trommelfellzerreißend, daß die Männer Dulnikker flüsternd zuraunten, er möge still sein. Zev warf sich wild herum und fiel seinen Trägern fast aus den Händen. Er wurde erst ruhiger, als man ihn in seinem ehemaligen Zimmer beim Schuhflicker aufs Bett gelegt hatte, wo er durstig zwei Krüge Wasser hinuntergoß. Hermann Spiegel untersuchte ihn und versicherte, daß keine Lebensgefahr bestehe, da er nur einen Sonnenstich erlitten hatte, erschwert durch ungenügende Ernährung.

Was die Leiden des Sekretärs betraf, so wurden sie erst mit der Zeit bekannt.

Nachdem er vom Balkon gesprungen war, rannte er heim, stopfte das Nötigste in seine Aktenmappe und fegte wie ein Wirbelsturm zum Lagerhaus. Er erinnerte sich nicht, wie man zur Landstraße kam, hoffte jedoch, daß das Brot und der Saft ausreichen würden, bis er irgendwie auf den Tunnel in der Felswand stieß. Daher ging er auch nach Einbruch der Dunkelheit noch weiter und richtete sich nach den Sternen, um seinen Weg zu finden. Er wählte den Großen Bären, weil er sich aus seinen Pfadfinderzeiten erinnerte, daß dieses Sternbild immer am nördlichen Himmel erscheint. Der Sekretär bahnte sich seinen Weg durch das Unterholz in die entgegengesetzte Richtung zum Großen Bären, um südwärts zu gelangen.

Gegen Mitternacht beschloß Zev, einige Minuten zu rasten, und brach am Fuß eines Baumes zusammen. Als er aufwachte, war es 4 Uhr 30 nachmittags, und der junge Mann war entsetzt, als er entdeckte, daß der Große Bär spurlos verschwunden war. Unverzüglich öffnete er seine geräumige Aktenmappe, verschlang den Brotlaib und goß die Flasche Saft auf einen Zug hinunter. Aber sein Hunger ließ nicht nach. Er sah seine Aktenmappe durch und entdeckte die »extrastarke« Brieftaube, die er völlig vergessen hatte, in den Oberteil seines Pyjamas eingewickelt und halb erstickt. Mit Hilfe eines abgebrannten Streichholzes schrieb der Sekretär auf ein zerknittertes Stück Papier:

»Bin auf der Flucht zum Tunnel durch die Wälder. Sendet sofort Expedition. Kräfte lassen nach. Verhungere.«

Er unterzeichnete mit Dulnikkers Namen, so daß sich Schultheiß beeilen würde, den Lastwagen hinauszuschicken, und fügte zwecks erhöhter Glaubwürdigkeit hinzu: »Sendet auch Reporter.«

Der Sekretär band der Taube die Notiz mit einem Stück Faden aus seinem Rockaufschlag ans Bein. Dann warf er den Vogel in die Luft, aber der fiel schlapp ins Gras zurück. Zev glättete der Taube die Federn, redete ihr leise gut zu und warf sie immer wieder in die Luft, bis der fliegende Kurier Mut faßte und schwerfällig zu flattern begann. Genau in dem Augenblick aber schoß dem Sekretär eine praktische Idee durch den Kopf, und er begann dem Vogel nachzujagen. Endlich brachte er ihn herunter, röstete die »extrastarke« Taube auf einem offenen Feuer und aß sie mit erschreckendem Genuß einschließlich des Marks in den Knochen ganz auf.

Nach seiner Mahlzeit setzte der Jüngling, gesättigt und etwas erholt, seine Flucht fort. Er ging Hügel und Kämme hinauf und hinunter, überquerte ausgetrocknete Flußbetten und erklomm Felsblöcke. Bei Tageslicht schleppte er sich dahin, indem er sich nach seinem Orientierungssinn richtete, und nachts wieder anhand des Großen Bären. Am dritten Tag hörte er verrückte, wirre Geräusche und sah Nebel vor seinen Augen. Der Sekretär kroch jedoch weiter. Und am vierten Tag seiner Flucht näherte er sich endlich bewohntem Gebiet. Aber bevor er sich vergewissern konnte, wo er war – auf seinem Weg zu den weißen Häusern irgendeiner kleinen Siedlung –, brach er bewußtlos zusammen.

»Herr Ingenieur, Herr Ingenieur!« Dwora rannte zwischen den Kühen hindurch und kam atemlos auf ihn zu. Dulnikker stand hastig auf, um sie zu begrüßen.

»Ich komme!« rief er dem Mädchen zu. »Sag Zev, mein Mädchen, daß ich das Vieh heimtreibe und gleich bei ihm drüben bin.«

»Das ist es ja gerade, Herr Ingenieur«, sagte Dwora verwirrt, als sie sich neben ihm niedersetzte, »Sie dürfen ihn nicht besuchen...«

»Um Gottes willen! Hat er etwas Ansteckendes?«

»Nein. Körperlich ist er nicht so krank«, erwiderte das Mädchen. »Der Doktor sagt, es kommt alles von der Sonne, und daß es ihm bald besser gehen wird, aber vorderhand tobt er einfach, und manchmal fängt er ohne jeden Grund an, gellend zu schreien: ›Hören Sie schon auf damit, Dulnikker! Halten Sie den Mund!‹«

»Das habe ich ihn auch schreien gehört«, murmelte der Staatsmann verständnislos.

»Er will immer, daß Sie zu reden aufhören, Herr Ingenieur, obwohl Sie gar nicht aufhören könnten, etwas zu tun, weil Sie ja nicht einmal da sind, nur daß Zev eben glaubt, Sie seien da. Verstehen Sie?«

»Nein!«

»Seien Sie nicht böse auf mich, Herr Ingenieur, ich wiederhole nur, was ich gehört habe. Zev sitzt so gebrochen und verloren in seinem Bett, starrt mit seinen verglasten Augen direkt vor sich hin und wiederholt endlos...« Hier zog das Mädchen ein Stück Papier aus seiner Rocktasche und las zitternd: »›Die besten Wünsche für ein gutes und schönes Neues Jahr der Arbeit und des Schaffens, der Produktivität und Macht, der Vereinigung konstruktiver Kräfte, der Festigung der Wirtschaft, dem Aublühen der Wüsten, der Überwindung der Geburtswehen, der Entwicklung unserer Bewegung, der Verherrlichung der Macht der Arbeit, der jüdischen Brüderlichkeit, Masseneinwanderung und Assimilierung und Absorbierung und Verwirklichung und Vision und Eroberung und des dauernden Friedens und der Wahrheit –‹ und einen richtigen Strom ähnlicher Dinge, so daß ich sie nicht alle niederschreiben konnte. Nachher beginnt er zu schreien: ›Hören Sie auf damit, Dulnikker!‹ und beginnt zu weinen, und ein paar Minuten später fängt er wieder von vorn an.« Dulnikker schwieg entsetzt.

»So ist das, Herr Ingenieur.« Dwora zuckte die Achseln und fuhr flehend fort: »Ich verstehe das nicht ganz, aber wenn es auch nur diese einzige Möglichkeit gibt, dann bitte ich Sie sehr, Herr Ingenieur, wirklich schon damit aufzuhören, Zev leidet so, daß es unerträglich ist, es mitanzusehen.«

»Was kann ich dagegen tun, Madame? Er spinnt!«

Der Tierarzt befahl, Zev in seinem dunklen Zimmer einzusperren und ihn nicht zu stören, wenn er den Herrn Ingenieur sprechen höre. So begannen sich nach einer Woche ›die besten Wünsche für ein gutes und schönes Neues Jahr‹ langsam zu verflüchtigen. Die Bauern gewöhnten sich schnell daran, daß der Krankenwärter wieder im Dorf war, insbesondere, da andere Ereignisse auftauchten, die um ihre Aufmerksamkeit buhlten.

Die Dorfbewohner wurden sich zum Beispiel einer ungewöhnlichen Entwicklung bewußt: Das Tnuva-Geld wurde geheimnisvollerweise langsam aus dem Verkehr gezogen, und sie entdeckten, daß sie nur noch lokale Währung besaßen. Diese Entwicklung klärte sich auf, als Zemach Gurewitsch mit einer vollen Wagenladung Büroausrüstung aus Haifa zurückkehrte. Sie war der Liste entsprechend erstanden worden, die mit Rat und Hilfe des Ingenieurs zusammengestellt worden war. Das geschah in einer öffentlichen Sitzung des Provisorischen Dorfrats, die in Gegenwart der Kühe unter freiem Himmel abgehalten wurde. Der Schuhflicker brachte außerdem einen Besitz mit, der das nagende Verlangen der Bauern erregte und ihre Eifersüchteleien zu einem Höllenfeuer entfachte. Er lud ein glänzend poliertes Fahrrad vom Tnuva-Lastwagen ab und stellte es vor seine Schusterwerkstatt. In jenen Tagen fragten sich viele, wieso es sich ein einfacher Dorfschuster leisten konnte, diesen Drahtesel zu kaufen, aber das war bloßes Gerede, in das jeder kommt, der für das öffentliche Wohl arbeitet.

Der Karteikasten, der schwere Stahlsafe und die zwei Schreibtische wurden auf den Sand zwischen die vier einsamen Pfeiler des Stadtamtes in spe gestellt, und um sie herum wurde die übrige teure Ausstattung verstreut. Die Dorfbewohner versammelten sich immer wieder um den Prunk, beschnupperten neugierig die seltsamen Stühle, die man heben und senken konnte, wenn man einen Knopf drehte, und besonders beeindruckt waren sie von den Gummikissen, die man zuerst mit dem Mund aufblasen mußte, bevor man sich draufsetzen konnte. Auf den Schreibtischen und in ihrem Laden hatte Frau Hassidoff große Briefordner sowie Schreibblöcke verschiedener Größe prachtvoll angeordnet, Bleistifte, deren eines Ende blau und deren anderes Ende rot schrieb, ein Lineal, ein Radiergummi(!), einen geflochtenen Papierkorb, ein Messer ohne Griff, ein Stück Schwamm(?), eine kleine Briefwaage(?), ein erstaunliches Instrument, mit dem man Löcher stanzen konnte, und – endlich – einige Gummistempel und einen Löschblattroller(!), einen echten Bleistiftspitzer, eine Rechenmaschine mit Kugeln, eine Tischglocke und noch mehr.

Die Mitglieder des Provisorischen Dorfrats weideten ihre Augen höchst befriedigt an den Errungenschaften der Bürotechnologie. Nicht zu vergessen die schwindelerregenden Stühle und die angenehm klingende Glocke, die eine nie versiegende Quelle des Vergnügens für die Dorfräte war. Häufig setzten sie sich instinktiv hinter die Schreibtische und versuchten, eine entsprechende Miene aufzusetzen. Der einzige Gedanke, der ihr Vergnügen umwölkte, war die Frage: Was sollte man mit all den glänzenden Dingern anfangen? Gerade zu einer Zeit, da die Zahl der Arbeitslosen im Dorf anstieg, weil der größte Teil der Kümmelernte verfault war. Es war schwierig, festzustellen, ob das auf den späten Herbstregen oder die Vernachlässigung der Felder zurückging. Tatsache jedoch blieb, daß die Dorfbewohner noch nie eine so unbedeutende Menge Kümmel eingesammelt hatten wie in diesem Jahr.

Sowie Dulnikker von »der katastrophalen Situation der landwirtschaftlichen Produktivität« hörte, befahl er den Provisorischen Dorfrat zu einer Notstandssitzung zusammen. Das war wirklich unnötig, weil der Provisorische Dorfrat in letzter Zeit ohnehin in Hassidoffs neuem Stall immer wieder einberufen worden war, ohne daß der Vorsitzende verständigt wurde. Ungeduldig eröffnete Dulnikker die Notstandssitzung, obwohl der Zählappell enthüllte, daß der Schuhflicker noch nicht eingetroffen war. Gurewitsch hatte sich seit neuestem die Gewohnheit zugelegt, wegen seines Fahrrads zu spät zu Versammlungen zu kommen: Da er wegen seines lahmen Fußes nicht schnell gehen konnte, fiel es ihm schwer, auch noch das Fahrzeug mitzuschleppen.

»Meine Herren!« begann der Staatsmann mit lauter Stimme. »Wie waren die Ergebnisse der diesjährigen Ernte?«

»Sehr armselig, Herr Ingenieur«, erwiderte der Barbier ohne eine Spur Scham. »Wir haben die Tnuva vielleicht mit einem Zehntel unseres üblichen Ertrags beliefert.«

»Großartig!« explodierte Dulnikker. »Einfach wunderbar! Herr Hassidoff, der Bürgermeister von Kimmelquell, informiert mich heiter und zufrieden, daß es ihm gelungen ist, die Produktivität des Dorfes in den ersten Monaten seiner Amtszeit zu ruinieren und sie auf ein Zehntel herabzusetzen! Ich habe mehr als einmal gegen Ihren Mangel an Reife Verwahrung eingelegt, meine Herren, aber das ist einfach zuviel!«

»Eine Sekunde, Ingenieur«, fiel der Barbier ein, »Sie werden schon verzeihen, aber wir haben es eilig. Es stimmt, daß die Ernte sehr mager war, aber andererseits ist das der Grund, warum der Kümmelpreis in unserem Land so hoch gestiegen ist, daß uns die Tnuva für ein Zehntel der üblichen Ernte fünfmal mehr bezahlt hat, als sie uns je bisher für unsere beste Ernte gegeben hat.«

Dulnikker war sprachlos.

»Geld ist nicht alles, Genossen«, stammelte er. »Worauf es ankommt, ist das Prinzip.«

»Entschuldigen Sie, Ingenieur«, protestierte Hassidoff. »Ich kann Ihnen nicht folgen. Was ist falsch daran, wenn man für weniger Arbeit mehr verdient?«

Dulnikkers Gesicht lief rot an, und seine Stirnadern quollen vor und zitterten. Diese Lümmel hatten noch nie in einem so unverschämten Ton mit ihm zu sprechen gewagt! Der Staatsmann hatte schon seit einiger Zeit eine geheime Abneigung gegen den unbegabten kleinen Barbier zu spüren begonnen, der um keinen Deut besser war als die übrigen Dorfbewohner, der jedoch, sowie er zufällig Chef der Gemeindeverwaltung geworden war, sich von Geburt an vom Schicksal für die Stellung bestimmt hielt. Dulnikker bemerkte mit Ekel, daß sich der Barbier mit wütender Hartnäckigkeit an seinen Titel und sein Fahrzeug klammerte, als fürchte er, daß sein Rücktritt das Dorf in Bankrott stürzen würde. Überdies hatte Hassidoff von dem Tag an, als ein ambitionierter junger Mann aus dem Dorf zu seinem Sekretär ernannt worden war, neue Gewohnheiten entwickelt. Erstens verlangte er, daß sein Sekretär ihm wie ein Schleppenträger überallhin folge und auf jeden Ton lausche, den er, der Bürgermeister de facto, äußere. Und noch mehr, die Leute sahen öfter als einmal seinen Adjutanten neben seinem Karren einherlaufen und entsprechend Hassidoffs neuem Brauch, »Alles schriftlich«, Befehle niederschreiben. In seinem Verlangen, die Berge Papier und den Rest der modernen Ausstattung seines Büros zu benützen, stellte der Bürgermeister fast allen mündlichen Kontakt mit der Öffentlichkeit ein. Wenn seine Kunden neugierig wurden und sich erkundigten, wann der Tnuva-Lastwagen das nächstemal käme, schwieg der Barbier plötzlich eisern und antwortete dann mit Verschwörermiene: »Sie bekommen die Antwort schriftlich.« Und sein Sekretär notierte unverzüglich den Namen des Antragstellers, dem er – innerhalb von zwei Tagen – mit einem der zwölf »Dreitürniks« ein Blatt Papier übersandte, auf dem stand: »Am Mittwoch.« Diese Mitteilung war vom Sekretär unterzeichnet und gestempelt, der dann auf dem persönlichen Karteiblatt des Dorfbewohners vermerkte, daß letzterer schriftlich verständigt worden war.

»Und diesen abnormalen Bürokraten habe ich zum Bürgermeister gemacht!« stöhnte Dulnikker leise mitten in der Notstandssitzung. Eben als er sich bereit machte, mit dem machtlüsternen Hassidoff zu streiten, betrat einer der Gemeindeboten die Ratskammer und überreichte dem Barbier einen Zettel.

»Meine Herren!« Hassidoff sprang auf. »Gurewitsch ersucht, daß wir sofort zu ihm kommen. Es ist anscheinend eine wichtige Angelegenheit, da er mir einen Brief schickt.«

Seit wann konnte der Schuhflicker schreiben? Der Staatsmann nahm dem Barbier den Zettel aus der Hand und sah eine primitive Zeichnung – ein Gekritzel in Form eines großen Schuhs, auf den kleine menschliche Figuren zuliefen, und drei große Ausrufungszeichen.

Vor dem Haus des Schuhflickers hatte sich eine Menschenmenge versammelt und drängte sich an den Fenstern, um zu sehen, was drinnen vorging, aber nach den Gesichtern zu schließen fiel es anscheinend allen schwer, zu glauben, was sie sahen. Die Karawane der Dorfräte bahnte sich ihren Weg durch die Neugierigen, sie warfen einen Blick nach innen, und auch sie erstarrten verblüfft.

Was hatten sie gesehen? Mitten im Zimmer stand die kleine Dwora in einem weißen Kleid, neben sich den Krankenwärter in seinem üblichen Aufzug. Zev war etwas dicker geworden, und seine blauen Flecken waren größtenteils verschwunden. Vor den jungen Leuten stand Ja'akov Sfaradi, der etwas aus einem Gebetbuch las. Das Bild wäre unvollständig, ließe man den Schuhflicker aus: Er hatte sich neben der Tür aufgepflanzt, unter seinem Arm ragte der Lauf eines Jagdgewehrs hervor und war unverrückt auf den Krankenwärter gerichtet.

Nachdem sich die Dorfräte an der ungewöhnlichen Szene satt gesehen hatten, gingen sie um das Haus herum und rüttelten an der Tür, aber sie war versperrt. Ofer Kisch, der Neugierigste im Dorfrat, klopfte ungeduldig, und wenige Sekunden später wurde sie von Gurewitsch geöffnet.

»Entschuldigen Sie, meine Herren, daß ich Sie nicht persönlich zur Hochzeit eingeladen habe, aber es war unmöglich, die Zeremonie gerade in diesem Augenblick zu verlassen«, entschuldigte er sich, ohne die Augen von Zev zu wenden. »Der Krankenwärter hat sich endlich entschlossen, meine Tochter zu heiraten.«

Die Dorfräte drückten sich in das Zimmer und reihten sich an der Wand entlang auf. Trotz ihrer Einfachheit ging die Zeremonie sehr langsam vonstatten. Auf die Frage des Schächters, ob sie den Burschen Zev heiraten wolle, erwiderte Dwora mit einem klaren, überzeugenden »Ja«. Als jedoch die Frage dem Bräutigam gestellt wurde, hüllte er sich in ein sehr bedeutungsvolles Schweigen und senkte die Augen in hoffnungsloser Halsstarrigkeit, bis ein metallisches Klicken, das die Lösung des Sicherheitsschlosses anzeigte, ihn eindringlich an seine Pflicht erinnerte.

»Schön«, flüsterte der Sekretär und unterzeichnete das Dokument, das der Schächter ihm vorhielt, während sein Gesicht von der schicksalhaften Tat in Schweiß ausbrach. Bei der Unterzeichnung des Ehekontrakts applaudierte der Tierarzt stürmisch, während Gurewitsch senior, gelbsüchtig wie immer, sehr schwach »Masel tow« ausrief und seine Enkelin und ihren Gatten küßte. Gurewitsch junior sperrte das Sicherheitsschloß und versteckte das Gewehr hinter dem dreitürigen Kleiderschrank. Dann hinkte er zu seinem jungen Schwiegersohn, drückte ihm einen schmatzenden Kuß auf die Stirn, umarmte ihn mit seinen kräftigen Armen und verkündete so laut, daß selbst die Zuschauer draußen günstig beeindruckt waren:

»Wer immer Zemach Gurewitschs Tochter heiratete, heiratete keine Bettlerin! Ich werde meinem Schwiegersohn drei Dunam fruchtbaren Kümmelbodens überschreiben, sowie die Gemeindeverwaltung ihr Grundbuchamt eröffnet.« Nach der Verlautbarung des Schuhflickers, die fraglos ein Beweis seiner Gutherzigkeit war, beeilten sich alle Anwesenden, ihm zu dem freudigen Familienereignis zu gratulieren. Selbst der Barbier drückte ihm die Hand – ein Ereignis, das eine gesellschaftliche Sensation bedeutete.

Die kleine Dwora erblickte Dulnikker, drängte sich zu ihm durch und hängte sich an seinen Hals.

»Ich bin so glücklich, Herr Ingenieur!« jubelte die junge Frau. »Zuerst wollte Zev nichts vom Heiraten hören, aber heute versicherte ihm der Papa, daß er ihn wie einen Hund niederknallt, und da stimmte er zu. Ich habe doch immer gewußt, daß er mich liebt.«

Der Staatsmann streichelte ihr blondes Haar in väterlicher Zuneigung, während er unentwegt ein Auge auf seinen Sekretär hielt, der sich die allgemeine gute Laune zunutze machte und ins Nebenzimmer floh. Dulnikker folgte ihm auf dem Fuß und öffnete die Tür, bevor Zev sie versperren konnte. Einen kurzen Augenblick standen Staatsmann und Sekretär schweigend Aug in Aug, dann ließ Zev die Türklinke los, fiel mit dem Gesicht aufs Bett und begann mit seinen Füßen wild darauflos zu trommeln.

Der Staatsmann legte ihm die Hand auf die bebenden Schultern.

»Fein«, sagte er, »fein.«

Zev schüttelte die Hand des Staatsmannes ab, stand auf und starrte seinen Herrn mißgünstig an:

»Glauben Sie, Dulnikker, daß ich mir diesen Zirkus gefallen lasse?«

»Ja, warum nicht? Der bäuerliche Lebensstil ist viel gesünder, Zev. Der landwirtschaftliche Sektor ist nicht von der übrigen Nation zu trennen, in der sich, wie bei einem Tausendfüßler, alle Teile gleichzeitig und harmonisch fortbewegen müssen. In den letzten Jahren haben sich viele Städter in entfernteren Siedlungen ansässig gemacht.«

»Dann machen Sie sich hier ansässig, Dulnikker!« zischte der Sekretär durch die Zähne. »Ich bin nicht bereit, mein Leben in diesem Spucknapf zu verbringen! Oh...«, der schwergeprüfte Jüngling brach wieder auf seinem Bett zusammen, »warum sind wir je hierher gekommen?«

»Warum fragst du das mich?« wütete der Staatsmann. »War ich es, der hierher kommen wollte?«

»Wer denn?« schrie der Sekretär. »Ich vielleicht?«

»Sicher, Zev, mein Junge! Geh nur und leugne, daß du mir unzählige Male gesagt hast, daß ein Mensch von Zeit zu Zeit zur Natur zurückkehren müsse!«

Der Sekretär kam auf ihn zu und zischte ihm ins Gesicht: »Lügen Sie nicht, Dulnikker!«

Der Staatsmann war verblüfft. Amitz Dulnikker – und lügen? Es hätte doch erst vor einem Augenblick gewesen sein können, daß sein Sekretär Wort für Wort gesagt hatte: »Es wird eine vollständige, heilsame Ruhe für Sie in diesem abgelegenen Dorf sein, ohne Presse, ohne Lärm.«

»Zev«, flüsterte Dulnikker traurig, bis in die Tiefen seiner Seele verwundet, »nimm zurück, was du gesagt hast!«

Der Sekretär hielt sein verzerrtes Gesicht, fast Nase an Nase, dicht vor Dulnikkers Gesicht, und wieder flüsterte er voller Wut:

»Schluß damit, Dulnikker. Sind Sie schon so senil, daß Sie glauben, ich brauche Ihre Unterweisung und Ihren Rat? Es ist genau umgekehrt! Wer schreibt Ihre rühmenswerten Reden? Wer quetscht – en gros – Ihre Leitartikel aus sich heraus? Wer sind Sie wirklich? Wieviel wissen Sie? Haben Sie denn überhaupt einen Beruf? Dulnikker lenkt siebzig Unternehmen, Dulnikker ist da und Dulnikker ist dort, Dulnikker stürzt, Dulnikker rennt und telefoniert und bemerkt und läßt fallen und erhebt und nimmt an jedem Tag an einem Dutzend Versammlungen teil, er ist der letzte Schiedsrichter – ohne daß er das geringste bißchen von dem Geschäft versteht, das er sich einbildet! Es ist wirklich komisch, wie die Dinge stehen! Zehntausende Narren studieren jahrelang ihren Beruf und üben ihn dann ihr ganzes Leben lang aus, nur damit am Ende der ehrenwerte Politiker daherkommt und alles Lob erntet – weil er eines kann, was man ihnen, all diesen armen Fachleuten, an ihren Universitäten und Berufsschulen nicht beigebracht hat: Er weiß, wie man über das redet, was sie, die anderen, tun! Ja, das ist es, worin Sie, Dulnikker, ein Fachmann sind! Reden, reden, reden wie eine Langspielplatte, Stunde um Stunde, wie ein Wasserhahn, der sich an seinem eigenen Tröpfeln besoffen hat! Dulnikker kämpft bis zum letzten Blutstropfen, ohne zu wissen, wie ein Gewehr ausschaut! Dulnikker schickt Tausende aus, um Wüsten zum Blühen zu bringen, während er selbst nicht einmal eine Topfpflanze je gegossen hat! Staatsmann! Amitz Dulnikker ein Staatsmann! Sie können ja nicht einmal normal reden. Ihre Zunge ist von Phrasen überwuchert, die Sie nicht einmal richtig anwenden können. Aber das hält Dulnikker natürlich nicht davon zurück, lächerliche Literaturpreise zu bekommen oder alle möglichen Kunstausstellungen zu eröffnen, und alles ist großartig, bis er sich zum Essen niedersetzt: Dann rennt jeder um sein liebes Leben. Sagen Sie mir, Dulnikker, bilden Sie sich wirklich ein, daß Sie normal sind? Haben Sie je bemerkt, daß Sie jeden Menschen im Plural anreden, weil Sie nicht mehr wissen, wie man mit Einzelmenschen redet, sondern nur, wie man Massen anspricht? Haben Sie eine Ahnung, wie oft Sie diesen idiotischen Witz erzählt haben, dessen Pointe ich nie verstanden habe? Jeder lacht Sie hinter Ihrem Rücken aus, Dulnikker, aber Sie, besoffen von Ihrer eigenen Größe, sind unfähig, die Heiterkeit zu merken, die Sie überall begleitet. Lassen Sie mich Ihnen sagen, warum Sie mich ›entdeckt‹ haben: Ich habe damals in unserer Zweigstelle eine Wette abgeschlossen, daß ich Sie mit den lächerlichsten Komplimenten begrüßen kann, und Sie – vor Stolz zerschmelzen. Ich kann mich bis zum heutigen Tage an diese absurden Titel erinnern: ›der Baumeister, der Former, der Avantgardist, das leuchtende Beispiel seiner Generation!‹ Ich würde noch jetzt in Gelächter ausbrechen, Dulnikker, wenn es nicht so traurig wäre. ›Der Verwirklicher, der Eroberer!‹ Und was sonst noch! Sie haben nur eines erobert, Dulnikker: Ihren Platz in der Partei, und selbst dort blockieren Sie den Weg für Männer, die jünger und begabter sind als Sie. Dulnikker kann man nicht beiseite schieben. Dulnikker sitzt noch immer auf demselben Sessel, auf den er durch Zufall vor dreißig Jahren gefallen ist, als wäre er mit Eisenbeton an ihn angeklebt...«

Der Sekretär spie die Worte heraus, als wären sie seit Jahren in ihm eingesperrt gewesen und plötzlich ausgebrochen. Sein Gesicht war blaßgrün, und sein ganzer Körper lehnte gekrümmt an der Wand. Er atmete und krächzte mit einem pfeifenden Stöhnen.

»Wann werden Sie endlich selbst sehen, Dulnikker, wie Sie wirklich sind? Wann werden Sie endlich die Tatsache erkennen, daß Ihre Zeit vorbei ist und nie wiederkehrt? Daß Sie heute nichts mehr als eine übergroße Seifenblase sind, aufgeblasen bis zum Platzen? Warten Sie darauf, bis Sie wirklich platzen?«

Damit brach der Sekretär auf dem Bett zusammen und warf sich in einem Lachkrampf quer darüber, der sich in leises Weinen verwandelte. Der Staatsmann hatte sich den tobenden Ausbruch mit düsterer Miene angehört, gemischt aus Entsetzen und Übelkeit. Aus irgendeinem Grund wurde sein Gesicht nicht rot, auch seine Stirnadern quollen nicht vor. Sein Gesicht schien eher eingesunken und unermeßlich alt zu sein. Er trat einen Schritt an das Bett heran und klammerte sich an dessen Gitter, um nicht hinzufallen.

»Zugegeben, daß ich heute eine zu stark aufgeblasene Seifenblase bin«, sagte er leise zitternd, »zugegeben, daß ich heute nicht mehr gebraucht werde, irgendein alter Narr, dessen Rükken dazu da ist, daß man hinter ihm lacht. Aber zu sagen, daß ich nie etwas Aufbauendes geleistet hätte? Daß ich nur schwätze? Wer hat dieses Land aufgebaut, wenn nicht die Dulnikkers?« Die Stimme des Staatsmannes brach, und Tränen stiegen ihm in die Augen. »Warum hast denn du, mein junger, praktischer Freund, warum hast du diesem Taugenichts von Altem so glatt geschmeichelt, daß du ihn vollständig getäuscht hast? Warum hast du seine Gunst gesucht? Nur um dich in der Partei hochzuarbeiten? Dann bist du, mein begabter, nützlicher Freund, schlimmer als so ein Träumer wie ich: Du hast einfach einen schwachen Charakter, weil du genau gewußt hast, daß du eine Komödie aufführst. Du, mein Freund Zev, wirst in einigen Jahren genauso sein wie der schmarotzende Mitläufer, den du mir eben beschrieben hast, mit dem winzigen Unterschied, daß er – dieser verrückte Amitz Dulnikker – seine Tage als ein armer Mann beenden wird, dessen Hände rein sind, während du, mein klardenkender Freund, ein niedriger, korrupter Heuchler sein wirst.«

Der Sekretär richtete sich auf seinem Bett auf, und seine Glieder begannen schrecklich zu zucken.

»Dulnikker, hören Sie auf!« kreischte er. »Halten Sie um Gottes willen den Mund! H-a-l-t!«

Dulnikker verließ das Zimmer und bahnte sich still seinen Weg durch die Hochzeitsgäste. Im Vorbeigehen bemerkte er zu Hermann Spiegel: »Mein lieber Tierarzt, mein Krankenwärter bedarf zusätzlicher Aufmerksamkeit.«

Meine liebste Gula,
Ich sende Dir diesen Brief heimlich mit dem treuen Tnuva-Chauffeur, weil ich nicht wünsche, daß sein streng vertraulicher Inhalt öffentlich bekannt wird. Zuerst dachte ich, ich würde mit dem Lastwagen heimfahren, aber nachher beschloß ich, meine Gesundheit, die ohnehin schwach ist, nicht zu gefährden, indem ich zusätzliche Risiken eingehe. Daher möcht ich Dich hiermit bitten, Gula, mir ohne Verzug den Wagen zu schicken, um mich heimzubringen.

Diesmal ist kein Verdacht am Platz. Ich gedenke meinen eisernen Entschluß unter keinen Umständen zu ändern, und du wirst nicht von den gleichen kindischen Schritten Gebrauch machen müssen, um mich heimzubekommen. Ich habe jeden Kontakt zu Menschen abgebrochen, und ich habe sogar aufgehört, das Vieh zu hüten. Ich habe soeben eine schwere geistige Krise durchgemacht, die ihr Zeichen in meiner oben erwähnten schwachen Gesundheit hinterlassen hat. Heute bin ich wieder gezwungen, haufenweise verschiedene Schlaftabletten zu schlucken, da mein Magen launisch und mein Blutdruck über dem normalen Stand ist. Ich wurde von einem Menschen doppelt enttäuscht, der jahrelang zu meinen Füßen gelernt hat und meine Unschuld ausnützte. Diese Wunde ist noch nicht geheilt, so daß ich Dir im Augenblick keinen eingehenden Bericht über die schmerzliche Angelegenheit geben kann. Ich möchte dir kurz eine Enttäuschung anderer Art beschreiben, die ich im Dorf Kimmelquell erlitten habe, deren uneinige Bürger ihr Leben verwüsten und auf Schlimmeres zusteuern. Ich hoffe, daß Dir diese Enthüllungen, Gula, die unerträgliche Situation, die mein Sein bedrückt, verstehen helfen. Vor zwei Wochen fand ich einen anonymen Brief auf meinem Bett. Er enthielt in äußerst primitiven Buchstaben die Frage: »Warum baut der Barbier einen Kuhstall statt eines Büros?« Zu der Zeit hatte ich mich bereits von den Dorfangelegenheiten zurückgezogen, war jedoch gezwungen, die Folgerungen des anonymen Briefes zu überlegen, weil auch ich bemerken mußte, daß in den letzten eineinhalb Monaten Baumaterial ins Dorf geströmt war, und daß auf der Baustelle des Gemeindeamts dennoch kein Bau vorhanden war, mit Ausnahme von vier Betonsäulen des Gerüsts. Selbst auf der Baustelle des Kulturhauses ist nur ein hastig aufgestelltes Schild zu finden, auf dem steht: »Hier wird der Kulturpalast des Dorfes *zur Erinnerung an den verstorbenen* Amitz Dulnikker errichtet werden.« (Die Unterstreichung stammt von mir. Ich meine damit nämlich, daß sie es zur »Erinnerung an den verstorbenen« gemacht haben, weil ich, als ich seinerzeit das Projekt plante, gleichzeitig die Dorfräte informierte, daß ich den Byzantinismus bedauere, Gebäude nach Lebenden zu benennen.)

Dennoch, trotz der sündhaften Langsamkeit auf dem Gebiet öffentlicher Bauten, hat sich Herr Hassidoff, der provisorische Bürgermeister, einen wunderschönen Kuhstall ganz aus Beton erbaut – eine Entwicklung, die Grund zu kummervollen Gedanken liefert.

Die Gewalt dieser Überlegung bewog mich, den anonymen Brief dem Dorfrat zu übergeben, aber die Abgeordneten reagierten auf die Beschwerde mit heftigen Vorbehalten und begründeten es mit der Tatsache, daß die Beschwerde nicht unterzeichnet war. Meine kompromißlos negative Einstellung zu anonymen Briefen ist öffentlich bekannt. (Wenn Du die Gelegenheit hast, meine Liebe, sieh Dir Band 3 des stenographischen Berichtes des Kongresses der Regierungskörperschaften 1953 an, und du wirst – nach Shimshon Groidiss' langer und langweiliger Tirade – meine Rede über das Thema finden, die, ich glaube, von ungefähr Seite 420 bis Seite 500 läuft.) Dennoch bestand ich diesmal hartnäckig darauf und unterrichtete Herrn Hassidoff davon, daß ich ohne Rücksicht auf die mangelnde Unterschrift zu wissen wünschte, mit was für Material er seinen schönen Kuhstall erbaut habe. Herr Hassidoff antwortete mir, daß er nicht zu antworten bereit sei, solange er nicht wisse, wer den Brief geschrieben habe.

Von einem gewissen Gesichtspunkt aus schien er recht zu haben, daher lud ich unverzüglich den Polizeichef ein, in die Ratskammer zu kommen, und wies ihn an, mit Hilfe seines klugen Hundes Satan eine Untersuchung einzuleiten. Gleichzeitig deutete ich ihm meinen Verdacht an, daß sich der Urheber des Briefes in Dorfratskreisen bewege und die ganze Beschwerde bloß ein Akt persönlicher Rache sei. Daher beschnüffelte Satan den anonymen Brief, richtete seine Schnauze sofort auf den Boden und kletterte treppauf. Zu meinem großen Erstaunen ging Satan geradewegs in mein Zimmer. Einige Minuten später kam mein Zimmergenosse, der Polizist, mit seinem Hund wieder herunter und berichtete mir, daß Satan ohne zu zögern zu dem Bett seines Herrn gegangen sei und darin zu scharren begonnen hatte. Somit enthüllte sich, daß der Polizist den Brief selbst geschrieben und ihn in einem unbemerkten Augenblick auf mein Bett gelegt hatte. Der Polizist verfaßte unverzüglich eine Niederschrift des Kreuzverhörs entsprechend den Vorschriften, und es ist mir ein Vergnügen, einige Zeilen wie folgt aus der Niederschrift wörtlich zu zitieren, wegen ihres seltsamen Charakters:

ICH: Warum habe ich diesen Brief geschrieben?

DER BESCHULDIGTE: Weil es ekelhaft ist, wie sie Dorfgelder stehlen.

ICH: Kann ich beweisen, daß der Barbier den Zement gestohlen hat?

DER BESCHULDIGTE: Was ist das für eine Frage? Wenn ich es beweisen könnte, hätte ich den Brief unterschrieben – stimmt's?

ICH: Habe ich den Brief aus privater Rachsucht oder so etwas geschrieben?

DER BESCHULDIGTE: Das verstehe ich nicht.

ICH: Ich auch nicht.

Nachdem das seltsame Protokoll öffentliches Gut geworden war, wandte ich mich wieder an Herrn Hassidoff und begründete meine Forderung mit seiner vorangegangenen Erklärung, in der er versprochen hatte, den Fall der Erbauung des schönen Kuhstalls zu erklären, sobald der Verleumder identifiziert sei. Der Bürgermeister lehnte es jedoch ab, sich mit der Frage zu beschäftigen, mit der Behauptung, daß der Polizist geistig labil sei, da er Selbstgespräche führe, so daß seine Verleumdungen den Bürgermeister nicht im mindesten beleidigen könnten. Persönlich stimmte ich bereitwillig mit ihm überein, daß der Polizeichef zu lästiger Zurückgebliebenheit neigt, gleichzeitig aber unterstrich ich, daß die Affäre einer Klärung bedürfe. Ich wies die Abgeordneten auf die Wichtigkeit der Reinheit im öffentlichen Leben in unseren Zeiten hin und warnte sie, den Leuten einen Vorwand zu verschaffen, selbst wenn es nur eine lächerliche, völlig unbegründete Erfindung sei. Als ich endete, nahm der fünfköpfige Untersuchungsausschuß seine Tätigkeit wieder auf und im Prinzip meinen Vorschlag an, eine neutrale Persönlichkeit aus den Kreisen der Dorfbewohner als Rechnungsprüfer des Dorfrats zu ernennen, so daß dieser überprüfen könne, ob die Beschwerden gerechtfertigt waren. Um diese

Stellung auszufüllen, schlug ich Hermann Spiegel vor, der den Eindruck macht, streng und gerecht zu sein. Wenige Tage später wurden ihm die Dokumente der Hassidoff-Affäre übergeben. Als der Rechnungsprüfer sein Amt antrat, versprach er dem Dorfrat in einer Plenarsitzung, daß er nicht nachlassen würde, bis er die Wahrheit in der Angelegenheit aufgedeckt habe. Als er mit seinem obenerwähnten Versprechen fertig war, brachen alle Räte in herzlichen Beifall aus, und jeder von ihnen, einschließlich des Herrn Hassidoff, kamen zum Rechnungsprüfer, um ihm Glück zu wünschen und die Hand zu drücken. Überdies segnete ihn der Schächter, Herr Sfaradi, mit dem Erlösersegen.

Ich erinnere mich nicht genau, ob ich Dich, Gula, während Deines kurzen Aufenthaltes im Dorf mit dem Tierarzt bekannt gemacht habe. Herr Spiegel ist eine pedantische westdeutsche Persönlichkeit, die alle ihre beschränkten Fähigkeiten zur Lösung des Geheimnisses ins Spiel warf. Die ersten Schritte des Rechnungsprüfers waren jedoch nicht allzu erfolgreich, weil der Bürgermeister in seiner Zusammenarbeit mit Herrn Spiegel etwas zurückhaltend war, aus Gründen, deren Logik nicht leicht zu durchschauen ist. Das Folgende ist die Niederschrift eines Teils des Berichts Nr. 1, verfaßt vom kommunalen Rechnungsprüfer über diese Angelegenheit:

FRAGE: Herr Hassidoff, warum endete der Bau Ihres Büros mit dem Gießen der vier Pfosten?

ANTWORT: Weil das Baumaterial, das wir gekauft hatten, inzwischen ausgegangen war.

FRAGE: Warum ging es aus, Herr Hassidoff?

ANTWORT: Weil es nicht genügte.

FRAGE: Wo haben Sie genügend Zement herbekommen, Herr Hassidoff, um Ihren Kuhstall zu erbauen?

ANTWORT: Ich hatte es.

FRAGE: Woher, Herr Hassidoff?

ANTWORT: Ich weiß sehr gut, wer an einer solchen Frage interessiert ist.

FRAGE: Herr Hassidoff! Wie erklären Sie es, daß einerseits der Zement für das Gemeindeamt verschwand und daß andererseits Sie einen Kuhstall mit Material bauen, von dem Sie nicht sagen können, wo Sie es gekauft haben?

ANTWORT: Ich werde dem Schuhflicker vor den Bürgermeisterwahlen kein Material gegen mich verschaffen, das verspreche ich Ihnen.

Und so weiter, neun Seiten lang, bis der Verdacht des Herrn Hassidoff, daß seine Worte beim Wahlkampf gegen ihn verwendet werden könnten, endlich beschwichtigt war und er eine eingehende Zeugenaussage lieferte, die Licht auf die ganze Affäre warf:

»Eines Nachts gehe ich schlafen«, so beginnt die Zeugenaussage des provisorischen Bürgermeisters, »und um Mitternacht, da taucht plötzlich in meinem Traum ein sehr alter Zwerg auf, vielleicht neun Zoll hoch, alles in allem, der einen Turban trägt. Sein langer Bart ist ganz rot, und seine Augen sind wie Kohlen. Dann läutet er dreimal mit einer Glasglocke und sagt zu mir: ›Salman Hassidoff, gehe in einer dunklen, mondlosen Nacht, dann, wenn der Hahn zu krähen anfängt, zum Kreuzweg des Dorfes, wo die drei Pappeln stehen, und grabe unter den Wurzeln des mittleren Baumes nach. Einen halben Meter tief‹, fuhr der uralte Zwerg fort, ›wirst du ein Kästchen voller Tnuvascheine finden. Nimm sie und baue dir mit ihnen zum Ruhm des Dorfes einen Kuhstall.‹ So sprach der alte Zwerg, und ich wußte wirklich nicht, was ich ihm sagen sollte. ›Meister‹, fragte ich ihn. ›Warum schenkst du mir einen solchen Schatz?‹ Da antwortete mir der Alte: ›Weil du der Bürgermeister bist‹, und er läutete wieder mit seiner Glocke und verschwand. Als ich in der Früh aufwachte, glaubte ich den Traum nicht. Aber dann wurde ich neugierig, und in einer mondlosen Nacht, als der Hahn krähte, ging ich zu den drei Pappeln, und unter der mittleren fand ich ein Vermögen. Ich nahm es und erfüllte den Befehl des Zwerges mit dem Kuhstall.«

Frage: Haben Sie irgendeinen greifbaren Beweis, daß das, was Sie sagen, wahr ist, Herr Hassidoff?

Antwort: Natürlich. Jeder kann kommen und den Kuhstall sehen, den ich gebaut habe.

Verzeih, bitte, Gula, daß ich Dir so ausführlich beschreibe, wie sich die Dinge entwickelt haben, aber ich will wirklich, daß Du die Kräfte voll verstehst, die mich gezwungen haben, diese Hinterwäldler so schnell wie möglich zu verlassen. Nun, wie Du oben gelesen hast, wäre die Aussage Herrn Hassidoffs über den Ursprung seiner Mittel glaubhaft gewesen, wenn nicht die Sache mit dem Glockenläuten gewesen wäre, die mich staunen ließ, denn ich konnte keinen Sinn und Verstand für diese Handlung seitens des uralten Zwerges finden. Trotz alledem hätten wir uns dennoch von der Hassidoff-Affäre den täglichen Angelegenheiten zugewandt, hätte es nicht die Wachsamkeit des Herrn Spiegel gegeben, die ich hier als lobenswert vermerke.

Was ich meine, ist, daß die Aussage Herrn Hassidoffs den Rechnungsprüfer des Dorfrats nicht befriedigte und er deshalb beschloß, der Sache nachzugehen. Daher erhob er sich in einer entsprechenden Nacht beim ersten Hahnenschrei und ging zum Kreuzweg, wo er – nur zwei Pappeln vorfand! Verständlicherweise widerlegte und zerstörte das alle Behauptungen des Bürgermeisters. Er hatte sich widersprochen; denn man kann nun einmal nicht feststellen, welcher von zwei Bäumen der mittlere ist. Daraus ersiehst Du, daß jede Lüge kurze Beine hat und entdeckt wird.

Der Rechnungsprüfer des Dorfrats hielt seine Entdeckung absolut geheim, um die Verdächtigen nicht im voraus zu warnen, und setzte seine Untersuchung fort, obwohl er seine Taktik änderte. Einmal, in einer besonders schwülen Nacht, als ich in den Garten hinunterging – wie das meine Angewohnheit ist, um in der strohgedeckten Hütte etwas frische Luft zu holen –, bemerkten wir plötzlich eine schwarze Silhouette, die verstohlen zum Fenster des Barbiers kroch, durch das noch immer Licht schien, sich aufrichtete – und die Ohren an die Fensterläden preßte.

Kurz und gut, am nächsten Tag berief ich auf ausdrückliches Ersuchen des Rechnungsprüfers den Dorfrat zu einer Notstandssitzung ein und erteilte Hermann Spiegel das Wort, dessen Zittern seine stürmische Geistesverfassung anzeigte. Nun, Geliebte meiner Seele, was uns der Rechnungsprüfer enthüllte, genügte, daß einem die Haare zu Berge standen. Der Rechnungsprüfer hatte – wie er es ausdrückte – jener Nacht ein offenes Ohr geliehen und gerade jenen Teil eines Zwiegesprächs zwischen Herrn Hassidoff und seiner Gattin erlauscht, in dem Frau Hassidoff ihren Gatten schalt, weil er Mischa, dem Polizisten, nicht einen Sack Zement angeboten hatte, da es auf diesen Sack ohnehin nicht mehr angekommen wäre, weil der Barbier bereits drei Säcke dem Schuhflicker und je einen dem Wirt, dem Schächter und dem Schneider gegeben hatte. Andererseits, behauptete Frau Hassidoff, hätte der Zement dem Polizisten den Mund versiegelt, und alles wäre nie so weit gekommen.

Die scharfen Worte des Rechnungsprüfers legten den Abgeordneten ein Hindernis in den Weg. Tiefes Schweigen herrschte in der Ratskammer. Schließlich stand Herr Hassidoff auf und sprach sehr scharf zu Herrn Spiegel. »Das ist Spioniererei!« rief der provisorische Bürgermeister. »Das ist das Niedrigste auf der Welt: An einem geschlossenen Fenster horchen!« Der Dorfschächter stimmte Herrn Hassidoff unverzüglich zu und erklärte, daß »ein Ohr leihen« eines der ernstesten Kapitalverbrechen sei, weil es eine Art geistigen Diebstahls sei, für den rabbinische Gerichte schon mehr als einmal schwere Urteile verhängt hatten.

Die Situation war wirklich äußerst heikel. Dem Rechnungsprüfer des Rats gelang es nicht, sich angesichts der Beschuldigungen zu verteidigen, die von allen Seiten auf ihn herunterprasselten, und er konnte nur monoton den einen Satz wiederholen: »Zugegeben, ich habe eine schändliche Tat begangen, aber der Herr hat trotzdem Zement gestohlen!« Seine Worte wurden jedoch von dem allgemeinen Geschrei verschluckt. »Wichtigmacher! Kleiner Angeber!« schrie Ratsherr Ofer Kisch den Rechnungsprüfer auf Bauernart an. »Solche Leute gehören eingesperrt!« Die Frau des Barbiers, Frau Hassidoff, konnte ihre Wut nicht beherrschen und erkundigte sich, wie es denn käme, daß der Dorfzement Hermann Spiegel etwas angehe, und warum Hermann Spiegel den Dorfrat mit persönlichen Angelegenheiten belästige? »Drei bildschöne Kühe sind mir letztes Jahr eingegangen, wegen Ihrer miesen Behandlung«, wurde jetzt auch der Schuhflicker hysterisch. »Warum reden Sie nicht davon, Spiegel?«

So schalten die Räte den Rechnungsprüfer immer wieder wegen seiner Unloyalität dem Vertrauen gegenüber, das sie zu ihm gehabt hatten, und daß er seine Stellung dazu mißbraucht habe, die Stellung des Dorfrats absichtlich zu unterminieren. Der arme Spiegel versuchte, sich zu verteidigen und sie daran zu erinnern, daß sie ihn gebeten hatten, die Wahrheit der Hassidoff-Affäre zu enthüllen. Aber seine Bemühungen waren umsonst, und er war gezwungen, die Kammer beschämt und schnellen Fußes zu verlassen, um Huliganismus zu vermeiden. Der Untersuchungsausschuß wurde unverzüglich zusammengerufen. Er zog auf der Stelle die Ernennung des Tierarztes zurück und beauftragte das Ausschußmitglied Ofer Kisch, mit der Untersuchung fortzufahren.

Nunmehr, Gula, siehst Du sicherlich meine besondere Situation als Vorsitzender des Provisorischen Dorfrats. Einerseits verstehe ich die Stimmung der Abgeordneten völlig – Hermann Spiegels Spionieren hatte ihre Wut geweckt. Schnüffeln ist, gleichgültig unter welchen Umständen, immer ekelhaft. Aber andererseits bin ich bekannt für meine feste Haltung in allem, was den Puritanismus in unseren Zeiten betrifft. Also erhob ich mich und verurteilte das Benehmen des Rats einem Mann gegenüber, der einfach seine Pflicht getan hatte. Ich erklärte den Abgeordneten, daß sie, die Spitzen des Volkes, vom Eigentum des Volkes nicht einmal einen Faden oder ein Schuhband nehmen dürften, besonders wenn eine so fragwürdige Regelung völlig unnötig gewesen war, denn wir hätten gesetzesmäßig eine anständige Menge Zement und verschiedenen Materials für den Bürgermeister und die übrigen Abgeordneten in Form eines Vorschusses auf ihre zukünftige Pension oder so irgend etwas im Budget untergebracht. Jedoch – das machte ich klar – darf ein Vertreter öffentlicher Angelegenheiten niemals in Handlungen verwickelt werden, die sein Image verderben könnten.

Stelle Dir vor, Gula-Liebling, daß gerade in diesem Augenblick der Barbier – dieses Lästermaul – aufsteht, mich unverfroren unterbricht und mich schamlos fragt: »Was für ein Recht haben Sie, Herr Ingenieur, sich in die internen Angelegenheiten des Dorfrats einzumischen, und wer hat Sie, Herr Ingenieur, eigentlich eingeladen, nichtöffentlichen Sitzungen beizuwohnen?« Nicht nur das, aber der Schuhflicker, Herr Gurewitsch, beleidigte mich ebenfalls gröblichst: »Das Willkommen eines Gastes hat seine Grenzen«, und sie seien keine Säuglinge mehr und brauchten daher keinen Lehrer und so weiter.

Da alle Abgeordneten diesen zwei hochstaplerischen, unverschämten Kerlen gegenüber loyal waren, die übrigens unfähig sind, ohne mich auch nur einen Finger zu rühren, stand ich schweigend auf und erledigte sie mit dem Ausspruch: »Wehe dem Dorfe, das Amitz Dulnikker so behandelt!« Worauf ich hochaufgerichtet zu meinem Bett hinaufstieg.

Es wird Dir daher jetzt klar sein, Gula, warum es zwingend notwendig ist, daß ich aus diesem stinkenden Loch herauskomme. Es ist schwer für mich, die vergiftete Luft dieses Nestes von Huliganen zu atmen, die mir so unverschämt Trotz bieten. Mein Fall ist jedoch ähnlich dem vieler Baumeister der Gesellschaft. Ein Mann versucht, rückschrittliche Massen auf ein anständiges Niveau zu heben, obwohl er immer alles selber machen muß. Und letzten Endes wird er von seinen Schützlingen mit Füßen getreten, genau wie Julius Cäsar und alle Habsburger, glaube ich. Außerdem sind die ersten Herbstregen gefallen, und im Dorf ist es plötzlich kalt geworden. Ich bin in meinem Zimmer mit meinen Gedanken eingeschlossen und komme in keinen Kontakt mit Menschen, denn ich habe mich von der schmutzigen Wirklichkeit entfernt und betrachte weltliche Angelegenheiten als eitlen Wahn. Au revoir, Geliebte meiner Seele, ich warte auf Dich.

Dein
Dulnikker

P. S. Bring Reporter mit!

Dulnikker versiegelte den Umschlag, schrieb seine eigene Adresse darauf und übergab ihn seinem vertrauenswürdigen Freund, dem Tnuva-Chauffeur, mit dem ausdrücklichen Ersuchen, er möge das Schreiben so bald wie möglich Frau Dulnikker aushändigen. Er betonte dem Chauffeur gegenüber, es dürfe unter keinen Umständen im Dorf bekannt werden, daß er einen Brief abgesandt habe, weil die Dorfbewohner dem Schreiben wahrscheinlich alle möglichen irrigen Bedeutungen zumessen würden.

Es war zu sehen, daß der Chauffeur die »heikle Situation« gut verstand.

»Verlassen Sie sich auf mich, Herr Dulnikker«, versicherte er dem Staatsmann, als er den Umschlag in seine Mappe steckte. Gleich darauf eilte der Chauffeur zum Barbier hinüber und legte ihm den Brief mit dem Ausdruck seiner Hoffnung vor, daß sie, der Barbier und seine Frau, daran interessiert sein würden, ihn zu lesen, bevor er ihn bei der angegebenen Adresse ablieferte. Zur Ehre des Chauffeurs sei gesagt, daß es Gott behüte nicht grundloser Haß war, der sein Handeln lenkte. Er versuchte bloß, seine geschäftlichen Bande mit dem Bürgermeister mit dieser freundlichen Geste zu festigen, denn letzterer hatte in letzter Zeit die Liste der verlangten Waren absolut willkürlich zusammengestellt.

Herr Hassidoff und Gattin öffneten hastig den Umschlag und lasen aufmerksam den Brief.

»Siehst du, Salman«, klagte Frau Hassidoff, als sie fertiggelesen hatte, »da hat man den Dank, wenn man gut zu den Menschen ist. Dem Ingenieur geht es großartig in unserem Dorf, er frißt und säuft wie ein Nilpferd, und am Ende bewirft er uns mit Schmutz und will weglaufen. Ich sage dir, Salman, euch Politiker sollte man alle miteinander prügeln.«

Geistesabwesend nahm der Barbier ein Streichholz und verbrannte den Brief. Salman Hassidoff war in den letzten Tagen nervös. Die Last des Herrschens lag schwer auf seinen Schultern und verursachte ihm gelegentlich ein seltsames Stechen im Magen, das ihm einen sauren Geschmack im Mund hinterließ. Die Leute redeten aus eifersüchtiger Kleinlichkeit ständig über ihn, und es kamen ihm alle möglichen erfundenen Berichte zu

Ohren, die von Mund zu Mund gingen, über einen gewissen Kuhstall und den Dorfzement und den Tierarzt, der anscheinend sein Partner beim Stehlen sei, und ähnliche Aussprüche, von denen nur der Herrgott selbst wußte, von wem sie ausgingen. Die Untersuchungen der Angelegenheit war bereits aus Mangel an Beweisen fallengelassen worden; aber ehrlich gesagt war der Rechnungsprüfer des Dorfrats, Ofer Kisch, nicht imstande gewesen, sich der Aufklärung der Affäre voll zu widmen, weil sich die Zahl der Aufträge seitens der Dorfräte für verschiedene Schneiderarbeiten in letzter Zeit infolge der Zunahme an Gegenabstimmungen erhöht hatte. In der öffentlichen Meinung des Dorfes konnte man jedoch ein gewisses Gefühl passiver Opposition gegen den Dorfrat wittern. »Wer von uns hat eigentlich diese Führer ausgesucht?« pflegten einander die Dörfler sehr überrascht zu fragen. »Wie ist das plötzlich so gekommen, daß sie uns Befehle geben und wir auf sie hören? Warum?« Und mehr noch, die Bauern verbrachten tagelang Stunde um Stunde unter den Bäumen auf der Straße neben dem neuen Kuhstall des Barbiers, ohne die Augen von den geschlossenen Fenstern zu wenden, hinter denen die tägliche Ratssitzung stattfand. Diese Bauern sagten: »Verflucht noch einmal! Wie lange können sie noch drinnen sitzen, ohne einen Finger zu rühren, während die Kümmelfelder furchtbar vernachlässigt werden?«

Die Räte spürten die Kritik auch, aber sie hätten sich keinen Deut darum geschert, wenn nicht die Wahlen immer näher gekommen wären, die jetzt nur noch drei Wochen fern waren. Als ihnen das klar wurde, warfen sie in einer Sitzung die praktische Idee auf, daß man etwas Gutes durchführen müßte, etwas, das die allgemeine Wertschätzung der legal eingesetzten Dorfführung heben würde. Zu dieser Zeit fungierte als Vorsitzender der Sitzungen – anstelle des Ingenieurs, der sich zurückgezogen hatte – ein neuer, verhältnismäßig junger Mann, Zemach Gurewitschs Schwiegersohn, der für diesen hohen, stundenweise bezahlten Posten ernannt worden war (auf Empfehlung des Schuhflickers). Die meisten Mitglieder des Provisorischen Dorfrats behaupteten, daß Gurewitsch grenzenlos frech sei, aber nicht einer stimmte gegen die Ernennung des Krankenwärters, weil der Vorsitzende keine Stimme besaß und außerdem seine Macht darauf beschränkt wurde, Vorschläge zu machen.

»Herr Krankenwärter«, wandten sich nun die Räte an den Vorsitzenden, »wie setzt man eine eindrucksvolle Tat?«

»Im allgemeinen macht man was Soziales.«

»Warum gerade Soziales?« fragten die Auserwählten. »Was heißt das?«

»Das ist eine Art ›Liebe-deinen-Nächsten‹-Programm«, erklärte Zev mit großem Vergnügen, »das allerlei Wohltätigkeiten beinhaltet, wie zum Beispiel kostenlose ärztliche Behandlung, kostenlosen Schulbesuch, Massenbesuche in Museen und ähnliches auf Kosten der Regierung.«

»Nix gut«, meinte der Barbier, »wenn sie den Tierarzt nicht bezahlen müßten, wären sie alle krank.«

»Andererseits haben wir bereits kostenlosen Unterricht«, verkündete der Schächter. »Bezahlung ist das schwer zu nennen, was mir die Eltern geben.«

»Und Museumsbesuche auf Kosten des Dorfrats würde sie nicht reizen, weil sie nicht wissen, was ein Museum ist«, meinte der Schuhflicker. »Ich habe eine Idee. Kinder sind uns teurer als alles sonst, daher soll der Rat dem Großvater jedes Neugeborenen ein großes Geschenk oder Bargeld geben.«

»Kommt überhaupt nicht in Frage!« erwiderte Elifas. »Das betrifft nur einen äußerst beschränkten Kreis, Herr Krankenwärter, Sie kommen aus der Stadt. Was hat man dort vor der Bürgermeisterwahl getan?«

»Daheim?« Der Sekretär wurde nachdenklich. »Daheim haben sie jedem Kleinen kostenlos ein Glas Milch gegeben. Aber«, fügte er hinzu, »das war in der Stadt, wo es nicht genug Milch gibt, nicht so wie hier auf dem Dorf.«

»Im Gegenteil!« Die Abgeordneten waren begeistert. »Das ist das beste an dem ganzen Handel. Hier ist es kein Problem, Milch für die Kinder zu bekommen, weil jeder Bauer mindestens eine Kuh besitzt.«

Die Räte beglückwünschten einander und beeilten sich, zu versichern, daß ›dieser Tag den Wendepunkt im Leben des Dorfes bezeichnet‹. Aber der Schneider war schon wieder siebengescheit, wie das seine Gewohnheit war.

»Wir stehen vor einer ganz anderen Frage«, behauptete der Steueraufseher. »Woher nehmen wir das Geld, um die zu verteilende Milch zu bezahlen?«

»Wo ist da ein Problem?« wollte der Barbier wissen. »Im Dorf hier wohnen, soweit ich weiß, nicht weniger als zwölf Bürger, die dreitürige Kleiderschränke besitzen, und wir können die benötigte Summe einfach von ihrem Tnuva-Konto abziehen.«

»Nur elf«, verbesserte Ofer Kisch die Zahl der Steuerpflichtigen und erzählte dem versammelten Dorfrat die Geschichte von dem »Dreitürnik«, der den Dörflern heimlich den Rest seiner Habe verkauft hatte und seit zwei Tagen samt seiner Frau verschwunden war, da sie sich gerüchteweise in einer Höhle im Berg versteckten. Die Sache war immer ungeklärt, aber der Steueraufseher hatte seine Schlüsse auf kurze Sicht gezogen und sofort die Einstufung der einmaligen Zahlungen bei den Übriggebliebenen um ein Zwölftel erhöht.

»Aber meine Herren!« Der Vorsitzende zeigte sich der Situation gewachsen. »Wo steht geschrieben, daß wir Geld aufbringen müssen, um das Projekt zu finanzieren? Verlangen wir doch einfach, daß jeder Bauer den Dorfrat täglich mit einer Tasse Milch für die Dorfkinderchen versorgt.«

»Ausgezeichnet!« rief Elifas Hermanowitsch begeistert, »aber ich schlage vor, zwei Tassen Milch zu verlangen, weil beim Transport sicher eine Menge verschüttet wird.«

»Und noch etwas«, mischte sich der Vorsitzende ein. »Es hat keinen Sinn, daß alle Bauern Milch hergeben. Ich schlage vor, wir verlangen sie nur von denen, die kleine Kinder haben.«

Daher dauerte es nicht lange, bis in Vorbereitung des Projektes »Kostenlose Tasse Milch für jedes Kind durch Gemeindekanäle« vom Dorfapparat die Registrierung von Kleinkindern in Angriff genommen wurde. Gleichzeitig erhielten jene Bürger, die die Hände voller Kleiner hatten, eine schriftliche Anweisung vom Gemeindesekretariat, daß sie allmorgendlich dem Schächter in seinem Haus zwei Tassen frischer Milch zu überbringen hätten. Dann würde Ja'akov darauf sehen, daß der Ratsbote früh aufstand und Tablett um Tablett voller Milchtassenreihen austrug und sie den Kindern ins Haus zurückbrachte, eine Tasse pro Kopf.

»Siehst du, Hühnchen«, sagte der neue Vorsitzende unter laut kreischendem Gelächter zu seinem zärtlichen Weibchen, »so muß man den dumpfen Massen den sozialen Fortschritt aufzwingen.«

»Du bist genauso schlimm wie eh und je«, klagte Dwora. »Du machst dich einfach über alles lustig.«

»Was erwartest du von mir, das ich sonst hier tun soll?« Der Sekretär wurde plötzlich ernst und streckte sich mit einem traurigen Stöhnen auf seinem Bett aus, wie ein Löwe im Käfig eines fremden Zoos.

Das Sozialmilchprojekt rief nur vereinzelte Zusammenstöße zwischen ein paar Rebellen und der Polizeimacht hervor, zu der der Hund Satan gehörte. Diese Vorfälle entwickelten sich nicht zu allgemeinen Tumulten, weil außer dem vorerwähnten Projekt die Bürger keinen Grund zur Klage hatten. Ja, mehr noch, es hatte ganz den Anschein, daß für Kimmelquell das Goldene Zeitalter begonnen hatte.

Das Goldene Zeitalter wurde praktisch durch Ja'akov Sfaradi eröffnet, der eines strahlend schönen Tages damit begann, eine Bezahlung für das Schlachten von Hühnern abzulehnen. Ein gottesfürchtiger Mensch, sagte er, dürfe kein Geld von Juden annehmen, die bei den Gemeinderatswahlen für ihn stimmten – aus welchen Worten die Leute schlossen, daß sie anscheinend für den Schächter stimmen sollten.

Eine Weile später stellte der Schneider vorübergehend die Einhebung der örtlichen Steuern ein. Statt dessen tanzte er kostenlos bei Privatgesellschaften und gelegentlich sogar ohne eine Gesellschaft – einzig aus glühender Bruderliebe. Aber jedermann war sicher, da sich der Schächter und der Schneider falschen Hoffnungen hingaben, da der Kampf, was das Bürgermeisteramt betraf, zwischen den zwei Riesen des Kampfringes ausgefochten werden würde: dem Barbier und dem Schuhflicker.

Zur Zeit war die Situation Gurewitschs einfach miserabel. Nachdem Hassidoff begonnen hatte, seine frisch getrimmten Kunden mit dem erfreulichen Satz in den Ohren zu verabschieden, »um die finanzielle Seite kümmern wir uns später«, begann ein plötzlicher Schuhstrom in die Werkstatt des Schuhflickers zu fließen, ein ständig wachsender Zustrom sämtlicher Schuhe im Dorf, die zerrissen oder sonst reparaturbedürftig waren. Zum großen Kummer Gurewitschs begann sein alter Herr – just in dieser Zeit – ärgerliche Symptome geistigen Verfalls zu zeigen, als er seinem Sohn verkündete, daß auch er einen Ausflug über die Grenzen des Dorfes hinaus machen wolle, bevor er zu seinen Vätern versammelt würde.

Der Schuhflicker war geteilter Meinung; derjenigen des Gurewitsch-Sohnes und derjenigen des Gurewitsch-Dorfratsmitglieds. Das heißt, der Repräsentant in ihm neigte zuzustimmen und den Ausflug zu erlauben aus Angst, daß der erzürnte alte Knabe vielleicht für den Barbier stimmen könnte; während der Sohn in ihm behauptete: »Genie! Und wer wird dann diesen ganzen Schuhmist richten?« Schließlich gewann der Sohn die Oberhand, und der Schuhflicker sagte zu Gurewitsch senior:

»Selbst obwohl du mein Vater bist, Papa, kann ich als Dorfrat einem gewöhnlichen Ausflug nicht zustimmen. Tnuva-Geld auszugeben ist nur im Dienst des Dorfes erlaubt.«

Aber Gurewitsch senior war von seinem Herzenswunsch völlig besessen und hatte seine Ersparnisse beim Schächter bereits zum Kurs von zwei Tnuva-Pfund für drei örtliche umgetauscht. Das führte den alten Herrn dazu, sich der etwas nebligen Lektion des Herrn Ingenieurs zu erinnern. Er hörte unverzüglich zu arbeiten auf, setzte sich auf seinen Schemel vor die Schuhflickerei in die milde Sonne des Frühwinters, drehte sich nach seinem hartherzigen Sohn um und sagte:

»Streik!«

Der Schuhflicker wurde mehr als wütend, daß ihn sein Vater in einer so schwierigen Zeit leiden ließ, aber aus angeborenem Stolz versuchte er nicht, ihn umzustimmen, sondern sagte nur:

»Schön, streike. Aber warum draußen?«

Das klang sehr vernünftig, daher ging der Alte wieder in die Werkstatt zurück und setzte seinen Streik am Tisch fort, indem er mit Volldampf arbeitete. Diese Wendung der Ereignisse erlaubte es dem Schuhflicker, sich einem neuen Projekt zu widmen, das das Lager des Barbiers wie ein unerwartetes Erdbeben erschütterte. Zemach Gurewitsch stichelte einen großen Ball aus Lederresten zusammen, auf den er mit weißer Ölfarbe malte: »Ein Geschenk des Schuhflickers an seine jungen Verehrer!« (»Wenn das seine eigene Idee ist, dann rasiere ich mit Schlagrahm!« bemerkte Hassidoff in seiner höllischen Eifersucht.) Der hübsche, leicht ovale Ball wurde seinen springlustigen Verehrern übergeben, die hinfort den Großteil ihrer Tage der Entwicklung ihres Talents fürs Kicken auf dem bequem gelegenen Terrain neben den Erdwällen widmeten.

Die Art, wie sich die Dinge entwickelten, hatte ihren Einfluß auf das Privatleben der Bürger. Es mag genügen zu erwähnen, daß im Laufe der Zeit der Wächter des Lagerhauses systematisch alle schmackhaften Brieftauben briet und aß, da der Tnuva-Lastwagen nunmehr ohnehin häufige Rundfahrten machte, fast schon nach einem festen Fahrplan. Die Gewinne des Chauffeurs aus den Importen nach Kimmelquell überstiegen seinen Gewerkschaftslohn bei der Tnuva trotz der Tatsache, daß er verheiratet und höheren Dienstalters war. Der Chauffeur fuhr die Mitglieder des Provisorischen Dorfrats herum und schmuggelte sogar den »Dreitürnik« Nr. 12 und seine Familie zu ihrem unbekannten Bestimmungsort. Den Löwenanteil seines Einkommens bezog er jedoch aus persönlichen Bestellungen, die ihm unter völliger Geheimhaltung übergeben wurden.

Der Inhalt der Pakete, die er von draußen ablieferte, wurde im allgemeinen sehr schnell öffentliches Wissensgut und setzte jeweils ein großes Schäumen im Kommunalkessel in Gang. Nach Elifas Hermanowitschs Rückkehr aus Jerusalem, wo er als Dorfvertreter für den Ankauf einer Sodawasser-Maschine zwei Tage verbrachte, wurden sich die Bauern plötzlich bewußt, daß von Malka, der Wirtsfrau, ein zarter Duft ausging. Nicht nur, daß sie selbst ein so angenehmes, befriedigendes Aroma ausströmte, aber sie ließ auch, wenn sie durch die Straße ging, Duftwolken hinter sich, die in der Luft schwebten und in den Nasenflügeln der übrigen Damen des Dorfes eine gefährliche Herausforderung hervorriefen. Selbst dem störrischsten Gatten blieb nichts anderes übrig: Er mußte zum Tnuva-Chauffeur schleichen und heimlich etwas von diesem begehrten Parfüm bestellen. Später begab es sich, daß Frau Hassidoff die Verehrer des Bürgermeisters samt Gattinnen zu sich einlud – ein Brauch, der nach der Auflösung der samstagabendlichen Dorfrunde beliebt geworden war – und siehe: Sie servierte ihren Tee nicht in Gläsern, sondern in neiderweckenden weißen Porzellantassen. Ist es ein Wunder, daß nach einem solchen Vorfall der Lastwagen kleine Kartons mit der Schablonenaufschrift »VORSICHT!« und »ZERBRECHLICH« ablieferte? Und Gott sei Dank konnten es sich die Bauern leisten, es fehlte ihnen nicht an Geld, dank der diesjährigen katastrophalen Kümmelernte.

Aus irgendeinem Grund begannen die Frauen im Leben von Kimmelquell eine wichtige Rolle zu spielen.

»Höre, Salman«, sagte Frau Hassidoff eines Abends mitten im Fegen, »ich möchte wirklich gern wissen, ob du errätst, was heute für ein Tag ist.«

»Heute?« Er kratzte sich die Glatze. »Keine Ahnung.«

»Dann sage ich es dir«, fuhr sein Weib leicht bewegt fort. »Heute vor genau zwanzig Jahren haben wir den Barbierladen eröffnet!«

Auch Salman Hassidoff spürte eine Art Verengung der Kehle; zwanzig Jahre sind schließlich zwanzig Jahre. Aber er nahm ein Stück Papier und rechnete etwas herum, wonach ihm klar wurde, daß die Zahl nicht ganz so rund war, da der Barbierladen vor genau neun Jahren, drei Monaten und siebzehn Tagen eröffnet worden war.

»Auch das ist eine lange Zeit!« erklärte Frau Hassidoff etwas ärgerlich. »Was für ein wunderbarer Gedenktag! Ich schwöre, Salman, wir sollten eine Feier veranstalten.«

»Sei kein Idiot, Weib!« Der Barbier hob die Stimme. »Ich weiß, was du im Sinn hast! Schlag dir das aus dem Kopf.«

Dulnikker blieb vor dem Luxuskuhstall des Barbiers stehen, ging den perfekt gepflasterten Weg hinauf und las sehr erstaunt die riesige Bekanntmachung, die auf die der Straße zugekehrten Wand geschrieben war:

Kommenden Samstag Abend wird das Dorf den 20. Jahrestag der Gründung des Friseurgeschäftes unseres geliebten Bürgermeisters Ingenieur Salman Hassidoff feiern! Die Feier wird auf dem Grund des Kulturpalastes stattfinden. Jedermann willkommen.

Es grüsst: Friseurgeschäft Kimmelquell

Diese Ankündigung hatte die Passanten in den letzten paar Tagen ständig geblendet, aber aus irgendeinem Grund machte der Schuhflicker keinen Versuch, sie zu entstellen oder zu übertünchen; er hatte sich nur damit zufrieden gegeben, zwischen »geliebten« und »Bürgermeisters« »zeitweiligen und kahlen« drüberzuschreiben und einzufügen.

Der Staatsmann studierte das grelle Plakat, und sein eingesunkenes Gesicht wurde traurig. Einen langen Tag nach dem anderen in sein Zimmer eingesperrt wie ein Einsiedler, hatte Dulnikker darauf gewartet, daß die Dorfbewohner kommen und sich bei ihm entschuldigen würden für die Schande, die sie über sich gebracht hatten, indem sie auf ihren Lehrer und Meister verzichtet hatten. Jedoch vergeblich, niemand war bereit, zu Kreuz zu kriechen, und der Staatsmann fühlte sich in seiner absoluten Isolierung vergessen wie der Schnee vom Vorjahr auf den Höhen des Libanon. Schließlich trat er im sanften Schein der Sonne wieder auf die Straße. Die Männer grüßten ihn mit einem leichten Kopfnicken, so wie sie es in seinen ersten Tagen im Dorf getan hatten. Das regte jedoch den Staatsmann jetzt nicht mehr auf, denn er wußte, daß Gula bestimmt unterwegs war und ihn bald wieder in die Welt mehr oder weniger normaler Menschen bringen würde.

Einen kurzen Augenblick lang fühlte Dulnikker einen tobenden Haß gegen seinen ehemaligen Sekretär in sich aufwallen, denn wenn es diesem gelungen wäre, seine seinerzeitige Flucht mit größerer Pfiffigkeit zu bewerkstelligen, dann wäre der Staatsmann schon längst wieder in seinem bequemen Büro in Tel Aviv gesessen ...

Ein leichter Schlag auf seinen Schädel weckte den Staatsmann aus dem hypnotischen Zug seiner traurigen Gedanken. Als er zwei weitere Schläge, diesmal auf seinem Rücken, spürte, drehte er sich verwirrt um und bemerkte Majdud und Hajdud auf den Bäuchen hinter einem dicken Eichenstamm, wie sie aus ihren Schleudern ein Dutzend kriegslüsterne Lümmel mit Kies überschütteten, die hinter dem Haus hervor auf sie feuerten.

»Vorsicht, Ingenieur!« schrien ihm die Zwillinge zu. »Sie sind in der Feuerlinie! Rennen Sie!«

Die Angreifer eröffneten neuerlich das Feuer, und auch ihre Steine trafen den Staatsmann. Kühn drohte Dulnikker den Wilden:

»Was heißt das? Ihr benehmt euch wie Straßenbälger! Ich verlange, daß ihr sofort aufhört!«

»Hauen Sie ab, Ingenieur!« riefen die Kleinen im Chor. »Sie sind uns im Weg! Hauen Sie ab, schnell! Sind Sie taub? Abhauen!«

Dulnikker trat von einem Fuß auf den anderen, verwirrt und aufgebracht. Einmal, bei einer Massenversammlung in Frankreich, hatten in Huligane mit zahllosen verfaulten Tomaten beworfen, aber die Kinder daheim hatten ihn noch nie mit etwas beschossen. Majdud – der mit Seniorat – stürzte unter großer Gefahr hinter der Barrikade hervor und zerrte den Staatsmann hinter die Bäume.

»Seien Sie kein Waisenkind, Ingenieur«, schrie er ihn nach der Rettung an. »Sehen Sie denn nicht, daß es so viele sind?«

»Wer sind diese Kinder?«

»Die Schuhflicker-Klasse.«

Dulnikker runzelte die Stirn: Er hatte keine Ahnung von der Veränderung der Werte, die im Erziehungssystem stattgefunden hatte. Zu Beginn jener schicksalhaften Woche hatte sich Salman Hassidoffs Söhnchen während des Mittagessens an seinen Vater, den Bürgermeister, gewandt und plötzlich gefragt:

»Papa, ist es wirklich wahr, daß der Schuhflicker der nächste Bürgermeister wird und wir dann eine Menge Wasser haben werden?«

Das Essen blieb Hassidoff im Hals stecken.

»Großartig! Vielleicht erzählst du mir, wo du das her hast?«

»Was für eine Frage! Aus der Schule.«

Frau Hassidoff stieß ein wildes Wutgeheul aus.

»Da hast du's, Salman! Jetzt siehst du's!« schrie die Frau mörderisch. »Dieser heuchlerische Schächter lehrte deinen eigenen Sohn für dein Geld, daß dieser hinkende Schuster der Messias ist! Da hast du's!«

Ohne seine Mahlzeit zu beenden, erhob sich Salman vom Tisch, und von einem stechenden Gefühl im Magen begleitet, rannte er wütend zum Schächter. Ja'akov Sfaradi begrüßte den Bürgermeister höflich und mit königlicher Herablassung. Die Bewegungen des Schächters waren seit kurzem gelassener geworden, und er schritt gemessenen Schrittes einher. Selbst sein Gesicht war dank verbesserter Ernährung etwas runder, sein Bart überraschend länger und seine Kleidung unter Ofer Kisches Bügeleisen frischer geworden. Und der Gedanke, einen berufsmäßigen Kantor von draußen herzubringen, gärte schon seit langem in ihm.

»Willkommen«, sagte Ja'akov Sfaradi zu seinem ehrenwerten Gast. »Nehmen Sie Platz.«

»Nehmen Sie gar nix!« griff ihn Hassidoff an. »Sie, meine Herren, zerstören Ihre Schüler, Sie verwandeln die Jugend in Schuhflickerniks, Sie machen meinen Sohn zu meinem Todfeind! Was soll das, wenn ich fragen darf?«

»Einen Augenblick, Herr Bürgermeister.« Der Schächter wich vor der väterlichen Wut zurück. »Nicht im Zorn, bitte. So einfach ist die Sache nicht. Was soll das alles? Täglich fragen die Kinder, wer Bürgermeister wird, warum er es wird, wann er es wird – und schließlich muß ich ihnen im Interesse der Gemeinschaft eine Antwort geben, stimmt's, Ingenieur Hassidoff?«

»Dann«, der Barbier wurde noch zorniger, »dann geben Sie Ihnen bitte die Antwort, daß der Barbier ewig Bürgermeister bleibt. In Ordnung?«

»Verlangen Sie so etwas nicht von mir, Herr Bürgermeister. Wenn ich Ihren Sieg im voraus prophezeien soll, wäre der Schuhflicker mit Recht böse, denn erst vor zwei Tagen schenkte er mir ein Paar Wildlederschuhe mit kleinen Löchern an den Seiten zwecks Lüftung.«

»Ich schwöre, was für eine Chuzpe!« Der Barbier kochte und hielt sich die Hand an den Bauch, den Partner seiner Wut.

»Vielleicht sagen Sie mir, Ja'akov Sfaradi, wer Sie täglich mit einem Quorum für Gebete versorgte, bevor Sie ein so großer Mann geworden sind? Und wer noch immer Ihren dreckigen Bart kostenlos trimmt?«

»Sie, Ingenieur Hassidoff«, erwiderte der Schächter. »Aber Sie müssen meine heikle Lage verstehen. Wenn Ihre Einstellung vorherrschen sollte, könnte Elifas Hermanowitsch morgen kommen und von mir verlangen, daß ich seine Zwillinge lehre, daß er – der Wirt – zum Bürgermeister gewählt wird, oder zumindest, daß er gewählt hätte werden sollen, als Dank, weil er mir für meine Überwachung kostenlos Mittagessen gibt! Ich kann keine getrennten Klassen für die Kinder sämtlicher Räte und ihrer Anhänger errichten.«

»Warum eigentlich nicht?«

Salman Hassidoff stieß auf keine Schwierigkeiten, die Abgeordneten dazu zu überreden, denn die dem Gedanken innewohnende Logik stand auf seiner Seite.

»Das ist der einzig mögliche Weg«, erklärte der Bürgermeister den Räten. »Nur so können wir es verhindern, daß unsere Kinder das Lob unserer Feinde hören. Selbst aus der Sicht der Kinder: Das wird die Raufereien zwischen ihnen beenden und einen günstigen Einfluß auf ihren Fortschritt in der Schule haben.«

Am nächsten Tag wurde die Registrierung der Kinder unter Leitung des jungen Vorsitzenden eröffnet. Das Gemeindesekretariat ersuchte die Eltern der Kinder, einen Fragebogen auszufüllen, in dem sie gebeten wurden, darauf hinzuweisen, welches Mitglied des Provisorischen Dorfrats ihrer Meinung nach am meisten recht hatte. (»Bitte unterstreichen Sie den Mann, der recht hat.«) Die Antworten dienten als Grundlage für die Zusammensetzung der Schulklassen. Der Schulklassenausschuß nahm Zevs Vorschlag an, daß sie in Zweifelsfällen – wo der Vater den einen Mann und die Mutter einen anderen für richtig hielt – den Geschlechtern angepaßt werden sollten: Das heißt, eine Tochter ging in die Klasse der Wahl ihrer Mutter, und ein Sohn folgte den Spuren seines Vaters. So kam es, daß der Schächter gezwungen war, außer den zwei größten Klassen, der Barbierklasse und der Schuhflickerklasse – die Zwillinge separat und eine zahlenmäßig begrenzte Gruppe strebsamer kleiner Schächter zu unterrichten. Zusätzlich wurde eine Klasse für die Sprößlinge der »Dreitürniks« errichtet, die ihre Kinder in schneidermeisterlichem Geist zu erziehen wünschten.

Am Tag nach dem Inkrafttreten der Erziehungsreform verwandelte sich die Dorfstraße in ein Schlachtfeld, und die einzelnen Klassen führten untereinander einen unaufhörlichen Krieg. Die große Schuhflickerklasse schüchterte die Minoritäten gleich von Anfang an ein, und Amitz Dulnikker bekam unter anderem zwangsläufig ihre Stärke zu fühlen. Die schuhflickerischen Fratzen umzingelten in einem Infanterieangriff den Baum, hinter dem sich die Schüler der Wirtsklasse zusammen mit dem Onkel Ingenieur eingegraben hatten, und sie schossen von allen Seiten Kiesel. Die überlegene Streitmacht zerschmetterte die Verteidigungen der Zwillinge schnell, und sie rasten davon.

»Ingenieur!« schrien Majdud und Hajdud über die Schulter zurück. »Was ist los mit Ihnen? Los, rennen Sie!«

Dulnikker rührte sich nicht; er starrte die Schwärme der kleinen Lümmel mit einem bekümmerten, verwirrten Blick an, als spüre er die Steine überhaupt nicht, mit denen ihn die Vorhut überschüttete.

Die Feier des zwanzigsten Jahrestages der Eröffnung des Barbierladens fand in Anwesenheit sämtlicher Dorfbewohner statt, trotz der schwarzen Wolken, die sich an jenem Samstagabend am Horizont gesammelt hatten und die Teilnehmer mit einem Guß bedrohten. Das Grundstück des Kulturzentrums war nach wie vor eine öde Fläche, zu der an einem Ende einige Tische und ein neues Schild gekommen waren, das statt des Namens des »verstorbenen« Ingenieurs folgenden Text trug:

HIER WIRD DEMNÄCHST
DER SALMAN-MOSES-KULTURPALAST ERRICHTET.

Unnötig zu sagen, daß der neue Name das Ergebnis langer rauher Debatten im Dorfrat zwischen dem Schuhflicker und dem Barbier war. Nur der weise Vorschlag des Vorsitzenden brachte einen Kompromiß zwischen dem Vorschlag des Schuhflickers (Moses) und der Forderung des Barbiers (Salman) zustande.

»Der Name des Herrn Hassidoff verdient es sicherlich, auf dem Schild zu erscheinen, weil man während seiner Amtszeit als Bürgermeister beschlossen hat, den Palast zu errichten«, behauptete Zev. »Aber andererseits ist es passend, den Namen des Propheten Moses daraufzulassen, weil er zu seiner Zeit soviel für unsere Kultur getan hat.«

Der Sekretär saß jetzt an dem langen Tisch unter den Höherstehenden, während die Menge die Augen nicht von seiner kleinen Frau abwenden konnte und aus ihrer Gestalt zu erraten versuchte, in welchem Monat sie war. Die Tische waren mit Nelkengebinden geschmückt, die den Namen »Salman« auf den Tischtüchern bildeten – eigenhändige Schöpfung von Frau Hassidoff. Vor Elifas Hermanowitsch, der in Feiertagsschwarz gewandet war und als Zeremonienmeister waltete, stand bescheiden die Tischglocke aus dem Stadtamt.

Plötzlich erhob sich der Wirt und drückte auf den Klingelknopf. Der Nachklang des hübschen Glockentons begleitete den Ehrengast und seine Gemahlin auf dem Weg zu ihren Sitzen durch die respektvoll zurückweichende Menge. Frau Hassidoff sah tadellos aus, und ihr Kleid, aus einem einzigen Stück Tupfenstoff geschnitten (Bluse und Rock in einem) löste Wogen der Bewunderung mit einer Spur von Neid aus. Die Heldenfrau war tief gerührt, und als sie sich neben den Zeremonienmeister setzte, flüsterte sie mit Tränen in der Stimme ihrem Gatten ins Ohr:

»Salman, Salman, daß wir das noch erleben durften!«

Elifas erhob sich wieder und drückte neuerlich auf die wunderbare Glocke, und siehe, die Menge verstummte von einem Ende bis zum anderen.

»Geliebte Versammelte, Mitglieder des Provisorischen Dorfrats, Ehrengast und Gemahlin!« eröffnete der Wirt seine Rede heftig schielend. »Wir haben uns an diesem Samstagabend hier auf dem Boden des Kulturzentrums versammelt, um unseren Bürgermeister de facto zu begrüßen, einen der besten Rasierer der Stadt, Ingenieur Salman Hassidoff.«

Wieder drückte der Wirt auf die Glocke, und die Zuhörer brachen in Applaus aus. Amitz Dulnikker, der schweigend und unbemerkt mitten in dem Gedränge stand, starrte seine Nachbarn höchst verblüfft an. Warum jubelten sie diesem unbedeutenden Menschen zu, den jeder verachtete? Wußten sie denn nicht, daß der Barbier und seine Frau dieses ganze Picknick mit allen Zutaten auf Kosten eben dieser Menge organisiert hatten? Der Staatsmann staunte auch über den glatten Vortrag des Wirts: Er konnte seinen Ohren kaum trauen. War das derselbe halbidiotische Dicke, der seinerzeit keinen ganzen Satz hervorzubringen vermochte?

»Wer immer Salman Hassidoff halbwegs kennt, weiß, daß er solche Feiern zu seinen Ehren nicht mag«, setzte der Wirt seine Laudatio fort und wandte sich an den Bürgermeister, der zustimmend nickte, während sein Gesicht den Glanz der Genugtuung widerstrahlte, »aber ich muß von hier oben sagen, daß wir ursprünglich, vor zwanzig Jahren, als Ingenieur Hassidoff sein Friseurgeschäft in Kimmelquell gründete, nicht erwartet hätten, daß es sich zu einer so wichtigen öffentlichen Einrichtung entwickeln würde. Vor zwanzig Jahren ein Geschäft in Kimmelquell zu eröffnen, war ein sehr gewagtes Unternehmen. Ich erinnere mich, als ich meinen Gasthof eröffnete, daß viele Leute zu meiner Frau sagten: ›Malka, Malka, dein Mann macht eine Dummheit.‹ Aber meine tapfere Frau sagte ihnen unverzagt: ›Verlaßt euch auf Elifas Hermanowitsch. Er hat viele große Schwierigkeiten bewältigt, und er wird schon wissen, was er jetzt tut!‹ Natürlich unnötig zu sagen, daß wir zuerst schwere Zeiten durchmachten. Kaum ein Gast kam in die Schankstube. Die Leute sagten, wozu brauchen wir einen Gasthof? Wir haben bis heute ohne einen gelebt, und wir werden auch in Zukunft ohne einen leben. Dennoch mußte ich täglich Mahlzeiten zubereiten, denn sollte doch zufällig ein Gast kommen, dann hätte ich ihm nicht sagen können, ›Verzeihung, mein Herr, ich habe keine Gäste erwartet‹. Wenn ihr nur wüßtet! In jener Zeit hatte mein Haus noch keinen zweiten Stock, daher war die Küche praktisch im Speisezimmer, und wir konnten keine weißen Tischtücher auflegen, wegen des Rauchs aus dem Herd ...«

Der Wirt brauchte nicht ganz fünfviertel Stunden, um unter häufigem Glockenläuten zu der gegenwärtigen Lage zu kommen, da er nunmehr mit Leichtigkeit Mahlzeiten für 120 Erwachsene zu vernünftigen Preisen liefern konnte, die gekochtes Fleisch und Nudeln beinhalten, wenn er rechtzeitig von der Anzahl der Gäste verständigt wurde, etwas, worum er jeden sehr bäte, genau einzuhalten, weil sie im allgemeinen immer in der letzten Minute zu ihm kämen. In diesem späteren Stadium der Festlichkeiten saßen der Barbier und seine Frau mit grünen Gesichtern auf ihren Ehrenplätzen und trommelten Märsche mit den Fingern auf dem Tisch. Frau Hassidoff erhob sich gelegentlich halb von ihrem Stuhl, als hätte sie gern den Wirt tätlich angegriffen. Zevs Stirn ruhte auf seinen Unterarmen, und er hielt sich ein Taschentuch vor den Mund, während es seinen Kopf seltsam schüttelte. Aber die Menge beachtete diese kleineren Störungen nicht und hörte begeistert der Jungfernrede des Wirts zu. Ja, mehr noch, sowie der Wirt seinen Vortrag mit folgenden herzlichen Worten beendet hatte:

»Daher wollte ich Ihnen nur sagen – möge der Herr unseren Ehrengast Ingenieur Hassidoff und dessen Gattin segnen!«, brachen die Zuhörer spontan in langanhaltenden Beifall aus.

Die erfreuliche Stimmung wurde jedoch schnell durch die Erwiderung des Ehrengastes verdorben. Der Barbier begann mit einer derartigen Schärfe, daß sie schon an Rohheit grenzte, und er verteilte nach links und rechts Andeutungen über gewisse Leute, die über seine Jahresfeier unglücklich seien, weil sie nicht günstigen Auges mitansehen könnten, daß er das Rasiermesser des Barbiers mit dem Schwert der Herrschaft vertauscht habe. Aber das störe ihn überhaupt nicht, weil er überzeugt sei, daß die Bürgerschaft wisse, wie sie den Mann schätzen sollte, der die kommunalen Dorfangelegenheiten in den letzten Jahren gelenkt hatte, und daß sie alle bei den kommenden Wahlen für ihn stimmen würden ...

Der Schuhflicker am entgegengesetzten Ende der Tafel saß nicht müßig da, sondern begann Hassidoff mit Zwischenrufen zu unterbrechen, und behauptete, daß er, Zemach Gurewitsch, gemeint habe, sie feierten den 20. Jahrestag des Barbierladens – der übrigens erst vor drei Jahren gegründet worden sei –, aber niemand hatte je etwas von einem bürgermeisterlichen Jahrestag gesagt. Worauf Frau Hassidoff dem Schuhflicker gepfeffert antwortete, und die Verehrer des Schuhflickers unverzüglich unter den Zuhörern in ein ohrenbetäubendes Pfeifen der Verdammung ausbrachen.

»Ihr werdet mir nicht den Mund verbieten, ihr Schakale!« kreischte der Ehrengast. »Solange ich euer Bürgermeister bin, werdet ihr mich ehren, sonst lasse ich euch von meiner Polizeitruppe hinausschmeißen, samt eurem Schuster!«

Die Augen Gurewitschs spien Pech und Schwefel. Einen Augenblick schien es, daß er zum Kopfende der Tafel stürzen würde, aber schließlich drehte er sich einfach um und verließ den Kampfplatz in mörderischer Wut. Der Tumult unter den Feiernden schwoll zügellos an, und eine Drohung von Blutvergießen hing in der geladenen Atmosphäre, als das Unerwartete geschah. Der Herr Ingenieur bahnte sich einen Weg durch die lärmende Menge, sprang auf das Podium und stieß den Barbier beiseite.

»Meine Freunde!« rief Dulnikker, »dieser Skandal kann nicht so weitergehen!«

Als Amitz Dulnikker das Podium im Sturm nahm, verstummte die Menge. Nur der Schwiegersohn Gurewitschs am anderen Ende der Tafel griff sich an den Kopf, richtete seinen flehenden Blick himmelwärts und sagte zu seiner Frau:

»Wenn er auch hier zu reden anfängt, bekomme ich wiederum einen Nervenzusammenbruch!«

Der Staatsmann selbst hielt den Kopf hoch, atmete jedoch in seiner Aufregung so schwer wie irgendein Novize der Rednerkunst.

»Meine guten Freunde«, sagte er, »was um Gottes willen geht hier vor? Ich bin ein erfahrener Mann, aber wenn ich an das reizende, einfache und stille Dorf denke, das ich hier vorfand, als ich ankam, und an den streitsüchtigen, lärmenden Ort, den ich jetzt bald verlassen werde – ich schwöre, ich muß weinen...«

Dulnikkers Augen wurden tatsächlich feucht. Er stützte sich in plötzlicher Schwäche auf den Tisch, aber seine Stimme wurde stärker, bis sie so klar wie eh und je war. Einige Schritte weit von ihm entfernt nahm sein persönlicher Sekretär die Finger aus den Ohren und starrte den Staatsmann verblüfft an.

»Ihr wart wie eine große glückliche Familie. Ihr habt eure Arbeit und eure Freunde geliebt. Heute? Ihr habt gelernt, wie man argumentiert, Unsinn redet, und auch, wie man haßt. Nicht den Haß aus Zorn, sondern den Haß kalten Blutes aus kleinlicher Berechnung, zu dessen Parteigängern ihr eure Kinder gemacht habt. Wozu, meine Freunde? Warum? Habt ihr wirklich vergessen, wie die Berge aussehen, wie ein Kümmelfeld in der Blüte aussieht? Seid ihr nie im grünen Gras in der Sonne gelegen, stumm und friedlich, daß ihr denkt, der Schuhflicker und der Barbier seien alles, worauf es in dieser Welt ankommt? Was mit euch geschehen ist, übersteigt meinen Verstand, meine guten Freunde! Seid ihr krank?«

Amitz Dulnikker war überzeugt, daß er noch nie so primitiv gesprochen hatte und daß es ihm nur gelang, das Gefühl seines Herzens mit dem breiigen stammelnden Pathos eines sentimentalen alten Mannes auszudrücken.

»Bitte ändert die Dinge wieder so, wie es früher war, meine Freunde«, fuhr er flehend fort, »erneuert die Sitte der Dorfrunde, geht an die Arbeit auf den Feldern zurück. Wenn ihr es wünscht, dann wählt einen Bürgermeister, aber hört um Himmels willen mit diesem Tohuwabohu auf, bevor ihr einander gegenseitig die Gurgeln durchschneidet!«

Die Menge hatte sich von ihrem anfänglichen Schock erholt, und Wellen der Erleichterung durchliefen sie. Es war wirklich ein bißchen seltsam, eine solche Lektion ausgerechnet vom Ingenieur zu erhalten. Eine fröhliche Stimme verspottete den Staatsmann: »Herr Ingenieur, wieviel Wein haben Sie eigentlich getrunken?«

Dulnikker tat, als höre er die Anpöbelung nicht, aber das wilde, unbeherrschte Gelächter, das aus allen Kehlen drang, ließ ihn seinen großen Irrtum erkennen. Der Staatsmann öffnete den Mund, schloß ihn aber wieder. Und es kam kein Laut mehr von ihm. Er stand erschüttert und gelähmt vor den Leuten. Plötzlich kam ein Schreckensschrei vom Rand des Grundstückes:

»Feuer!« kreischte jemand. »Das Haus des Barbiers brennt!«

Die Menge drehte sich um, um zu schauen; erst dann merkte sie, daß hinter ihrem Rücken Flammen, die ein blaßrosa Licht ausstrahlten, vor dem Hintergrund aufsteigenden Rauchs hochsprangen. Aus der Menge erhob sich ein Gebrüll, alles stürzte in Panik weg und strömte zum Schauplatz des Brandes. Aber zwei Minuten später öffneten sich die Schleusen des Himmels weit, und ein segensreicher Regenguß löschte das Feuer im Nu.

Nur ein Mensch blieb an den Tischen auf dem Kulturfeld zurück. Der Staatsmann rannte nicht vor dem Regen davon, sondern überließ sich fast freudig dem schauerartigen Prickeln auf seinem Gesicht. Als es aufhörte, kehrte der Staatsmann ins Wirtshaus zurück. Sein durchnäßtes Gewand klebte an seinem Körper, der vor Kälte zitterte. Die Dorfbewohner sahen ihn von der Seite an, zurückhaltend und unsicher, als erblickten sie einen alten, harmlosen Narren, dem man es erlauben konnte, ungestört weiterzugehen. Der Ingenieur stand in diesem Augenblick ohnehin nicht im Brennpunkt ihrer Aufmerksamkeit. Alles rätselte an dem Feuer herum. Sicher, es war nur eine Wand im Hinterzimmer des Hauses von Hassidoff beschädigt worden, aber es war jedermann klar, daß nur himmlische Barmherzigkeit das Dorf vor einem nicht wieder gutzumachenden Unglück bewahrt hatte. Der Ursprung des Brandes war in Geheimnis gehüllt, da fast das ganze Dorf zu der Zeit auf dem Kulturfeld gewesen war. Trotzdem war ein und derselbe gräßliche Verdacht in den Herzen aller Bürger geweckt, obwohl freilich keiner seinen grauenhaften Gedanken in Worte zu fassen wagte.

Dulnikker ging schweren Schrittes die Holztreppe hinauf und fiel auf sein Bett. Malka kam hinter ihm herein und zog die Decke über ihn.

»Dumme Bauern, jeder einzelne von ihnen«, tröstete sie den Staatsmann. »Sie haben nicht genug Hirn, um Sie zu verstehen. Viele dachten, daß Sie, Herr Dulnikker, im Ernst gesprochen haben. Ich habe nur meine Zeit verschwendet, als ich ihnen zu erklären versuchte, daß es ein Witz war, daß Sie jemanden nachgemacht haben.«

Dulnikker lächelte höflich und schlief erschöpft ein. Nach zwei Stunden bleiernen Schlafs öffnete er die Augen und war überrascht: Auf einem Küchenschemel saß Zev vor ihm und lächelte ihn breit an. Dulnikker schlüpfte aus dem Bett, der Sekretär trat auf ihn zu, und beide Männer umarmten einander fest und wortlos. Lange standen sie so da, schweigend, einander liebevoll den Rücken tätschelnd. Und das Lächeln auf ihren Gesichtern vermochte ihre Rührung nicht zu verbergen. Beide waren bis zu Freudentränen über ihre Begegnung erregt, die gleichzeitig so natürlich und doch so unlogisch war.

»Hören Sie, Dulnikker«, sagte Zev etwas heiser, nachdem sie einander endlich losgelassen hatten, »ich bin mir erst jetzt bewußt geworden, daß Sie wirklich ein großer Redner sind. Wenn ich nicht so ein kleines Schwein wäre, würde ich sagen, daß Sie mein Herz gerührt haben.«

»Glaubst du, Zev?« Dulnikkers Gesicht strahlte auf, verdunkelte sich aber sofort wieder. »Keine Spur«, fügte er traurig hinzu, »Amitz Dulnikker hat vor den Bauern einen Narren aus sich gemacht.«

»Herr Ingenieur! Die Bauern haben es auch nicht gern, wenn sie mitten in ihren Spielen unterbrochen werden.«

Plötzlich brachen sie in ein ungeheures befreiendes Lachen aus.

Sie fielen auf die Betten, rollten herum, wanden sich auf dem Rücken, während sie seltsame Worte brüllten, unfähig, sich den Grund für ihren Ausbruch zu erklären, obwohl sie beide tief innen spürten, daß sie in Wirklichkeit über sich selbst lachten. Als ihr Heiterkeitsanfall vorbei war, stand Dulnikker auf und zog sich um.

Er hatte sich durch Zevs Rückkehr erstaunlich verjüngt, aber die Zeichen des Alters blieben in seinem Gesicht eingegraben.

Zevs Gesicht hingegen war beträchtlich runder und sein Körper plump und dicklich geworden.

»Höre, mein Freund Zev«, zog ihn Dulnikker gutmütig auf, »dein ausgestopfter Kopf beginnt allmählich wie der Vollmond auszusehen, wie der Kopf des Schächters, der zum Rabbi kam und rief, ›Rebbe, Rebbe‹ ...« Plötzlich schwieg der Staatsmann und runzelte die Stirn, als ihm ein Gedanke in den Sinn kam. »Genossen«, fragte er zögernd seinen Sekretär, »habe ich euch je diesen Witz erzählt?«

»Nein«, erwiderte Zev. Und erst am Ende – als es sich herausstellte, daß der Schächter zu Rosh Hashanah nicht Schofar blasen durfte, weil er nicht in das kalte Wasser der Mikve untergetaucht war, brach der treue Sekretär in ein echtes, aufrichtiges Gelächter aus, das dasjenige des Staatsmannes noch übertraf.

»Großartig«, keuchte Dulnikker erleichtert. »Wie geht's deiner reizenden Frau? Wie trägt sie ihren gesegneten Zustand?«

»Worüber reden Sie da?« Der Sekretär wurde ernst. »Es gibt keine gesegneten Umstände. Eine Woche nach der Trauung kommt Dwora und sagt zu mir: ›Zev, ich glaube nicht, daß ich schwanger bin.‹ Haben Sie je schon einmal so was Dummes gehört, Dulnikker?«

»Scherze des Schicksals«, versicherte Dulnikker und fügte ein bißchen bekümmert hinzu: »Natürlich bedauerst du es jetzt, daß du sie geheiratet hast?«

»Ich habe sie nicht geheiratet, Dulnikker. Nur unter uns: Ein Schächter ist doch kein Rabbi!«

Der Sekretär lag auf dem Rücken im Bett und starrte zur Decke.

»Haben Sie wegen Dwora kein ungutes Gefühl, Dulnikker. Ein paar Wochen Eheleben haben genügt, ihr beizubringen, daß ich für sie zu intelligent bin. Mischa der Kuhhirt paßt zu ihr, nicht ich. Und das Komischste an der ganzen Sache ist, daß ich gerade jetzt – wirklich, wie soll ich es ausdrücken – sie gern zu haben begann. So ein Hühnchen!«

Dulnikker konnte seinen Handrücken nicht länger beherrschen, die Umgebung seiner Nasenflügel zu reiben, ein Vergnügen, das er seit langem nicht mehr genossen hatte.

»Also, was wird jetzt?«

»Wir sind übereingekommen, daß ich mich davonmache, sobald ich ihren Vater loswerden kann.«

»So gern hat dich Gurewitsch?«

»Wie ein Loch im Kopf, Dulnikker. Aber er läßt mich bis zur Wahl nicht aus den Augen, weil er meinen Rat braucht.«

»Die Dorfbewohner sind wahnsinnig geworden«, versicherte Dulnikker. Und er enthüllte seinem Sekretär mit gesenkter Stimme vertraulich einen Teil des Briefes, den er durch seinen vertrauenswürdigen Chauffeuer Gula geschickt hatte. »Mein Wagen kann jeden Augenblick eintreffen«, schloß der Staatsmann seine Erzählung, und die Hoffnung, daß sie bald in den Wirbel des öffentlichen Lebens zurückkehren konnten, erinnerte Zev an seine etwas vernachlässigte ehemalige Funktion.

»Ich wünsche Ihnen Glück, Dulnikker«, sagte er im offiziellen Tonfall des Ersten Sekretärs. »Es ist wirklich an der Zeit, daß Sie die Angelegenheiten Ihres Büros wieder in die Hand nehmen.«

Auch Dulnikker war über die angenehme Veränderung froh.

»Ich bin aus offenkundigen Gründen etwas müde, Genossen«, sagte er, während er im Zimmer auf und ab ging. »Ich werde wirklich froh sein, wenn Sie sich, mein Freund, daran machen, einen Entwurf für meine Rede an die Reporter nach meinem Empfang zu verfassen. Ein paar Worte über den gesunden Einfluß ruhiger Ferien draußen auf dem Land und Rast für die Nerven einer Gestalt der Öffentlichkeit . . .«

»Sie brauchen nicht weiterzureden, Dulnikker.« Der Sekretär zog einige gefaltete Blätter aus der Tasche. »Es ist schon alles da.«

Die letzte Sitzung des Provisorischen Dorfrats fand in einer beispiellos geladenen Atmosphäre statt. Auf der Tagesordnung stand eine heikle, gefahrvolle Frage. Mit anderen Worten, die Dorfjugend hatte die Regierung informiert, daß sie eine Fußballmannschaft aufzustellen wünsche, die gegen die Mannschaft des Dorfes jenseits des Flußberges antreten wolle. Diese explosive Idee wäre noch vor einigen Monaten als gotteslästerlich empfunden worden, angesichts der Veränderung jedoch, die sich in der Einstellung der Öffentlichkeit gegenüber Reisen vollzogen hatte, war die Sache schwierig zu entscheiden. Die Dorfräte beeilten sich daher nicht, eine Entscheidung zu treffen, sondern gingen persönlich in das Gebiet am Fuß der Dämme und studierten die Übungen der Jungen ausgiebig. Danach beschloß der Dorfrat – im Prinzip – zugunsten eines einmaligen Matchs mit dem Dorf Metula, blieb dann jedoch bei der Streitfrage der Auswahl der Kimmelquellmannschaft stecken.

Das war wirklich eine komplizierte Sache. Natürlich verlangte der Barbier die Majorität der Mannschaft für sich, und zwar weil er Geschäftsführender Bürgermeister und der Block seiner Anhänger der größte aller Lager im Dorf war. Aber der Schuhflicker leugnete letztere Behauptung mit der Feststellung, daß die Schuhflickerklasse in der Schule nicht kleiner war als die des Barbiers, und fügte hinzu, daß außerdem der Ball sein eigenes Erzeugnis sei. Daher verlangte er für seine Anhänger unter anderen Positionen auch drei von den fünf Stürmern. Dementsprechend drangen die übrigen Repräsentanten, gegründet auf ihren Rang im Dorf, auf gute Positionen für sich. Überdies verkündete der Schächter, daß er die Spieler persönlich zu begleiten wünsche, um in dem Gewühl von Metula ein Auge auf sie zu haben.

»Auch verstehe ich etwas von Fußball«, empfahl sich der Schächter selbst. »Im Chaider pflegten wir eine Menge zu spielen, bis uns der Lehrer erwischte und uns die Schläfenlocken ausriß.«

Die Abgeordneten stimmten der Reise des Schächters zu, da es unvernünftig war, ihn allein im Dorf zu lassen, wenn alle Dorfräte die Bürde auf sich nehmen würden, die Mannschaft zu begleiten. Über die Zusammensetzung der Mannschaft konnten sie jedoch einfach zu keiner Übereinstimmung gelangen. Elifas Hermanowitsch schlug, um den Spielern gegenüber nicht ungerecht zu sein, die Verschiebung des Spieles bis nach den Wahlen vor, weil es dann leichter sein würde, das Team der Wahlstärke entsprechend aufzustellen. Sein Vorschlag wurde jedoch unverzüglich niedergestimmt, weil es, behaupteten sie, nach den Wahlen für die Spieler nicht mehr nötig sein würde, eine solche Reise zu machen.

Zemach Gurewitschs Geduld erreichte schließlich ihre Grenze, und er stellte der Plenarsitzung des Rats ein Ultimatum, indem er nachdrücklich folgende Mannschaftsstruktur verlangte:

Schuh

Barb Schäch

Schuh Schuh Barb

Schnei/Wir Barb Schuh Schuh Barb

»Die zwei Rechtsaußen sind folgendermaßen zu verstehen«, erklärte Gurewitsch: »In der ersten Spielhälfte wird der Mann Hermanowitschs spielen und der Mann Kischs wird in der zweiten Hälfte spielen oder andersherum; ist mir egal. Weitere Konzessionen zu machen bin ich nicht bereit.«

Gurewitschs Kühnheit weckte wilde Wut im Herzen des Barbiers.

»Genossen, ihr seid verrückt!« schrie er den Schuhflicker an. »Nicht nur, daß ihr fünf Plätze für euch in Anspruch nehmt, aber ihr beansprucht bei ihnen auch den Mittelläufer und den Mittelstürmer? Wollt ihr, daß mich ganz Metula auslacht?«

»Die Mannschaft muß das Dorf repräsentieren«, beharrte Gurewitsch hartnäckig. »Mir haben vierzig Leute Quittungen unterschrieben, daß ich ihnen die Schuhe kostenlos geflickt habe.«

»Und ich sage Ihnen, meine Herren«, krächzte der Barbier mit Schaum vor dem Mund, »ich werde eine Mannschaft ohne einen einzigen Schuhflickernik in ihr zusammenstellen, nur mit Sfaradi und Kisch mit einer Stimmenmehrheit von drei!«

Die kommunale Drohung ließ Gurewitsch die Selbstbeherrschung verlieren:

»Tyrann!« brüllte der Schuhflicker. »Ein Bürgermeister wie Sie sollte verbrannt werden!«

»Verbrannt? Ah – Sie lassen also die Katze aus dem Sack?«

»Sie kann Ihnen auch aus Ihrem Bauch herauskriechen, Sie Bauernlümmel!«

»Ach nein? Nu, ich schlitze Ihnen Ihre dreckige Gurgel auf, Sie Bauernlümmel, wenn Sie es je wagen, den Eingang meines Barbierladens zu verfinstern!«

»Keine Angst! Eher hänge ich mich auf, Sie Bauernlümmel, bevor ich Ihr stinkendes Loch betrete!«

»Nur los, hängen Sie sich auf! Ich werde nur darauf sehen, daß man mich Gott behüte nicht neben Ihnen begräbt, Sie Bauernlümmel!«

(»Bitte, das können wir später erörtern«, murmelte Ofer Kisch, der Totengräber des Dorfes. In seiner fruchtbaren Phantasie teilte er den Kimmelqueller Friedhof – dem Schulreformplan folgend – schnell in die Enklaven des Schuhflickers, des Barbiers und der übrigen Abgeordneten.)

Die Rivalen standen einander wie zur Entscheidungsschlacht angespornte Kampfhähne Aug in Aug gegenüber. Zev war bei dieser Sitzung nicht anwesend: Die Abgeordneten fühlten sich frei.

»Glatzkopf!«

»Klumpfuß!«

Dulnikker wurde durch das Geräusch splitternden Glases aufgeweckt und trat gerade auf den Balkon hinaus, als der Barbier und der Schuhflicker durch das Fenster der Ratskammer hinauskollerten. Beide Abgeordneten hatten einander mit Zähnen und Fingernägeln gepackt und bedeckten sich mit dem Schmutz der Landstraße, während jeder »diesem Bauernlümmel« tödliche Hiebe versetzte. Diesmal beeilte sich der Staatsmann jedoch durchaus nicht, den Kampf abzubrechen. Er schaute mit einem Gefühl heilsamer Erleichterung hinunter. »Wenn sich diese schwachsinnigen Kreaturen gegenseitig umbringen würden, dann wäre das Dorf gerettet«, dachte Dulnikker und ging gelassen vor das Wirtshaus, weil das Laub der Bäume am Straßenrand die zwei ineinander verbissenen Kämpfer vor seinen Blicken verbarg.

»Sie sehen, Herr Ingenieur«, jammerte Elifas Hermanowitsch, der neben dem Staatsmann stand, »wie sie das Image des Dorfrats zerstören.«

Dulnikker brach in einen Lachanfall aus, der seinen ganzen Körper schüttelte. »Mögen sie sich ihres Geschmacks an Schmutz erfreuen«, sagte er zu sich. »Ich wünschte, daß dieser Liliputanerzirkus zerfiele, daß dieser ganze Dorfrat vom Angesicht der Erde weggewischt würde, denn er hat meine Ferien auf dem Land verdorben und zerstört. Mit welchem Recht haben sich die Abgeordneten in mein Privatleben gemischt und meine Ruhe zerstört? Wie haben sie mich in ihre Irrsinnsverwirrung mit hineingezogen?«

»Vielleicht bin auch ich etwas schuld daran«, überlegte der Staatsmann. »Am Tag meiner Ankunft in dem Dorf hätte ich den Provisorischen Dorfrat unterrichten sollen, daß ich an der Regelung seiner Gemeindeangelegenheiten nicht teilnehmen würde. Jetzt ...«, Dulnikker streckte sich genußvoll, »jetzt ist mir Gott sei Dank die ganze Angelegenheit ohnehin aus den Händen genommen.«

Wenige Schritte entfernt bemerkte Dulnikker ein gefaltetes Stück Papier, eine aus seinem Parteiorgan gerissene Seite, mit der die Tnuva ihre Kartons ausstopfte. Neugierig hob Dulnikker die Seite auf, weil das Blatt noch nicht zu gelb war. Er strich es glatt und begann zu lesen.

Wenig später brach der Staatsmann an der Ecke des Wirtshauses fast zusammen, und kalter Schweiß brach auf seinem bleichen Gesicht aus.

Sowie er sich leicht erholt hatte, raste der gefährlich erregte

Staatsmann zum Schuhflickerhaus hinüber und hielt seinem Sekretär die Zeitungsseite unter die Nase. Ganz unten auf der Seite versteckt stand eine kurze bescheidene Notiz:

Ein Sprecher des Presseamts der Regierung gab gestern abend bekannt, daß Amitz Dulnikker aus Gesundheitsgründen um seine Entlassung ersucht habe, die vom Minister angenommen wurde. Die Regierung ratifizierte die Ernennung Shimshon Groidiss' zum Stellvertretenden Generaldirektor anstelle Dulnikkers.

»Was hast du dazu zu sagen, mein Freund?« knurrte Dulnikker, und eine panische Angst tanzte in seinen Augen. Nur einmal, vor ungefähr zehn Jahren, war Dulnikker etwas Ähnliches zugestoßen, als man ihn leise aus dem Parteivorstand hinausgeschmissen hatte. Damals gründete Dulnikker sofort die Fraktion für Interne Säuberung, die er erst auflöste, als man ihn – in Panik – als Vorsitzenden wieder eingesetzt hatte. Aber damals war der Staatsmann um zehn Jahre jünger gewesen.

»Das bedeutet nichts, Dulnikker«, versuchte ihn der Sekretär zu beruhigen. »Bald kehren wir heim und kümmern uns darum. Es ist schon Schlimmeres passiert.«

»Schlimmeres als das?« Dulnikkers Gesicht lief rot an, und was immer von seiner Kraft übriggeblieben war, sammelte sich in seiner Kehle. »Soll das das Schicksal eines Mannes sein, der seinerzeit die Partei aufbaute und heute mit sechsundsiebzig Jahren am Ende seines Lebens steht, an dem jeder Tag aktiv und schöpferisch war? Nennst du das ›nichts‹, Zev, mein Freund, daß am Ende ausgerechnet Shimshon Groidiss auf meinen Platz gesetzt wird? Bedeutet das, meine Herren, Ihrer Meinung nach keine Provokation? Oder sind Sie vielleicht froh über meinen Sturz?«

»Schon gut, Dulnikker, schon gut«, entschuldigte sich seine hilflose Rechte Hand, »wir werden mit allen uns zur Verfügung stehenden Mitteln kämpfen!«

»Kämpfen?« flüsterte Dulnikker. »Ich, Amitz Dulnikker, werde mich so erniedrigen, daß ich diesem unreifen Niemand Shimshon Groidiss den Krieg erkläre?«

»Nein, Dulnikker, wirklich nicht.« Zev blickte ängstlich auf die geschwollenen Adern. »Ein Kampf ist gar nicht nötig!«

»Großartig!« brüllte der Staatsmann. »Du erwartest also, daß ich mit gefalteten Händen dasitze, während mich die infernalischen Huligane ruinieren, nur weil mein Sekretär zu schwach ist, um als Puffer zu handeln? Nein, mein Freund Zev, wenn du Angst hast, dann tritt beiseite. Aber ich bitte dich, versuche nicht, meinen Kampfgeist zu zerstören!«

Der Sekretär erkannte, daß er nicht imstande war, den Vulkan zu löschen. Daher hielt er den Mund.

»Aha! Jetzt also schweigen wir, meine Herren!« Die Wut des Staatsmannes erreichte ihren Gipfel. »Es zahlt sich für uns nicht aus, unser Verhältnis zu Shimshon Groidiss wegen eines langweiligen Alten wie Dulnikker zu ruinieren, wie? Aber ich, mein Freund Zev, werde nicht davor zurückschrecken, diesen internationalen Skandal vor einen Untersuchungsausschuß zu bringen! Ich weiß, was hinter all dem steckt! Shimshon Groidiss rächt sich an mir, weil meine Stimme ihn vor dreizehn Jahren davon abhielt, wegen des Nationalfonds nach Australien geschickt zu werden. Und andererseits ist die Frau von Shimshon Groidiss mit Dahlia Groß befreundet, und Dahlia war seinerzeit die Schwägerin dieser Giftschlange Zvi Grinstein, der mich wie die Pest haßt, weil seine Ernennung zum Stellvertretenden Generalpostmeister nicht gebilligt wurde und er glaubt, ich hätte statt ihn Shimshon Groidiss unterstützt.«

Dulnikker, die Stirnadern zum Platzen angeschwollen, begann im Zimmer auf und ab zu rasen.

»Zev«, schrie er, »ich bin nicht bereit, auch nur einen Tag länger auf Gula zu warten! Ich werde mich unverzüglich mit dem Tnuva-Chauffeur in Verbindung setzen. Der Preis spielt keine Rolle. Wir fahren noch heute abend!«

»Pscht!« flüsterte der Sekretär und blickte in bleicher Furcht zur Wand der Schuhflickerwerkstatt. »Mein Schwiegervater wird Sie hören, Dulnikker!«

»Soll er mich hören, das ist mir egal!« brüllte der Staatsmann. »Diesmal wird es dir nicht gelingen, mein Freund, meine Abreise aus diesem übelriechenden Loch zu verhindern! Heute abend fahren wir!«

»Sch-sch-sch!« bat ihn sein treuer Gefolgsmann mit zischendem Geflüster. »Wenn Gurewitsch entdecken sollte, daß ich drauf und dran bin, mich aus dem Staub zu machen, wird er mich in den Hühnerstall einsperren, das verspreche ich Ihnen, Dulnikker.«

»Das wäre fein«, meinte der Staatsmann. Aber dann erbarmte er sich des entsetzten jungen Mannes. »Keine Angst, Genossen!« fügte er hinzu. »Selbst ich muß diskret handeln, weil ich vermute, daß sich Malka Gott behüte etwas antut, wenn sie meine Absicht vermutet. So daß ich unseren Plan nur dem Chauffeur, dem ich vertraue, enthüllen werde.«

Alles verlief planmäßig.

Dulnikker lag angezogen auf seinem Bett, zu handeln bereit, während alle möglichen Gedanken über »diese Ratte« Groidiss in seinem Gehirn nagten. Er war nichts als Verlangen, über nichtverzeichnete Landstraßen in der stockdunklen Nacht dahinzurasen, bis die angestrengten Pferde erschöpft vor dem Hauptgebäude der Partei zusammenbrachen, und er, Dulnikker, mit Gewalt hinaufstürmen, in Zvi Grinsteins Büro platzen und brüllen würde:

»Was geht hier vor, Genossen?«

Zum Glück wurde Mischa bei diesem Ausbruch nicht wach. Dulnikker hielt einige Augenblicke den Atem an und wartete, dann glitt er vorsichtig von seinem Bett herunter und begann im schwachen Mondlicht leise seine Sachen zu packen. Das Öffnen der Schranktür dauerte wegen ihrer knarrenden Angeln eine Ewigkeit wie die Schöpfung selbst. Der Staatsmann kniete sich neben seinen größten Koffer und quetschte nur die nötigsten Sachen hinein, weil er beschlossen hatte, den Großteil seines Gepäcks im Dorf zu lassen, um seine Flucht nicht zu gefährden. Er riß eine Seite aus seinem Notizbuch, in das er in den vergangenen Tagen seiner Depression einen Vortrag über den ›Soziologischen Stand primitiver Bevölkerungsteile in unserem Land‹ zu schreiben begonnen hatte. Er kratzte mit einem Beistift und unter großer Anstrengung seiner Augen:

An
Herrn und Frau Elifas Hermanowitsch
Gasthof
Kimmelquell

Meine lieben Freunde! In den gestrigen späten Nachtstunden erhielt ich ein Telegramm mit dem Ersuchen, unverzüglich in mein Büro zurückzukehren, damit ich mich um eine bestimmte Angelegenheit von höchster Wichtigkeit kümmere. Es ist mir daher zu meinem großen Bedauern unmöglich, mich persönlich von Ihnen zu verabschieden. Ich möchte Ihnen beiden meinen tief empfundenen Dank für die angenehmen Ferien zum Ausdruck bringen, die ich in Ihrem Hotel im Dorf Kimmelquell genossen habe. Die Küche ist befriedigend, die Bedienung recht gut und die Landschaft herrlich. Ich empfehle Ihr Hotel jedem Interessenten.

Hochachtungsvoll
Ingenieur Dulnikker

Nachdem der dankbare Staatsmann seinen Abschiedsbrief in eine zur Veröffentlichung geeignete Fassung gebracht hatte, legte er eine große Geldsumme auf das Blatt. Als er seinen Brief nochmals durchgelesen hatte, strich er jedoch das Wort »Ingenieur« aus.

»Albern«, murmelte er, »schließlich bin ich überhaupt kein Ingenieur.«

Dulnikker trug einen alten grünen Pullover, dazu grüne Wollfäustlinge und Ohrenschützer, sowohl wegen der Winterkälte als auch aus persönlichen Überlegungen. Er drückte seinen Koffer zu, indem er sich mit seinem ganzen Gewicht auf ihn setzte. Die Schlösser klickten scharf zu, aber – dem Himmel sei Dank – der Polizist schlummerte weiter wie ein Bär im Winterschlaf.

Die Situation war dennoch äußerst kritisch. Einerseits konnte er es nicht riskieren, die knarrende Holztreppe hinunterzusteigen, weil der Wirt und Malka im Nebenzimmer schliefen. Andererseits war jedoch sein Regenschirm dem zusätzlichen Gewicht des Koffers nicht gewachsen. Deshalb knüpfte der Staatsmann seinen Bademantel an sein sorgfältig zusammengedrehtes Bettlaken und fügte noch ein Handtuch hinzu, dessen anderes Ende er um den Griff des Koffers schlang. Dann trug er den ganzen Apparat auf den Balkon und senkte die Ladung sorgfältig in den Garten hinab, während ihn die ganze Zeit die Frage bekümmerte: »Warum nur muß ich immer alles selber machen?«

Der vollgestopfte Koffer schwebte durch die Luft und stieß gelegentlich so laut an die Hauswand, daß Dulnikker sich schreckliche Szenen vorzustellen begann, in denen Malka in sein Zimmer gestürzt kam, sich ihm zu Füßen warf und laut kreischte:

»Gehen Sie nicht fort, Herr Dulnikker, gehen Sie nicht fort!«

Der Staatsmann begann vor Aufregung zu schwitzen. Zu alledem stellte sich heraus, daß er das behelfsmäßige Bademantel-Bettlaken-Handtuch-Seil nicht wieder heraufziehen konnte, weil sonst auch der Koffer mit heraufgekommen wäre.

Dulnikker blickte auf die Uhr und stellte zitternd fest, daß ihm nur noch zehn Minuten bis Mitternacht blieben. Daher schuf er für seinen eigenen Bedarf ein zweites Seil aus allen Stoffgegenständen, die ihm in der Dunkelheit des Zimmers zur Hand kamen, einschließlich des Tischtuches, der Hose und des Unterhemds des Kuhhirten sowie seiner eigenen Krawatte, die er hastig vom Hals knüpfte und an dem Balkongitter befestigte. Dann kehrte Dulnikker auf einen Augenblick in das dunkle Zimmer zurück, um sich davon zu verabschieden, aber die kühle Luft draußen ließ ihn plötzlich laut niesen.

Mischa wachte auf und fragte undeutlich: »Was ist denn?«

»Mi-i-au«, erwiderte der Staatsmann, öffnete seinen großen schwarzen Regenschirm und eilte über das neue Seil hinunter. Aber das Schicksal arbeitet zu solchen Zeiten mit einem unbegrenzten Budget an Hindernissen. Das Unterhemd des Kuhhirten zerriß mit einem lauten Knall, und Dulnikker landete neben seinem Koffer, halb verrückt von den nächtlichen Verwirrungen. Es war genau Mitternacht. Dulnikker stand auf, nahm sein Gepäck und fing zu laufen an. Er stolperte jedoch sofort und fiel flach aufs Gesicht, weil sich das noch immer an seinen Koffer geknüpfte Seil um einen Baum gewickelt hatte. Mit klappernden Zähnen versuchte der Staatsmann den Knoten um den Koffergriff aufzuknüpfen, aber er kam damit nicht weiter. Daher befreite er den Baum aus dem Griff des Seils und lief wie irr durch die Hecken auf die Straße hinaus ...

»Schon weg?« fragte der Wirt seine Gattin, welche die Manöver des Ingenieurs durch das Fenster beobachtet hatte.

»Hoffentlich«, erwiderte Malka und ging ins Bett zurück.

In Amitz Dulnikkers sehr aktivem Leben nehmen jene paar hundert Schritte den Rang eines unvergeßlichen Alptraums ein. Die wachsamen Dorfhunde begannen sich sofort für die lange Schleppe zu interessieren, die hinter der Gestalt dahinzog, und sie fielen mit wütendem Gebell über sie her, so daß Dulnikkers letzte Schritte vorwärts zu einem Tauziehen zwischen ihm und der Hundemeute wurde. Es ist sehr zu bezweifeln, ob die Hunde durch ein rein zahlenmäßiges Übergewicht den Staatsmann den Weg zurückgezogen hätten oder nicht, wäre sein loyaler Freund, der Chauffeur, nicht aus dem Schatten der Nacht aufgetaucht, um Dulnikker zu helfen, die einfältigen Tiere loszuwerden.

»Wo ist mein Krankenwärter?« fragte der Staatsmann am

Rand eines körperlichen und geistigen Zusammenbruchs. Der Chauffeur brachte ihm die bittere Neuigkeit bei.

»Ich weiß nicht, wo Ihr Sekretär ist, mein Herr«, erwiderte er. »Sollte er ebenfalls kommen?«

»Oh, Himmel«, schrie Dulnikker, »man hat ihn entführt!« Die Hütte des Lagerhauswächters war wieder hell erleuchtet.

Die Hunde stolzierten weiter um die beiden Männer herum, sprangen an ihnen hoch und bellten. Dulnikker sah auf seine Armbanduhr: 0 Uhr 10.

»Wir müssen fahren«, flüsterte er heiser. »Ich habe alle Brükken hinter mir verbrannt. Ein Rückzug ist unmöglich.«

»Fein. Ganz, wie Sie wünschen, mein Herr«, erwiderte der Chauffeur. »Klettern Sie unter die Plane. Schnell. Ich werfe Ihnen den Koffer hinein.«

Dulnikker trottete hinter den massigen Lastwagen und setzte einen Fuß auf die eiserne Sprosse des Wagens. Plötzlich verspürte er den starken Wunsch, einen letzten Blick auf Kimmelquell zu werfen. Es war seltsam, aber in diesem Augenblick empfand er überhaupt keine Abneigung gegen das Dorf. Gerade umgekehrt: Eine Art Wärme umhüllte Dulnikker, obwohl ihm von seiner Flucht über die finstere Landstraße alle Glieder schmerzten. »Wenn das Dorf Beleuchtung hätte, wäre mir so etwas nie passiert«, dachte der Staatsmann. »Sobald ich heimkomme, schreibe ich Joskele Treibitsch eine Zeile, er soll ihnen Strom geben.«

Dulnikker atmete tief auf und kletterte in den Hinterteil des Lastwagens.

»Entschuldigen Sie, Ingenieur«, flüsterte ihm jemand ins Ohr, »es tut mir leid ...«

Dulnikker vernahm das Geräusch eines undeutlichen Schlags auf seinen Schädel, und alles wirbelte ihm im Kopf durcheinander.

Dulnikker öffnete die Augen und entdeckte, daß er auf einem fremden Bett in einer kleinen, fensterlosen, kalten Kammer lag. Er bemerkte eine geschlossene Stahltür mit einem kleinen vergitterten Fenster ihm gegenüber und seinen verdrückten und mitgenommenen Koffer in einer Ecke des Raumes. Das Licht der Kerosinlampe tat seinen Augen weh, daher versuchte Dulnikker den Kopf zu wenden, aber ein scharfer, schrecklicher Schmerz schoß ihm durch den Schädel.

»Oj«, flüsterte der Staatsmann, »wo bin ich?«

»Bei Freunden, Herr Ingenieur«, erwiderte Salman Hassidoff mit warmer, sanfter Stimme, während seine Frau den nassen Verband auf der Stirn des geschwächten Mannes wechselte.

»Wie sind Sie hier hereingekommen ... Herr Hassidoff?« murmelte Dulnikker in seiner Benommenheit. »Ich erinnere mich, daß ich in den Lastwagen stieg ... und es scheint so, meine Herren ... daß irgend jemand ...«

»Ja, Herr Ingenieur, das war ich«, verkündete der Barbier. »Ich schwöre, ich hatte schon Angst, daß ich Sie zu fest getroffen hätte. Aber schließlich, woher soll ich in solchen Sachen Erfahrungen haben?«

»Wa-a-as?« fragte der Staatsmann. Trotz seiner Schmerzen versuchte er sich aufzusetzen. Aber seine Wohltäter drückten ihn in die Kissen zurück.

»Bewegen Sie sich nicht so viel, Herr Ingenieur«, beruhigte ihn Frau Hassidoff, »wir kümmern uns um alles.«

»Ihre Gesundheit, Herr Ingenieur, ist uns sehr wichtig«, betont der Barbier. »Ich schwöre, es war kein Vergnügen, Sie auf den Kopf zu hauen, Herr Ingenieur, weil ich voller Flecken von meinem Kampf mit Gurewitsch bin. Bitte schauen Sie, Herr Ingenieur!«

Der Barbier krempelte seinen Ärmel hoch, um Dulnikker einen ansehnlichen schwarzblauen Fleck auf seinem Arm zu zeigen. Der Staatsmann starrte ihn fragend an, denn sein verwirrter Geist hatte die Bedeutung der jüngsten Entwicklungen noch nicht begriffen.

»Daher weiß ich, wie weh so ein Schlag tut«, sagte Hassidoff nachdrücklich, als er die Decke auf den kalten Beinen des Staatsmannes zurechtrückte. »Also, warum ich Sie niedergeschlagen habe? Als mein Weib hörte, daß Sie wegfahren wollten, sagte sie zu mir, ›Salman, laß den Herrn Ingenieur nicht gerade jetzt wegfahren, wo wir seine Hilfe brauchen!‹«

Dulnikkers Blut stieg ihm schwindelerregend zu Kopf.

»Sie wollen sagen, meine Herren, daß Sie mich ermordet und hierhergeschleppt haben, nur um mich zu zwingen, Ihnen Ratschläge für den Wahlkampf zu geben?«

»Gewissermaßen ja«, stammelte der Barbier und senkte den Blick, »aber glauben Sie mir, Herr Dulnikker, ich schätze Ihre Gesellschaft auch als Mensch. Wir dachten, da Ihr Krankenwärter noch immer im Dienst des hinkenden Schuhflickers steht, würden wir es wirklich schätzen, Herr Ingenieur, wenn ...«

»Skandalös!« brüllte Dulnikker und versuchte, den Raum unverzüglich zu verlassen. Aber nach einem kurzen Kampf zerrte ihn das kräftigere Paar zu seinem Bett zurück. Der Staatsmann hatte rasendes Kopfweh, und er errötete, als er entdeckte, daß er mit nichts als seiner Unterhose bekleidet war.

»Jetzt verstehe ich!« Dulnikker atmete schwer in zitternder Wut. »Ich bin euer Gefangener!«

»Sie brauchen das nicht gleich so aufzufassen, Ingenieur«, meinte der Barbier, der ebenfalls schwer atmete. »Sie sind nicht unser Gefangener, bloß unser Gast. Außer daß Sie diesen Raum nicht verlassen dürfen – um sicherzustellen, daß Sie niemand anderer mißbraucht.«

»Wirklich, es ist nur bis zu den Wahlen«, flehte die tapfere Frau. »Herr Dulnikker, ich koche Ihnen die besten Gerichte. Ich tue alles für Sie«, fügte sie hinzu und fuhr sich mit den Fingern durchs Haar, »ganz genau so, wie Malka es tat!«

»Sodom und Gomorrha!« stöhnte Dulnikker und begann plötzlich mit mächtiger Stimme zu kreischen: »Hilfe! Ich bin gefangen! Hilfe!«

Der Barbier und seine Frau schritten nicht ein. Sie traten zurück, als wollten sie, daß der teure Kranke nach seinem Unfall etwas Dampf abließe. Ja, Frau Hassidoff trat sogar neben das Bett und fächelte dem heulenden Dulnikker mit der Hand das Gesicht. »Es hat keinen Zweck zu schreien«, bemerkte der Barbier, nachdem der Staatsmann vollkommen heiser geworden und zusammengebrochen war. »Sie befinden sich gegenwärtig, mein Freund, im innersten Vorratsraum meines neuen Kuhstalls. Nur die Kühe können Sie hören.«

»Ich protestiere energisch«, flüsterte Dulnikker. »Sie begehen einen ernsten Bruch des internationalen Rechts. Ich verlange, daß Sie mir unverzüglich meinen Krankenwärter bringen!«

»Das ist unmöglich, Ingenieur«, antwortete Hassidoff, und sein Gesicht deutete aufkeimenden Zorn an. »Ihr Krankenwärter ist gestern nacht wieder verschwunden.«

»Gestern nacht?« Dulnikker war verdutzt. »Das bedeutet, daß ich schon seit fast 36 Stunden hier liege?«

»Stimmt!« kläffte der Barbier. »Die Wahlen sind schon beinahe da, und Sie, Ingenieur, liegen hier wie ein Tonklumpen! Jetzt müssen wir aber wirklich schnell arbeiten.«

»Ihr werdet aus mir keinen Deut – nicht einmal einen halben Deut herauskriegen, ihr Huligane!« versicherte der Staatsmann. Er drehte sich zur Wand und vergrub sich tief in die Decken. Hassidoff und seine Frau warteten noch eine Weile, traten unruhig von einem Fuß auf den anderen und verließen dann böse den Raum.

»Er benimmt sich überhaupt nicht nett«, erklärte Frau Hassidoff, als sie sorgfältig die Eisentür zusperrte. »Wenn die Sache so liegt, hat es sich wirklich nicht ausgezahlt, ihn so gut zu pflegen. Ihr Staatsmänner wißt nicht, was das Wort ›Danke‹ heißt. Was soll ich ihm jetzt zu essen geben, Salman?«

»Nichts«, erwiderte Salman düster.

Dulnikker lag eine Weile ungestört auf seinem Bett, sein ganzes Wesen schlaff und blutend, bis es ihn anfing aufzuregen, daß die Zeit ohne sein Wissen verging. Die Lampe war aus Mangel an Brennstoff schon lange ausgegangen, und das schwache Licht, das durch das kleine Fenster sickerte, genügte nicht, daß der Staatsmann die Zeiger seiner Uhr sehen konnte. Zumal die Uhr spurlos verschwunden war.

Plötzlich spürte Dulnikker, daß sich sein Magen mit einem seltsamen Laut umdrehte, und als der Anfall heftiger wurde, sprang er zur Tür und begann sie mit den Fäusten zu bearbeiten. Nach einer Weile hörte er draußen Schritte, und das Licht einer Lampe näherte sich der Tür.

»Wozu werden Sie so wild, Ingenieur?« schrie ihn der Barbier an. »Sie zerbrechen mir die Tür, wenn Sie so weitermachen!«

»Ich will hinaus!«

»Das haben wir bereits besprochen.«

»Dann geben Sie mir wenigstens zu essen!«

»Geben Sie mir Rat!«

»N-e-in!« keuchte Dulnikker und lehnte sich an die Wand,

um nicht zusammenzubrechen. »Tot soll ich hier umfallen, aber ich werde Sie, Sie unverschämter Nichtsnutz, nie zu einem Bürgermeister de jure machen!«

»Schön, Dulnikker, wie Sie wünschen«, erwiderte der Barbier. Bevor er ging, fügte er hinzu: »Wenn Sie das nächste Mal klopfen, sollten Sie sicher sein, daß Sie irgendwelche Ideen haben!«

Der Staatsmann brach zusammen, setzte sich auf den kalten Fußboden, schob jedoch sofort die Lippen vor und kurbelte seinen Mut an, entschlossen, seinem Gefängnis zu entfliehen, selbst wenn er es auch alles selber machen mußte. Daher zog er das schärfste Instrument aus seiner Tasche, das er besaß – seinen festen Taschenkamm –, und begann durch die Düsternis zu kriechen, tastete die Wände mit zitternden Händen überall ab und suchte schwache Stellen zwischen den Ziegeln, wie das in solchen Situationen üblich ist. Kurze Zeit darauf stolperten seine Finger über ein Loch in der Wand, und der fröstelnde Staatsmann begann mit seinem armseligen Instrument an der Stelle zu schaben. Es war noch keine Viertelstunde vergangen, als Dulnikker ohne Kamm und mit zersplitterten Fingernägeln dastand, während das Loch in der Wand nicht um Haaresbreite weiter geworden war – denn die Wand war aus Beton, wie sich der Staatsmann etwas später erinnerte.

Dulnikker taumelte ins Bett, entfernte seinen Verband und quetschte dessen schales Wasser auf seine herausgestreckte Zunge. Dann legte er sich zurück und krümmte sich auf den knarrenden Sprungfedern, als suchten ihn alle Leiden Hiobs heim. »Hier verfaule ich lebendigen Leibes auf meinem St. Helena, während Shimshon Groidiss auf meinem Thron sitzt«, flüsterte der Staatsmann mit erstickter Stimme. Seinen vorwurfsvollen Blick himmelwärts richtend, fügte er hinzu: »Wofür bestrafen Sie mich, meine Herren – wofür?«

In seiner üblen Lage hoffte Dulnikker, daß sein Verschwinden einen Aufruhr im Dorf verursachen würde, der zu einer fieberhaften Suche und schließlich seiner Befreiung führen würde. Besonderes Vertrauen setzte er in seinen verläßlichen Freund, den Chauffeur, wenn ihm auch dessen Rolle bei seiner Entführung äußerst unklar war. In Wirklichkeit aber kümmerte sich kein Mensch um das plötzliche Verschwinden des Staatsmannes. Nur Mischa der Kuhhirte mußte sich für das Geheimnis interessieren, erstens wegen seiner Stellung und zweitens wegen seiner zerrissenen Kleidungsstücke, die er an dem ›Seil‹ befestigt fand, das an das Balkongitter geknüpft war. In seinem Bericht erwähnte der Polizeichef Dulnikkers offenen Regenschirm und brachte die Meinung zum Ausdruck, daß der Herr Ingenieur, der sich in letzter Zeit sehr sonderbar benommen habe, in einem höchst verwirrten Geisteszustand via Balkon hinuntergestiegen sei. Seiner Theorie zufolge habe der Ingenieur die Straße zu überqueren gesucht. Aber die in der Gegend verstreuten und das ganze Dorf entlang am Brombeergebüsch hängenden Kleidungsfetzchen bewiesen, daß er mit einem nicht identifizierten Riesen fürchterlich kämpfen mußte, der ihn in die Wälder verschleppt habe, aus Gründen, die nur Riesen bekannt waren. Der Dorfrat wurde nicht einberufen, um das Verschwinden zu erörtern, weil Hassidoff Mischas Annahme bezüglich des Riesen akzeptierte, und er schloß den Fall ab.

Das Verschwinden des Zweiten Vorsitzenden – des Krankenwärters – war vom Gesichtspunkt der Polizei aus noch mysteriöser, weil sich Zev genau in derselben geheimnisvollen Nacht, ohne die geringste Spur zu hinterlassen, in Nichts aufgelöst hatte. Und von dem Tag an ward der bebrillte Jüngling von niemandem mehr gesehen.

Der Schuhflicker, dessen Pech es anscheinend wollte, daß er unter häufigen Familienschwierigkeiten zu leiden hatte, wurde nach dem Verschwinden seines Schwiegersohns in die Affäre seines Vaters verwickelt. Als der Alte merkte, daß sein Streik nicht die gewünschten Ergebnisse zeitigte, entschied er sich, weitreichende Schritte zu unternehmen. Er verständigte die Öffentlichkeit, daß er zum Bürgermeister gewählt zu werden wünsche, oder zumindest anstelle seines Erstgeborenen Zemach zu einem der Dorfräte. So schlang sich der ältere Gurewitsch seine Leier um den Hals, wandelte von Haus zu Haus und begleitete seine zitternde Stimme beim Vortrag vergessener Rosinesker Lieder mit seinem eigenen Geklimper. Die entzückten Bauern pflegten sich um ihn zu versammeln, der Alte machte eine Pause in seinem künstlerischen Programm und erklärte folgendes:

»Ich verspreche keine Büros oder Kulturpaläste oder Brunnen. Nur eines: Reisen! Ausflüge! Es ist nicht gerecht, daß nur Dorfräte reisen dürfen! Wenn ich dort sitze – im Dorfrat –, werde ich zusehen, daß jedermann, besonders der für mich stimmt, zweimal im Jahr kostenlos ›im Dienst des Dorfes‹ reisen darf, wohin er will.«

Das setzte einen äußerst gefährlichen Präzedenzfall, weil hier das Beispiel eines Bürgers vorlag, der kein Mitglied des Provisorischen Dorfrats war und doch versuchte, sich in den Ständigen Rat einzuschleichen, eine Entwicklung, die unvorhergesehene Ereignisse zeitigen konnte. Daher intensivierten die Abgeordneten ihre eigene Wahlkampagne. Ofer Kisch für seinen Teil konzentrierte seine Tätigkeiten bei den elf ›Dreitürniks‹. Der Steueraufseher erschien an regnerischen Abenden in ihren Häusern und unterhielt die verarmten Leute mit Grotesktänzen und Tierimitationen – besonders mit dem Eselsgeschrei, in dem er sich so auszeichnete, daß wiederholt Zugaben verlangt wurden.

Am Ende des Programms pflegte Ofer Kisch den ›Dreitürniks‹ zu sagen: »Meine lieben Freunde, ihr habt von mir zuviel in einer Zeit gelitten, die, wie ich hoffe, für euch zu Ende ist, um nie wiederzukehren. Daher helft mir, in den Rat wiedergewählt zu werden, und ich schwöre, ich werde meinem Mangel an Zurückhaltung ein Ende setzen.«

Aber die Leute zog es nicht zum Schneider. Die meisten interessierten sich viel mehr für den ›Einfachen Plan‹ des Schuhflickers, der das Wesentliche seines Programms und seiner Perspektiven in wenigen Worten zusammenfaßte:

»Wer für mich stimmt, erhält auf der Stelle zwei Tnuva-Pfund.«

Amitz Dulnikker lag entkräftet und jenseits aller Hungerqualen auf seinem kärglichen Bettzeug. Sein Kopf war wunderbar klar, ein sicheres Zeichen, daß sein Ende nahte. Der Tag, den er soeben gefangen verbracht hatte, war eine erhabene Prüfung des menschlichen Willens gegen die Forderungen eines immer schwächer werdenden Körpers gewesen. Dulnikker ersann eine Vielzahl von Schikanen, um seinen eigenen Körper zu täuschen, aber sein erfolgreichster Plan, seinen Geist ständig zu beschäftigen, war natürlich der Gedanke daran, Shimshon Groidiss aus seiner Autobiographie auszumerzen.

Gegen Abend – seiner Zeitschätzung nach – war es zu einem ernsten Zusammenstoß zwischen ihm und seinen Gefängniswärtern gekommen. Der Vorfall begann, als Dulnikker die Eisentür heftig mit Fußtritten bearbeitete und nachdrücklich einen Vorrat an Kerosin für seine Lampe und eine seiner Stellung angemessene Hygiene verlangte. Das Gedonner an der Tür veranlaßte die Hassidoffs, die Verhältnisse zu verbessern, und

Dulnikker wurde vom Bürgermeister persönlich sowie einem anderen Kerl hinausgeleitet, von dem sich herausstellte, daß es der Schwager des Barbiers war – der Wächter des Gemeindeamtes. Die Barbiersfrau fegte das kleine Gemach aus und begleitete ihr Tun mit geräuschvollem Knurren. Der Teilsieg diente jedoch nur dazu, die persönlichen Forderungen des Staatsmannes zu erhöhen, und er weigerte sich, in ›dieses Loch‹ zurückzukehren, solange man nicht für die Reinigung seines Anzuges sorgte, der in der Nacht der mißglückten Flucht gräßlich dreckig und fleckig geworden war. Frau Hassidoff wurde sehr böse über den Egoismus des Ingenieurs und machte ihm schwarz auf weiß klar, daß sie diese Lumpen sofort der Frau eines der ›Dreitürniks‹ zum Waschen übergeben würde, denn sie – Salman und sie selbst – hätten es nicht übernommen, solche persönlichen Dienstleistungen zu verrichten.

Dulnikker bändigte nur mühsam seine Freude. Denn inzwischen war es ihm gelungen, eine kleine Notiz zu schreiben, die er in der Jackentasche verbarg:

»Hilfe, ich liege in Ketten im Gefängnis im Kuhstall des Bürgermeisters. Entsprechender Finderlohn zugesichert. INGENIEUR.«

Nachdem Frau Hassidoff mißmutig den Anzug mitgenommen hatte, streckte sich Dulnikker in seiner Unterwäsche auf dem Bett aus und versteckte den Kopf unter den Decken, damit man sein Gelächter nicht hörte. Und so wartete er voll Spannung und hoffnungsvoller Sehnsucht auf die Reaktion des ›Finders‹. Gegen Mitternacht hörte er endlich draußen ein leises Rascheln und sah, wie ein Stück weißen Papiers langsam unter seiner Tür durchgeschoben wurde. Dulnikker glitt von seinem Bett, das Herz in der Kehle. Er unterdrückte ein unschuldiges Pfeifen, zündete seine Lampe an und verschlang gierig die Worte auf dem Papier.

Der Staatsmann wurde rot, und seine Adern drohten zu platzen; denn es war seine eigene Geheimnotiz. Und auf die Rückseite war folgendes gekritzelt:

»Morgen gibt es gebratenen Truthahn mit Essiggurken. Und viel Soße. Hassidoff.«

In Wahrheit hatte das Schicksal Dulnikker absichtlich einen Streich gespielt. Denn seine Notiz war tatsächlich zu der ›Dreitürnik‹-Frau gelangt, der man befohlen hatte, den Anzug am nächsten Morgen anständig gereinigt zurückzubringen. Aber die Bäuerin beherrschte die Geheimnisse der Schrift nicht und hatte den Zettel ehrfürchtig der Bürgermeistersgattin zurückgegeben.

»Mein Mann sagt, es ist ein magisches Amulett«, sagte die Dreitürnitza, »daher bringe ich es schnell zurück, Frau Bürgermeister.«

Hassidoff hatte die Notiz in großem Zorn studiert, und Dulnikker las dessen Antwort sogar mit noch größerer Wut. In grenzenloser Verachtung brüllte er am Fenster:

»Diebe! Posträuber!«

Diese Nacht war unerträglich. Dem Staatsmann gelang es erst nach langer geistiger Verwirrung einzuschlafen, und plötzlich erschien ihm im Traum ein uralter Zwerg, ungefähr acht Zoll hoch, dessen langer Bart feuerrot war. Dulnikker kannte ihn von irgendwoher. Der winzige Uralte trug ein großes Tablett, und darauf lag ein gebratener Truthahn, der ein würziges Aroma aussandte. Auch weniger verführerische Düfte hätten einen Mann verrückt gemacht, der seit fast achtundvierzig Stunden nichts mehr gekostet hatte. Nicht nur, daß Shimshon Groidiss – denn der war der widerliche Gnom wirklich – das saftige Geflügel dem unglücklichen Träumer ständig unter die Nase hielt, sondern er zwinkerte auch noch mit den feurigen Augen, schwang eine gläserne Glocke und sagte:

»Seien Sie nicht töricht, Ingenieur Dulnikker! Geben Sie Hassidoff ein paar gute Ideen und machen Sie Schluß damit.«

Dulnikker wurde den Liliputaner Groidiss mit einem ohrenbetäubenden Aufkreischen los. Erstaunlicherweise hatte jedoch der Duft von Truthahn seine Nüstern nicht verlassen, als er früh am Morgen erwachte. Der Staatsmann erhob sich von seinem Bett, und dem anscheinend wirklich vorhandenen Duft bis zu seiner Quelle nachgehend, stieß er mit dem Kopf an die Tür. Der berühmte Staatsmann kniete nieder, drängte seine Nase in den schmalen Spalt zwischen Schwelle und Tür, und nach einer Weile wollüstigen Schnüffelns erhob er sich, erschüttert von der Entdeckung, daß das gebratene Tier direkt vor der Tür draußen lag.

In diesem Augenblick, nach einem lobenswerten Kampf innerer Titanen, gaben Fleisch und Blut Amitz Dulnikkers nach. »Es ist unmöglich, eine solche Gehirnwäsche zu überleben«, versicherte der Staatsmann hilflos. Und er begann mit der Faust auf die Eisentür zu hämmern, die ihn von der Sehnsucht seines Lebens trennte.

»Ja, Dulnikker?« fragte der Barbier in dem freundlichen Ton, den alle Sieger anschlagen, »was kann ich für Sie tun?«

»Sie Huligan, geben Sie mir diesen Vogel!«

Der Barbier hob die gigantische Portion des gebräunten Vogels – die Fettaugen wirbelten in dem dicken Saft – zur Höhe des Fensterchens, um dem Ingenieur zu zeigen, daß es ihm ernst war: »Zuerst geben Sie mir einen Rat, Dulnikker, weil ich vermute, daß Sie nach der Mahlzeit den Appetit verlieren, mir zu helfen.«

»Ungeheuer!« stöhnte der Staatsmann, und seine Augen fielen ihm fast aus dem Kopf und auf das Tablett. »Wer garantiert mir, daß Sie mir das Fleisch geben, nachdem ich Ihnen meinen Rat gegeben habe?«

Hassidoff überlegte und beugte sich der Logik der staatsmännischen Behauptung.

»Schön, Dulnikker«, sagte er zu ihm, »machen wir es Zug um Zug.« Dabei riß er einen saftigen Truthahnflügel los, reichte ihn durch das Fenster und fügte hinzu: »Dafür will ich, sagen wir, ein gutes Schlagwort für die Wände zum Draufschreiben haben.«

Dulnikker riß seinem Gefangenenwärter den triefenden Flügel aus der Hand und verschlang ihn blitzartig. Eine solche innere Genugtuung hatte der Staatsmann nicht einmal 1949 empfunden, als er nach der Veröffentlichung des zweiten Bandes seiner Leitartikel den Literaturpreis von Jerusalem erhalten hatte. Nachdem er seine Schlemmerei beendet hatte, drehte er sich um und fragte den Barbier scharf:

»Vielleicht geben Sie mir meine Uhr zurück, Freund?«

»Erst nach den Wahlen, meine Herren«, erwiderte der Barbier. »Früher brauchen Sie sie nicht, Dulnikker.«

»Mehr«, krächzte der Staatsmann, und erhielt eine weitere, diesmal winzige Truthahnportion, begleitet von dem energischen Ersuchen, er möge endlich seine Meinung über das für die Wände benötigte Schlagwort äußern.

»Wie lautet das Schlagwort des Schuhflickers?« erkundigte sich Dulnikker und fügte hinzu: »Übrigens, wo sind die Essiggurken?«

Der Barbier reichte ihm eine riesige, frische Essiggurke, die so saftig war, daß Dulnikker fast betrunken wurde.

»Dieser hinkende Schuhflicker hat auf jedes Haus im Dorf geschrieben: DER SCHUSTER LIEBT DAS DORF – DAS DORF LIEBT DEN SCHUSTER, was ein wunderschönes Schlagwort ist. Und außerdem malt er die Worte in grüner Farbe mit Hilfe einer Art Schablone, die man einfach an die Wand hält und mit dem Pinsel drüberstreicht! Ich hätte nie gedacht, daß Gurewitsch das Hirn für so was hat.«

Dulnikker zermalmte mit geschlossenen Augen konzentriert und unermüdlich seine Essiggurke. Dank der verbesserten Ernährungslage und seiner zunehmend guten Laune wurde der Staatsmann bald wieder »Dulnikker, das Elektronenhirn« – wie ihn die Untergebenen seiner Abteilung – selbst ins Gesicht – zu nennen pflegten.

»Wie klingt euch das, Genossen: DER SCHUSTER LIEBT DAS DORF – DAS DORF LIEBT DEN BARBIER!«

Mit strahlendem Gesicht reichte Salman Hassidoff dem Staatsmann den ganzen übrigen Truthahn.

»Blendend!« rief er entzückt. »Ich sagte Ihnen ja, Herr Ingenieur, es gelingt Ihnen! Sehr gut. Da gibt's nur ein kleines Problem, Genossen.« Der Barbier wurde plötzlich feierlich. »Ich brächte unter keinen Umständen je eine solche Schablone zustande. Vielleicht versuchen Sie's, Dulnikker?«

»Ich bin ein absoluter Ignorant, wenn es auf Handwerk ankommt«, entschuldigte sich der Staatsmann. »Solche physischen Aufgaben pflegte ich immer meinem unglückseligen Krankenwärter aufzuerlegen. Aber ich glaube, ihr braucht für diese Aufgabe ohnehin keine Schablone, Genossen. Alles was ihr zu tun habt, ist, nur das letzte Wort von Herrn Gurewitschs Schlagwort zu ändern und SCHUST durch BARBI zu ersetzen. Das erfordert nur ein bißchen Tünche und etwas Farbe.«

»Eine Sekunde«, rief Hassidoff und schrie hinaus: »Weib! Eine Extraportion Kartoffeln und Linsen für den Herrn Ingenieur!«

»Auch ein paar Knödel, wenn's gefällig ist«, sagte der Staatsmann. Nachdem sich Dulnikker an dem großen dicken Vogel gelabt hatte, begann er sich dem Barbier gegenüber dankbar zu fühlen, obwohl er unfähig war, sich das vernunftmäßig zu erklären. »Warum steht ihr?« fragte Dulnikker den Bürgermeister. »Warum setzt ihr euch nicht, Genossen?«

Beide setzten sich auf den Bettrand.

»Meine Herren, ich bin bereit, Ihnen die Siegeskrone zu überreichen«, verkündete Dulnikker, als er die schmackhafte Beilage mit wachsender Gier verschlang, »aber dafür verlange ich eine erstklassige *cuisine!*«

Frau Hassidoff servierte dem Staatsmann eine Schüssel mit

heißen Knödeln, Pflaumenkuchen, ein Pfund Äpfel, ein Päckchen Zigaretten und schwarzen Kaffee und dann – noch eine Scheibe Fleisch, einen Zwiebelrostbraten und eine Gemüse-Nudelsuppe, belegte Brote und eine Flasche Südwein. Als ihr ausführliches Gespräch beendet war, taumelte Salman Hassidoff hinaus, versperrte die Tür besonders sorgfältig und trompetete seiner erschöpften Gattin zu:

»Der Herr Ingenieur ist ein liebenswürdiges Genie. Er hat mir eine derartige Geheimwaffe geschenkt, daß ich sie nicht einmal dir erzählen kann.«

Gleich an jenem Freitag abend stahlen sich der Barbier und sein Bürowächter wie zwei Geister auf Seitenwegen durch das Dorf. Die beiden bedeckten die Buchstaben SCHUST in der feindlichen Aufschrift mit frischer Tünche, und auf ihrer zweiten Runde malten sie auf das weiße Viereck – in der gleichen Grünschattierung – BARBI. In der Morgendämmerung stand die Wahl unter umgekehrten Vorzeichen: Der Schuhflicker war noch immer für das Dorf, aber das Dorf war jetzt für den Barbier.

Da das ganze Unternehmen Freitag nachts stattgefunden hatte, ergoß Ja'akov Sfaradi seine Wut über die Sabbathschänder wie ein Sandsturm in der Wüste Sinai.

»Ein Mensch, der am Vorabend des Sabbath auf jüdische Wände schreibt, kann nicht Bürgermeister in einem jüdischen Dorf sein«, wetterte der Schächter gegen den öffentlichen Sünder. »Durch diese abscheuliche Tat hat sich der Bürgermeister de facto aus der Alljudenschaft ausgeschlossen. Daher erkläre ich, Ja'akov Sfaradi ben Schlesinger, kraft der mir vom Hauptrabbinat übertragenen Autorität Salman Hassidoff für exkommuniziert! Wer immer von heute ab mit ihm irgendwie in Kontakt tritt, mit ihm spricht oder für ihn stimmt, wird ebenfalls exkommuniziert und geht seiner Rechte an den Diensten meines Vorhofs, einschließlich Beschneidung und Heirat, verlustig. Der Schächter hat gesprochen.«

Kein Wunder also, daß Dulnikker Sonntag morgens bei dem Geruch einer frisch gebackenen Erdbeertorte mit hoch aufgehäuftem Schlagrahm erwachte, die der exkommunizierte Bürgermeister zitternd durch das Fenster schob. Dulnikker ging daran, das Tortenkunstwerk mit Riesenbissen zu demolieren, während der entsetzte Barbier ihm erzählte, was durchgesickert war.

»Jetzt, vor den Wahlen, exkommuniziert zu werden!« jammerte das Opfer der Schikane. »Das ist wirklich eine Katastrophe! Was können wir dagegen tun, lieber Ingenieur?«

»Aber das ist doch einfach«, versicherte Dulnikker. »Ihr werdet den Schächter eurerseits exkommunizieren, Genossen!«

So geschah es, daß über dem Spiegel bald eine Aufschrift hing, die lautete:

»Ich, Salman Hassidoff, exkommuniziere hiermit den Schächter, kraft des Barbierdiploms, das mir vom Prüfungsausschuß verliehen wurde. Er verliert somit sein Recht, sich der Vorteile meines Barbierens zu erfreuen, und ich hebe auch sein Recht auf, mit einem Quorum in meinem Geschäft zu beten, als Strafe. Jeder Bürger, der es wagt, sich mit ihm zu befreunden, wird von mir nicht mehr rasiert. Das schließt auch Haarschneiden ein. Und als Bürgermeister werde ich ein Auge auf ihn haben. Der Barbier hat gesprochen.«

Natürlich nützte dieser interne Streit niemandem außer Gurewitsch. Der Schuhflicker wurde von Tag zu Tag aktiver, und seine Projekte zeugten von einem erschreckenden ideologischen Fortschritt.

»Herr Ingenieur, jetzt haben sie uns in der Klemme«, beklagte sich der Barbier, als er den Staatsmann in seiner Zelle rasierte. »Letzte Nacht pfuschte der hinkende Schuhflicker an der Schlagzeile herum: DER SCHUSTER LIEBT DAS DORF – DAS DORF LIEBT DEN BARBIER. Er änderte nur vier Buchstaben, und jetzt lautet die Aufschrift: DER SCHUSTER LIEBT DAS DORF – DAS DORF HASST DEN BARBIER! Jetzt werde ich den Barbier zum Schuster zurückmalen müssen, obwohl ich mich kaum mehr auf den Beinen halten kann, und mein Magen ist nicht in Ordnung. Eine entsetzliche Situation ...«

»Gott sei Dank, Zev lebt.« Dulnikker empfand eine ungeheure Erleichterung und dachte heiter, »und außerdem ist er im Schoß seiner Familie«.

Die Mitglieder des Provisorischen Dorfrats waren gezwungen, wieder zu einer formellen Sitzung zusammenzutreten. Ofer Kisch hatte dabei eine Hand im Spiel, denn er leistete den wahrhaft bemerkenswerten Beitrag, daß er die vier Großen dazu überredete, ihre Unstimmigkeiten beiseite zu schieben und sich an einen Tisch zu setzen. Der Abgrund zwischen den Dorfhäuptlingen war jedoch unüberbrückbar, und sie setzten sich mit bösen Gesichtern so weit wie möglich voneinander entfernt nieder. Malka hatte in dem Versuch, die Atmosphäre aufzutauen, Tee und Kekse vorbereitet. Der unermüdliche Schneider half ihr den Imbiß servieren, aber es gelang ihnen nicht, das Eis des Hasses zu brechen, das in der Ratskammer immer dicker wurde.

»Also kommen Sie zur Sache, meine Herren«, sagte der Schuhflicker schließlich. »Ich habe nicht den ganzen Tag Zeit. Was gibt's?«

»Wir müssen entscheiden, wie die Wahl abgehalten werden soll«, erwiderte der Wirt unter ungeheuerlichem Blinzeln, und alle verfielen in verwirrtes Schweigen, weil gerade dieser Punkt den Verstand der Abgeordneten überstieg. Sie begannen alle darüber zu brüten. Dem Barbier tat es allmählich sehr leid, daß er den Ingenieur nicht in seiner Hosentasche hatte mitnehmen können.

»Ja«, erwiderte der Schuhflicker, »das ist eine Grundsatzfrage. Jedenfalls müssen wir eine geheime Wahl abhalten.«

»Gut«, bemerkte Elifas. »Aber wie, um Himmels willen?«

»Sehr einfach«, erklärte der Schuhflicker. »Ich werde dort zwischen den vier armseligen Säulen Hassidoffs am Tisch sitzen, und die Leute werden neben mich treten und mir – ganz geheim – ins Ohr flüstern, für wen sie stimmen. Ich werde in einem Notizbuch eine Aufstellung machen, und am Ende addieren wir die Spalten.«

»Einfach wunderbar«, donnerte der Schächter, »und warum sollen ausgerechnet Sie, Gurewitsch, derjenige sein, der die Liste führt, wenn ich fragen darf?«

»Das gehört zu der Geheimhaltung«, murmelte der Schuhflicker. Der Barbier schaltete sich mit der Meinung ein, daß diese Regelung Mißverständnisse zulassen könnte.

»Ich habe einen viel demokratischeren Vorschlag, Genossen«, kündigte Hassidoff an. »Wir leihen uns eine Sammelbüchse von Majdud und Hajdud und stellen sie zwischen die Säulen. Jeder Stimmberechtigte, der nicht will, daß ich Bürgermeister bleibe, wird eine Halbpfundmünze in die Büchse werfen.«

»Das ist kindisch«, meinte der Schächter. »Vor allem muß man herausfinden, ob jeder Stimmberechtigte fromm ist oder nicht. Daher schlage ich vor, jeden Wähler zu verpflichten, die Hand auf einen Psalter zu legen und zu erklären: Ich stimme für den Schächter. Oder er kann das Gegenteil erklären: Ich bin ein Atheist.«

»Kommt überhaupt nicht in Frage«, disqualifizierte Elifas Hermanowitsch die Idee und stieß wütend mit dem Fuß nach einer der Katzen, die zu seinen Füßen spielten. Alle Repräsentanten sahen klar, daß sie in eine Sackgasse geraten waren. Salman Hassidoff schob seinen Ärmel langsam hoch, blickte auf seine goldene Uhr und sagte:

»Es ist bereits sechs Uhr dreißig. Wir sollten lieber etwas tun, meine Herren.«

Der Barbier hatte sich lange auf diesen glorreichen Augenblick gefreut. Aber er wurde bitter enttäuscht. Der hinkende Schuster schob ebenfalls seinen Ärmel hoch:

»Ich habe erst sechs Uhr zwanzig«, sagte er sachlich. Aber auch ihm war eine Überraschung bestimmt. Der winzige Schneider warf einen schnellen Blick auf die Armbanduhr, deren Blaßgold an seinem linken Handgelenk schimmerte:

»Ich habe genau fünfundzwanzig vor sieben, Sommerzeit«, erklärte er und fügte hinzu, »vielleicht sollten wir den Tee trinken, Genossen, bevor er kalt wird?«

Die Repräsentanten rührten geistesabwesend in ihrem Tee herum und hoben die hübschen Porzellantassen an die Lippen. Aber da ging etwas Seltsames vor. Salman Hassidoff, dem der Tierarzt winzige rote Pillen gegen seine Magenzustände gegeben hatte, warf zwei von ihnen in seine Tasse, und siehe – der Tee begann zu schäumen, wurde grün und verbreitete einen scharfen Geruch...

»Meine Herren!« schrie der Bürgermeister de facto entsetzt. »Was geht hier vor?«

Die verblüfften Räte sahen ihn an, aber bei dem Klappern zerbrochenen Porzellans wandten sie die Köpfe nach Ofer Kisch um, dessen Tasse ihm aus der Hand geglitten und auf dem Boden zerschellt war. Der Schneider bückte sich, um die Scherben aufzuheben, und sah die zornige Malka an.

»Das ist ja fein!« rief die Gastgeberin aus. »Und das von meinem neuen Service!« Dann wandte sich Malka an Hassidoff. »Beruhigen Sie sich und trinken Sie aus, Herr Hassidoff, es ist der gleiche Tee, den ich täglich mache. Bestimmt ist etwas mit Ihren Pillen nicht in Ordnung.«

»Halt!« kreischte Frau Hassidoff. »Die Katze!«

Alle drehten sich um und sahen eine der Katzen an, die soeben den verschütteten Tee fertig aufgeschleckt hatte und sich jetzt in schrecklichen Schmerzen auf dem Boden krümmte. Die Abgeordneten stellten langsam ihre Teetassen hin und starrten in dumpfem Schweigen das unglückselige Tier an, das nach wenigen Augenblicken vor ihren Augen verendete.

Kurze Zeit waren die Anwesenden sprachlos. Die Dorfräte atmeten schwer und wischten sich bedrückten Herzens die Schweißperlen von der Stirn, während die Frauen vor Entsetzen zu Salzsäulen erstarrten.

»War die Katze krank?« erkundigte sich Ofer Kisch mit bleichem Gesicht, während er sich mit zitternden Lippen in eine Ecke drückte. Als Antwort auf seine Frage hinkte der vierschrötige Zemach Gurewitsch auf ihn zu und hob den kleinen Kerl am Genick hoch.

»Höre, Kisch«, flüsterte der Schuhflicker, gefährlich und gepreßt, »was war drin?«

»Wie soll ich das wissen?« Der Schneider zitterte am ganzen Körper und schluckte seinen Speichel.

»Was hast du in den Tee gegeben?«

»Verzeih mir, Gurewitsch...«

Die riesige Hand des Schuhflickers packte den Schneider fester, der wie ein gefangenes Tier zappelte und stöhnte. Die Spannung war unerträglich. Die Barbiersfrau brach laut in Tränen aus und fiel in ihrem Stuhl zusammen. Zemach Gurewitsch zerrte das Fragment von Mann zum Tisch und hielt Ofer Kisch eine volle Tasse an die Lippen:

»Trink!« brüllte er und schüttelte den Schneider auf und nieder. »Trink, du Bastard!«

Der schlotterte und schaukelte in den Händen des Schuhflikkers vor und zurück wie eine leblose Wachspuppe.

»Was war drin?«

»Rattengift...«

»Woher hast du's gehabt?«

»Vom Tierarzt.«

»Du Huligan!« donnerte der Schuhflicker ihn an und ließ ihn zu Boden fallen. »Hältst du uns für Ratten?«

Ofer Kisch erhob sich auf die Knie und breitete die Handflächen gegen seine Richter aus.

»Barmherzigkeit! Juden, habt Mitleid!« flüsterte er so weinerlich und heiser, daß es seinen Zuhörern schwer fiel, sein gestammeltes Flehen zu verstehen. »Glaubt mir, dem Sünder, daß ich nicht euch persönlich gemeint habe... Habt Mitleid, meine Herren! Ich bin ein armer Bettler, ein geborener Taugenichts, der in seinem ganzen Leben nie etwas erreicht hat. Ich besitze nichts, kein Heim, ich war immer hungrig, bis erst der Dorfrat eine kleine Änderung in meinem Leben zum Guten brachte. Aber stellt euch vor, meine Herren: Ich hatte das Gefühl, daß ich bestimmt nicht wieder in den neuen Rat gewählt und geradewegs in die gräßliche Armut zurückfallen werde... Und dieser Sturz wäre schrecklich gewesen, Genossen. Kein Mensch will hinuntersinken, jeder will emporsteigen zu glorreichen himmlischen Höhen. Jeder will in seiner kurzen Lebensspanne etwas Erfolg haben: Menschlicher Ehrgeiz und goldene Träume... Wenn es daher ein Verbrechen ist, Genossen, zu streben, irgendeine öffentliche Stellung zu ersehnen, dann bin ich wirklich ein Verbrecher ... ich weiß, daß es nicht nett war, was ich getan habe, ich entschuldige mich dafür, ich glaube auch, daß es nicht ganz richtig war, aber meine Freunde, versucht, mich zu verstehen: Ich wollte so schrecklich gern Bürgermeister werden... Das war mein Traum schon seit meiner schweren Kindheit: Bürgermeister sein! Nicht lange, nur ein paar Monate, ein halbes Jahr, sagen wir ein Jahr, zu spüren, daß ich jemand bin. Jetzt bin ich überzeugt, daß ihr mich alle haßt, Genossen, und ich bin euch deswegen nicht böse, weil ich weiß, daß ihr, die Starken, Erfolgreichen, die Lage des armen, rückständigen Burschen nie verstehen werdet, der nie Glück hat und Gegenstand des Gelächters für jedermann ist... weil er... schwach und klein ist...«

»Jetzt nimm's nicht so schwer... Es ist nicht so schlimm«, murmelte Elifas, als er sich die feuchten Augen wischte, »es wird alles gut werden, Ofer. Du wirst sehen, es wird alles gut.«

»Danke, Genossen, ich danke euch sehr«, antwortete der Schneider bewegt. »Ihr seid alle wirklich wie gute Freunde zu mir. Glaubt mir, das tut mir mehr weh als euch... Ich hatte wirklich nicht geglaubt, daß eine solche Tragödie passieren würde. Das arme Kätzchen – ich will es bezahlen...«

»Macht nichts«, stöhnte Elifas, »es sind noch eine Menge Katzen im Haus übrig.«

In diesem Augenblick erhob sich Zemach Gurewitsch – dem es plötzlich zuviel wurde, dieses »Ofer-tut-einem-leid« –, packte den unglücklichen Bettelarmen, schleppte ihn zur Tür und beförderte ihn mit einem kräftigen Fußtritt in den Hintern hinaus.

»Hat man schon je einmal so etwas gehört«, murmelte der Schuhflicker. »Schön, ein Kerl erklärt seinem Feind den Krieg, aber doch nicht dem ganzen Dorfrat? Ich schwöre, der Tee war schon an meinem Mund, und in der nächsten Sekunde hätte ich ihn getrunken, wenn Hassidoff nicht das Gift entdeckt hätte.«

»Wirklich ein Glück«, grübelte der Barbier und starrte in die Luft.

Als Dulnikker das sich nähernde Aroma von gebratener Gans roch, wußte er, daß ernste Angelegenheiten zur Diskussion standen. Der Barbier kam herein und stellte das Tablett bedingungslos vor dem Staatsmann nieder – eine Tatsache, die einigermaßen das innere Einvernehmen illustrierte, das sich zwischen den beiden Männern in den letzten Tagen entwickelt hatte.

»*Bon appetit*, Genossen«, bemerkte Hassidoff und fügte hinzu: »Ich weiß nicht, ob Sie sich erinnern, Herr Ingenieur, aber kurz bevor Sie unser Gast geworden sind, versprachen Sie mir, mich reden zu lehren.«

Der Staatsmann schluckte monumentale Bissen von dem Gänsebein, das er in der Hand hielt, weil er schon lange von dem Gebrauch von Eßgeräten abgekommen war. In seinen gegenwärtigen Umständen – hatte er geschlossen – war Besteck einfach überflüssig. Dulnikker stand zudem unter dem Einfluß des süßen Weines, den er seit neuestem zu trinken begonnen hatte, und er schwelgte in den wohltätigen Gefilden des Alkohols, in deren Macht es stand, ihn von den Problemen der Gegenwart zu befreien, ob es nun die Fesseln waren, die ihn im Augenblick festhielten, oder Shimshon Groidiss.

»Ihr braucht nicht Rhetorik zu studieren, Genossen«, versicherte ihm der Staatsmann gönnerhaft mit vollem Mund. »Euer Reden hat befriedigendes Niveau.«

»Vielleicht versteh' ich mit gewöhnlichen Bauern auszukommen, aber was ich meine, ist die Fähigkeit, stundenlang zu reden und so, daß die Leute nicht genau verstehen, worüber ich rede. Ich will reden können wie Sie, Herr Ingenieur.«

»Oj, oj, Salman, mein Freund«, kicherte Dulnikker und rieb sich die Nase. »Das verlangt nicht nur Begabung, Genossen, sondern auch eine ungeheure Übung. Was mich betrifft, so habe ich schon im Alter von sechs Jahren, als ich ein kleiner Engel war, eine derartige Festrede zum Ende des Schuljahrs gehalten, daß an jenem Abend die Eltern erschrocken und in Scharen herbeikamen, um herauszufinden, was ihren Sprößlingen zugestoßen war. Übrigens, zu welcher Gelegenheit plantet ihr zu sprechen, Genossen?«

»Nur eine Versammlung von Farmern.«

Wieder verspürte Amitz Dulnikker jene süße, sinnliche

Schwindligkeit seinen Körper wie Rauschgift durchdringen. Die großen Schwierigkeiten, die er in den letzten Wochen erlitten hatte, ließen ihn vorübergehend die Tatsache vergessen, daß er seit mehr als einer Woche keinen nennenswerten Vortrag mehr gehalten hatte. Jetzt eben, dank der Bitte des Barbiers, durchbrach sein innerer Stausee die Dämme mit ohrenbetäubendem Getöse. Der Staatsmann sprang auf, und mit dem fast abgenagten Gänsebein in der Hand wie dem Taktstock eines Dirigenten, begann er eine Festrede, die unter Hochdruck aus seiner Kehle aufschäumte. »Bürger von Kimmelquell, meine Damen und Herren, Altansässige und Neueinwanderer! Verzeiht mir, daß ich einige Minuten eurer Zeit in Anspruch nehme, aber nachdem ich von beiden Stimmenthaltungen gehört habe, die sich von einer absoluten Perspektive aus mit dem Problem beschäftigen, möchte ich in den wenigen mir zugestandenen Minuten trotz unserer Meinungsverschiedenheiten an diese lebenswichtige Angelegenheit erinnern und es absolut klarmachen, ohne auch nur etwas auszulassen oder hinzuzufügen, und zwar in einem dem Gegenstand angemessenen Maßstab, in einer Art und Weise, die unserer Weltanschauung gegenüber loyal ist, mit einem klaren Bewußtsein aller Hindernisse und der Bedürfnisse der Öffentlichkeit und des einzelnen...«

Die Reste der gebratenen Gans waren kalt geworden, und der Schatten des Zeigers der Sonnenuhr hatte sich um zwei Ziffern weiterbewegt, als Amitz Dulnikker seinen letzten Herzanfall in Kimmelquell erlitt. Salman Hassidoff hatte offenen Mundes den dahinrauschenden Worten gelauscht, unaussprechlich beeindruckt, als hätte ein Magier einen alles menschliche Fassungsvermögen übersteigenden Zauber ausgeübt. Und gerade das war die Kunst, die er von dem großen Redner lernen wollte: Diese göttliche Macht, unbegrenzt von Zeit und Raum zu sprechen, jeder Satz ein Satz und jedes Wort an seiner richtigen Stelle, und dennoch ohne einen einzigen wesentlichen Begriff auszudrücken – wie ein unendlicher Aal, der sich ewig dahinwindet.

Als Dulnikker zu stammeln und zu stöhnen begann, stürzte der Barbier auf ihn zu und streckte ihn sehr besorgt auf dem Bett aus; außerdem fächelte er kühle, erfrischende Luft über das rote Gesicht des Staatsmannes. Selbst Hassidoff war von der gigantischen, vollkommenen Rede bis zum Zusammenbruch ermüdet, aber er schonte sich nicht und kümmerte sich mit seiner Frau bis zum Einbruch der Nacht um den Ingenieur.

»Herr Ingenieur«, bat die brave Frau etwas besorgt, »Sie sollten so etwas nicht vor den Wahlen tun. Salman will noch immer, daß Sie ihn sprechen lehren.«

»Nun, Sie haben mich gehört, mein Freund«, flüsterte Dulnikker mit einem schwachen Lächeln, »jetzt ahmen Sie das einfach nach.«

»Das kann ich nicht«, protestierte Salman, »wenn ich so zu reden anfange, egal wie sehr ich mich auch bemühe, was ich sage, ist immer klar wie die Sonne. Haben Sie nicht irgend etwas Schriftliches bereit?«

»Was meinen Sie – bereit?«

»Eine solche Rede, geschrieben oder gedruckt. Es macht nichts, wenn es kurz ist, ich kann ja immer wieder von vorn anfangen...«

Dulnikker versuchte, sich nicht aufzuregen, weil er sich das wirklich nicht leisten konnte, aber die hartnäckigen Forderungen des Barbiers zerrten an seinen Nerven. Nach einiger Suche zog der Staatsmann ein zerknittertes Blatt der Parteizeitung aus seinem Koffer (Groidiss!). Dulnikker erinnerte sich, daß es auf der betreffenden Seite des Blattes etwas gegeben hatte, das dem Barbier entsprechen würde.

»Lesen Sie der Menge den Leitartikel vor.«

»Was ist ein Leitartikel?« fragte Frau Hassidoff.

»Eine Rede für Anfänger«, vereinfachte es ihr Dulnikker. Ermüdet fügte er hinzu: »Ihr solltet es mehrmals wiederholen, bis ihr es ganz parat habt, Genossen. Jetzt laßt mich ruhen.«

Die Versammlung fand auf dem Baugrund des vorgeschlagenen Salman-Moses-Kulturpalastes statt. Die Bauern bearbeiteten ihre Felder gerade nicht, sowohl wegen der schweren Regenfälle, die der Winter gebracht hatte, als auch aus anderen Gründen. Daher hatten sie frei, um so an öffentlichen Vergnügungen wie Versammlungen teilzunehmen. Der Himmel neigte diesmal nicht dazu, gemeinsame Sache mit dem Schächter zu machen, und in völliger Mißachtung von Sfaradis Bannspruch der Exkommunizierung segnete der gütige Herr die Versammlung des Barbiers mit freundlichem Wetter.

Aus den Reihen der Versammelten ragten gewisse feindliche Schuhflickernikgesichter hervor, Gurewitsch selbst tauchte in letzter Minute persönlich auf und stand – von seinen Anhängern umgeben – in ominösem Schweigen am Rande des Feldes. Ehrlich gesagt hatte der Schuhflicker alles Recht, zu kommen, weil Hassidoff ganz plötzlich gerissen wurde und den Dorfbewohnern nicht enthüllte, daß dies seine eigene, höchst persönliche Versammlung war. Er verbarg sich hinter dem schwungvollen Schlagwort:

»EINE VERSAMMLUNG FÜR ANHÄNGER DER RECHTSCHAFFENHEIT – MIT ÜBERRASCHUNGEN!«

Diesmal führte nicht der Wirt den Vorsitz, weil Hassidoffs Magen sich jedesmal noch immer leicht drehte, wenn er sich an die Feier der Friseurgeschäftsjahresfeier erinnerte. Die Eröffnungsansprache hielt der kommunale Gemeindeamtswächter, ebenfalls ein wichtiger Dorfbewohner.

»Meine Herren«, lautete die einfache Eröffnung des stämmigen Bauern oben auf dem hohen Podium. »Ich sehe, ihr seid allesamt hier, um zu hören, was uns Salman, dieser ungeheuerliche Ingenieur, einhämmern will. Lassen wir also Salman reden. Für mich ist das schwer.«

Daraufhin setzte sich der Wächter ruhig zurecht, und der Barbier erhob sich kampfbereit. Es waren nur noch wenige Tage bis zu den Wahlen, und Hassidoff erkannte die vor ihm liegende Herausforderung. Er legte das Zeitungsblatt vor sich auf den Tisch, zog trotz des kühlen Wetters die Jacke aus und krempelte die Ärmel bis zu den Schultern hoch. Dann streckte er die Hand aus, drückte dreimal auf die Tischglocke und brüllte in die allgemeine Stille: »Leitartikel!«

Eine Bewegung der Überraschung und Genugtuung ging durch die Zuhörer. Die unverständliche Eröffnung versprach, daß da Großes kommen würde. Und Hassidoff hielt dieses Versprechen:

»Wenn wir nach Beendigung unseres ersten Fiskaljahres der Unabhängigkeit den Weg, den wir zurückgelegt haben, sorgfältig auswerten sollen«, deklamierte der Barbier laut, »und wenn wir zusammenfassen sollen, was der Schoß der Zukunft für uns umschlossen hält, müssen wir uns notwendigerweise fragen: ›Wohin?‹ Wir möchten glauben, daß die Bedürfnisse der Nation untrennbar ineinander verschlungen sind und daß mit ihrer Befriedigung sowohl der Frieden als auch der Fortschritt unseres Volkes in dieser Ära liegt...«

Salman Hassidoff spürte, daß ihm Flügel gewachsen waren. Er war nur schwer imstande, sich zu beherrschen und zwischen den Sätzen nicht in ein wildes Triumphgeheul auszubrechen. Er deklamierte, er sprach, belehrte und rhetorisierte genau wie der Ingenieur mit erstaunlicher Flüssigkeit, äußerst verwirrend, mit der gleichen elementaren Gewalt, wie die reißende Flut des hochgehenden Flusses die Berge überschwemmt, jeden Widerstand, der sich ihr in den Weg stellt, überrennt, zerschmettert und zerstört. Die Zuhörer standen eingeschüchtert da, von frommer Ehrerbietung erfüllt. Selbst die benommenen Gegner des Barbiers wurden von der Macht seiner gigantischen Rhetorik überwältigt. Frau Hassidoff sah den Redner staunend an, und man konnte sehen, daß sie sich von neuem in ihren kahlköpfigen Gatten verliebte. Hassidoff läutete noch zweimal und fuhr fort:

»Die Wahl vor uns liegt zwischen Einheit und Trennung, zwischen Aufbau und Zerstörung, zwischen Sieg und Niederlage, zwischen Erfolg und Mißerfolg, zwischen Anstrengung und Trägheit, zwischen dem Geraden und dem Gewundenen. Die Erbauer des Staates dürfen die Pflichten nicht mißachten, die uns die Erneuerung auferlegt, wenn uns die Schwingen der Geschichte an unsere Mission der Bewährung erinnern, wenn der zionistische Traum in das Herz und die Seele der Nation eingeschrieben hat: Fortsetzung nächste Seite, Kolonne fünf!«

Hier endete der Leitartikel. Da die letzten Wörter, die in Klammern unten auf der Seite standen, etwas unklar waren, insbesondere dem Redner, drückte der Barbier wieder auf die Glocke und wiederholte sie: »Kolonne fünf!«

Die Zuhörer reagierten auf diese überraschende Wendung der Rede mit verwirrtem Schweigen. Niemand hatte es in Betracht gezogen, gerade diese Redewendung besonders beachten zu müssen, wenn alles andere so dicht umwölkt war. Aber die Wiederholung riß den Schuhflicker aus seiner Lethargie, und blitzartig ging es ihm auf: »Aha! Eine fünfte will er!« Er bildete einen Trichter aus seinen Händen und brüllte, so laut er konnte, zum Podium hinüber:

»Und ich sage, es wird keine fünfte Säule geben!«

»Stimmt!« Seine benommenen Anhänger erwachten. »Nieder mit der fünften Säule!«

Der Barbier wurde schrecklich wütend und verlor die Selbstbeherrschung.

»Ich sage euch, ich bin der Bürgermeister«, er hieb auf den Tisch, »und es wird doch eine fünfte Kolonne geben!«

Plötzlich begann die Tragödie. Hassidoff fiel über den Tisch vorwärts, den Körper in Krämpfen und den Mund überquellend von einem gallebitteren grünen Schaum. Hermann Spiegel sah, wie Hassidoffs plötzliche Rage den Gallenanfall hervorrief, aber selbst wenn er dem Leidenden hätte helfen wollen, wurde er durch die Schuhflickerniks daran gehindert. Sie packten die Stöcke, die sie zufällig mitgebracht hatten, und fielen über die Leute des Barbiers mit dem Schlachtruf her:

»Da habt ihr eure fünfte Kolonne, ihr Bastarde!«

Die Taschenmesser in den Händen der Bauern, die auf seiten des Barbiers standen, öffneten sich von selbst. Hermann Spiegel wand sich zum Rand des Feldes durch und öffnete das Erste-Hilfe-Kästchen, das er »nur für alle Fälle« mitgenommen hatte. Und gut, daß er es mitgebracht hatte. Kaum hatte er es geöffnet, schlug ihn jemand auf den Kopf, und er wurde ohnmächtig.

Der erste politische Krawall in Kimmelquell dauerte ungefähr zwei Stunden – so lange, wie müßige Bauern vorhanden waren. Viele Teilnehmer waren verletzt, aber nur zwei ernstlich: der Polizist – der sich in die Schlägerei eingemischt hatte, um ernste Zwischenfälle zu verhindern – und der Tierarzt, den ein Barbiernik auf den Schädel haute, weil er ihn irrtümlich für seinen Schwager, einen Schuhflickernik, gehalten hatte. Mischa wurde in sein Zimmer über dem Schankraum gebracht, wo er von der Gattin des vermißten Krankenwärters höchst erholsam gepflegt wurde, während Hermann Spiegel auf dem Schlachtfeld blieb und von der aufgebrachten Menge niedergetrampelt wurde. Als der Zusammenstoß vorbei war, verließen beide Gruppen den Kulturpalast als Sieger. Die Bauern, körperlich verwundet, zerstreuten sich unter gegenseitigen Drohungen, die über Nacht einen überraschenden Ausdruck auf den Hauswänden fanden:

KEINE FÜNFTE KOLONNE! schrieben entschlossene Hände. NIEDER MIT DER FÜNFTEN KOLONNE!

Natürlich führte das Projekt »Malt das Schlagwort des Tages« zu weiteren, wenn auch beschränkten Ausbrüchen von Feindseligkeiten zwischen den mit Kübel voll Tünche und einer Menge Farbe beladenen Mannschaften. Am nächsten Tag war die Atmosphäre schon so geladen, daß die unschuldigste Bemerkung über die in Frage stehende Säule genügte, um jedes gewöhnliche Gespräch zu zerstören. Die Bauern, die bisher eine überraschende Selbstbeherrschung bei Gewaltanwendungen an den Tag gelegt hatten, waren jetzt ebenso schnell bei der Hand, ihre festen Fäuste spielen zu lassen, so daß es schien, als verdoppelten sie sich automatisch, wann immer die Wörter »Kolonne« oder »Säule« auftauchten. Die Lage wurde so gespannt, daß die Friedliebenden und Apathischen unter den Dorfbewohnern aufhörten, die aufreizende Zahl »fünf« zu verwenden und statt dessen vorsichtigerweise »zwischen vier und sechs« sagten, um niemandem Ursache zu geben, böse auf sie zu werden.

In der darauffolgenden Zeit war es ratsam, sich nicht ins Freie zu wagen, und an den meisten Häusern waren tatsächlich die Fensterläden geschlossen – die Frauen saßen angstvoll hinter versperrten Türen und sehnten sich nach dem Ende des Belagerungszustandes.

Salman Hassidoff war ständig nervös, und infolge seiner häufigen Gallenanfälle wurde sein Gesicht äußerst mager und verfallen.

»Vielleicht riskiere ich mein Leben, aber ich gebe bei dieser fünften Säule nicht nach!« pflegte er einem Kunden zu verkünden, während er sein Rasiermesser mit geradezu widerlichem Vergnügen schärfte. »Für andere Leute mag die fünfte Kolonne ein bloßer Pfosten sein, aber für mich ist sie ein Symbol!«

Daraufhin sprang die lauernde Klinge des Barbiers jeweils dem Kunden an die zugeschnürte Kehle, und er fragte:

»Was ist Ihre Meinung, meine Herren? Eine Schweinerei, was?«

Die Antwort lautete ausnahmslos bejahend.

Der Barbier informierte Dulnikker beim Mittagessen über den Ausgang der Versammlung.

»Kolonne fünf?« murmelte der Staatsmann – und dann wälzte er sich vor brüllendem Gelächter auf seinem Bett. »Ich sterbe vor Lachen! Salman, mein Freund... Kolonne fünf... fünfte Kolonne... fünfte Säule... einfach großartig...«

Die Flasche Rotwein, mit der sich Hassidoff Dulnikkers ewige Dankbarkeit erwarb, hatte ebenfalls ihren Anteil an der guten Laune des Staatsmannes, aber der Bürgermeister, der ihm mit saurem Gesicht gegenübersaß, überging diese Kleinigkeit.

»Ich sehe nicht ein, was da so komisch ist«, bemerkte der Barbier düster. »Es stimmt, ich habe kein einziges Wort in Ihrem Leitartikel verstanden, Ingenieur, aber ich möchte ums Leben gern wissen, warum da dieser Satz am Ende mit einer fünften Säule war! Der ganze Artikel erwähnte, glaube ich, vorher kein einziges Mal eine einzige Säule! Statt zu lachen, erklären Sie mir bitte vielleicht, worum das Ganze geht, ha? Wirklich, Dulnikker! Der Mensch wird doch noch wissen dürfen, wofür er eigentlich kämpft!«

»Man braucht nicht alles zu verstehen: Es genügt zu wissen, daß wir recht haben.« Der Staatsmann lachte und begann in neu aufwallender Fröhlichkeit mit den Händen auf dem Kissen herumzudreschen, bis seine Hosenknöpfe unter dem Druck seines Bauchs, der in so wenigen Tagen gigantische Ausmaße angenommen hatte, in alle Richtungen davonflogen.

Inzwischen waren bei Zemach Gurewitsch drüben fieberhafte Diskussionen über das notwendige Vorgehen im Gang, um die Komplotte des Barbiers abzuwehren. Eine Handvoll Loyalisten waren um die Person des Schuhflickers versammelt, unter ihnen der Brunnenwächter und Ofer Kisch. Der Schneider hatte sich erst vor wenigen Tagen dem Schuhflickerblock angeschlossen, hatte jedoch um Gurewitschs willen bereits Blut und Schweiß geopfert. Ofer Kischs ideologische Bekehrung zur Weltanschauung des Schuhflickers war völlig spontan erfolgt. Geschehen war folgendes: Sie trafen einander auf der Straße, der Schneider senkte die Augen und sagte:

»Ich weiß, Ingenieur Gurewitsch, daß Sie noch immer böse auf mich sind, weil ich das arme Kätzchen getötet habe, aber ich hätte gern eine Chance, um Ihnen zu beweisen, daß mein einziges Anliegen das öffentliche Wohl ist. Geben Sie mir nur eine winzige Gelegenheit, mein Vergehen gutzumachen.«

»Dazu gibt es nur einen Weg, Genossen«, erwiderte Ingenieur Gurewitsch, nachdem er die Sache eine Zeitlang erwogen hatte. »Kommen Sie mit allen Ihren ›Dreitürniks‹ auf meine Seite, und dann wollen wir weitersehen.«

»Danke. Sie sind wirklich gut zu mir, Gurewitsch«, sagte der Schneider. »Jetzt haben wir also nur die praktische Seite zu regeln...«

Nach einem verhältnismäßig reibungslosen Handeln kamen beide Seiten zu einer Vereinbarung: Der Schuhflicker versprach Kisch fünf Tnuva-Pfund pro Tag bis zum Wahltag, sowie zwei Paar Schuhe in vorzüglichem Zustand und einen sicheren Sitz im Ständigen Dorfrat. Da dieses übergeneröse Angebot beträchtlich besser war als das Angebot des Barbiers, schlossen beide Seiten einen ewigen Bund und unterzeichneten das Abkommen. In ihren Herzen.

Der Schneider arbeitete wirklich schwer, um die Aufrichtigkeit seiner Reue zu beweisen.

»Ingenieur Gurewitsch«, wandte er sich mitten in der fieberhaften Diskussion an seinen Führer, »was tun wir, wenn die Barbierniks losgehen und diese fünfte Säule bauen?«

»Was wir tun werden?« stöhnte der Schuhflicker, als ihn ein Hustenanfall fast erstickte. »Ich werde Ihnen sofort sagen, was wir tun, meine Herren!«

Gurewitsch langte in den Speiseschrank nach einer Flasche Wein, einem halben Brotlaib und Würsten, womit er in Richtung Hühnerstall verschwand, der hinter einer hohen Hecke hinten im Garten verborgen stand. Kurz nachher kehrte Gurewitsch mit leeren Händen zurück, schlug mit der Faust auf den Tisch und schrie:

»Demonstration!«

Die Organisation der Aktion wurde Ofer Kisch übertragen – Zeugnis des großen Vertrauens, das sich der Schneider in den Augen des Schuhflickers erworben hatte. Den Anweisungen Gurewitschs folgend entwarf er sofort Schilder, auf denen in überdimensionalen Rosinesker Großbuchstaben stand:

Hände weg von der Fünften Kolonne!
Wir dulden keine Fünfte Kolonne!
Die Pocken über die Fünfte Kolonne!

Dann versammelte der Schneider alle Brunnenkrieger unter seinem Fähnchen am Dorflagerhaus und gruppierte seine feiertäglich gewandeten Bauern zu jenen geordneten Reihen, die wütenden Demonstranten entsprechen. Hier traf Ofer auf den Widerstand der meisten Teilnehmer, sich zusammen mit den »Dreitürniks« aufzustellen, die automatisch mitgekommen waren. Die Bauern behaupteten, daß sie, die Steuerfreien, sich nicht mit den Unberührbaren vermischen würden, nicht nur um ungeschriebener sozialer Gesetze willen, sondern auch, weil die »Dreitürniks« im Lauf der Zeit verarmt waren und ihre armselige Gewandung der Gelegenheit nicht angepaßt war. Dem Schneider gelang es jedoch, die heikle Situation unter Kontrolle zu halten. Er erklärte den Steuerfreien, daß die ›Dreitürniks‹ zu dem einzigen Zweck mit eingesetzt wurden, um die schweren Schilderpfosten zu tragen; das sprach ihren Verstand und ihre Herzen an.

Bevor sich die höchst eindrucksvolle Prozession auf ihren Weg begab, schenkte der Schneider den Kämpfern etwas verbale Ermutigung.

»Wir haben absolut verläßliche Berichte«, begann er, »daß der kahle Barbier plant, jeden Augenblick den fünften Pfosten aufzustellen, trotz dagegenstehender Warnungen! Deshalb werden wir jetzt durch die Dorfstraße marschieren und diesen Schurken daran erinnern – durch den Krach, den wir beim Zertrümmern aller Fensterscheiben machen –, was für ein Schicksal Verräter erwartet! Außerdem: Ich fühle mich verpflichtet, meine Herren, Sie darauf hinzuweisen, daß dieser Protestmarsch etwas sehr Gefährliches ist. Wer Angst hat, soll hierbleiben, um die anderen nicht zu stören. Vorwärts, marsch!«

Zum Ruhm des Dorfes sei es gesagt, daß von der ganzen großen Menge nicht einer die Reihen im Stich ließ, mit Ausnahme des Schneiders, der neben dem Lagerhaus stehenblieb, um die Demonstranten nicht zu stören. Sein Blick folgte der Prozession von hier aus.

Der Massenaufmarsch begann sehr nett. Die Dörfler kamen aus den Häusern, erstaunt über die Gewaltigkeit des schönen Anblicks mehrerer Dutzend feierlicher Bauern, die in fast ordentlicher, aber äußerst steifer Haltung auf die Behausung des Barbiers zumarschierten und unter der Leitung des Brunnenwärters unaufhörlich brüllten:

»Nieder mit Fünf! Nieder mit dem kahlen Barbier, dem Säulenheiligen! Nieder mit dem Barbier Fünf!«

Die Stimmung der Demonstranten war wirklich gut, aber dem kahlen Barbier gelang es, rechtzeitig alle seine Fensterläden zu versperren, und es damit unmöglich zu machen, was der interessanteste Teil des Protestmarsches zu werden versprach. Aber die Leute waren nicht bereit, so leicht aufzugeben, besonders nicht, solange ihnen die Worte des Schneiders über das Schicksal der Fensterscheiben noch in den Ohren klirrten. Als die Demonstration den Rand des Dorfes erreicht hatte, klaubten die Demonstranten Steine mittlerer Größe von der Straße auf und zerschmissen jede einzelne Fensterscheibe im Haus des Schuhflikkers, um den kahlen Barbier daran zu erinnern, »was für ein Schicksal Verräter erwartet«!

Die stürmische Tat, so glorreich in ihrer Massenbarbarei, verfehlte nicht ihr Ziel. Der Barbier, der die ganze Zeit neben der Tür seines Ladens stand und alles durch die Spalten seiner Fensterläden mitangesehen hatte, flüsterte seiner Frau zu:

»Zum erstenmal dämmert mir, was hier vorgeht: sie glauben, daß ich eine fünfte Säule aufrichten will, wobei ich keine Ahnung habe, was ich mit den ersten vier machen soll! Ich sage dir, die sind alle geistig zurückgeblieben! Eine fünfte Säule! Wozu? Was für eine idiotische Idee, Madame!«

Um also keine Zeit zu verlieren, verließ der Bürgermeister seine Festung durch ein Loch in dem ausgebrannten Hinterflügel. Er schlich durch die Gärten zu dem Haus des Bauunternehmers, der einer seiner Anhänger war. Am Schluß ihrer Konferenz stahlen sich beide mitten in der Nacht zum Gemeindeamt, rückten die Schreibtische beiseite und errichteten in der Mitte des Fußbodens, genau mitten zwischen den vier Betonsäulen – eine Verschalung für einen fünften Pfosten, in die sie Zement gossen.

Neben der frischen fünften Säule schritt der Gemeindewächter mit einem riesigen Knüppel in der Hand auf und ab. Das setzte den Behauptungen ein für allemal ein Ende, daß der Wächter für's Nichtstun bezahlt werde.

Am nächsten Morgen lief Salman Hassidoff heftigen Schritts zur Eisentür und tobte den Ingenieur an:

»Sagen Sie, Dulnikker, wozu füttere ich Sie eigentlich, wenn der hinkende Schuhflicker uns immer einen Schritt voraus ist?«

Das war richtig. Der Schuhflicker hatte wieder einmal eine lobenswerte Initiative gezeigt. Aus Ästen und Faserplatten hatte Gurewitsch einen kleinen Wagen gebaut, vor den er einen weißen Esel spannte. Mit dem fuhr er durch die Straßen, über sich ein großes Schild, und auf dem stand:

SCHAUT, ONKEL ZEMACH IST EIN LUSTIGER GESELL!
FAHRT MIT DEM KOMMENDEN BÜRGERMEISTER VON KIMMELQUELL!

Die Dorfjugend war hingerissen von diesem Unternehmen, besonders da das Vergnügen für sie kostenlos war. Die Fratzen standen Schlange an der Endstation des Eselkarrens und warteten, bis sie zu einer Runde in dem Karren drankamen. Außerdem sang ihnen der Kutscher – Ingenieur Gurewitsch – während der Fahrt sogar funkelnagelneue Kinderlieder vor (»Wo zum Teufel hat er die gelernt?«) und verteilte eine Menge Kaugummi. Es sickerte sogar durch, daß Mami und Papi ohne ihre Sprößlinge auftauchten und behaupteten, letztere seien »indisponiert«, und verlangten, daß ihnen der Schuhflicker sowohl die Kaugummi als auch »ein, zwei Runden« gewähre.

»Mein lieber Herr Ingenieur«, bat der Barbier verwirrt, »denken Sie sich etwas genauso Gutes aus – oder ich schwöre, ich ermorde Sie auf der Stelle, Dulnikker!«

»Habt ihr denn nicht ein eigenes Gefährt, Genossen?«

»Sie Genie! Wollen Sie, daß ich den hinkenden Schuhflicker nachäffe?«

»Einen Augenblick, meine Herren!« protestierte der Staatsmann. »Wie kann ich mich konzentrieren, wenn Sie unaufhörlich schwätzen?« Dulnikker leerte ein Glas Wein, und die Räder seines Elektronenhirns begannen knirschend herumzuwirbeln. Etwas später strahlte sein rundes Gesicht auf, und er spuckte heraus:

»Ich hab's! Ein Karussell!«

»Nu, sehn' Se, es gelingt Ihnen ja, wenn Se's wirklich versuchen!« jubelte der Barbier und reichte seinem Mentor ein Päckchen Keks. Plötzlich verschwand die Freude aus seinem Gesicht. »Es ist großartig, stimmt, aber ich hab' kein Geld mehr, Dulnikker. Das Schatzamt des Dorfes ist vollkommen leer, und meine Ersparnisse hab ich für alles mögliche sonst verbraucht.«

»Mein Beileid, meine Herren«, erwiderte Dulnikker kalt. »Wer keine Mittel hat, ist viel besser dran, er bleibt außerhalb der politischen Arena.«

Das Karussell wurde doch errichtet, mitten auf der Straße genau gegenüber dem Wirtshaus. Es bestand aus einem einzigen hohen in den Boden gerammten Mast mit fünf(!) rohen Bänkchen, die auf kleinen Holzrädern um den Mast liefen. Ein riesiges, an die Mastspitze genageltes Schild lautete:

DREHT EUCH SICHER RUNDHERUM,
ONKEL SALMAN BLEIBT BESTIMMT BÜRGERMEISTER!

Reimen war nie die starke Seite Dulnikkers. Aber das Herumdrehen war wirklich gesichert, da ›Dreitürniks‹ verwendet wurden, um die mit jubelnden Fratzen beladenen Bänke zu schieben. Der Barbier hatte diese technische Einzelheit durch die üblichen Kanäle – den Gemeindesekretär – organisiert, der den zehn »Dreitürniks« (einer starb und wurde bedauernd von Steueraufseher Ofer Kisch begraben) einen offiziellen, schriftlichen Befehl dahingehend übersandte, daß die Adressaten über Dorfratsbeschluß verpflichtet waren, das Karussell zwei Tage lang in der Richtung der Zeiger an der Armbanduhr des Bürgermeisters zu schieben. Dementsprechend wurde die Dorfstraße zum echten Entzücken der örtlichen Jugend zu einer Art Vergnügungspark, obwohl sie häufig mit den Erwachsenen zu ringen hatten, die sich aller Sitze auf den Bänken bemächtigten und trotz der Regenschauer ein fröhliches Wildwestgeheul losließen, um die jeweiligen »Dreitürniks vom Dienst« zu größerer Eile anzuspornen.

Die gute Laune der Bürger führte zu einer Erhöhung der Nachfrage nach starkem Schnaps, und seltsamerweise kaufte auch der Barbier einige Flaschen Wein. Elifas Hermanowitsch war jedoch mit dem Ansteigen seines Geschäfts nicht zufrieden. Das nerventötende Kreischen des Karussells drang ihm wie Dolche in die Ohren, bis der Wirt eines Tages zur Gartentür vor seinem weißen Haus hinaustrat und die fröhlich Tobenden anschrie:

»Das macht euch Freude, was? Ein Zirkus! Aber ich werde euch kein Karussell bauen, ich werde keine Eselskutsche bauen. Von mir bekommt ihr keinen einzigen Heller, um mich in den Dorfrat zu wählen!«

»Ei, nett«, erwiderten die Leute. »Was also wollen Sie eigentlich von uns?«

Sie überließen den Wirt seiner Trübsal und strebten dem anderen Ende des Dorfes zu, um zu sehen, welche Fortschritte das Brunnenbohren machte. Das war eine weitere ›glänzende Idee von dem hinkenden Schuhflicker, hol ihn der Teufel‹! In einer der Pausen der Winterregenfälle erschien eine Mannschaft von Arbeitern und stellte einen riesigen leiterähnlichen Bau neben der Straße auf, die zu den Weiden führte. Neben dieser Anlage stand das allgegenwärtige Schild, das in diesem Fall lautete:

DER DORFBRUNNEN ZEMACH GUREWITSCH
Die Versuchsbohrung begann diesen Mittwoch, da der Bürgermeister de facto emeritus, der kahle Herr S. Hassidoff, sündhafterweise die öffentlichen Bauten vernachlässigte und das Dorf zum Tode durch Verdursten verurteilte!
Nieder mit dem Säulenbarbier!
Nieder mit der fünften Säule!
Nieder mit der 5!

Auch die Bohrarbeiten waren sehenswert. Auf dem leiterähnlichen Gerüst standen zwei mächtige Bauern, deren kräftige Hammerschläge auf einen langen Mast niederfielen, dessen eines Ende scharf gespitzt war. Da sich jeder Versuch als fruchtlos erwies und der gesegnete Wasserstrahl aus den Tiefen der Erde nicht hervorbrach, entfernten die Bohrenden den Pfosten, schleppten das Gestell einige Schritte weiter und begannen mit einer Ausdauer und Geduld ohnegleichen erneut mit ihrer Versuchsbohrung. Salman Hassidoff wanderte verbissen zum Bohrfeld hinaus, von Pfeilen geleitet, die, an Pfosten genagelt, alle Interessierten die ganze Straße entlang bis zum Bohrfeld wiesen:

ZUM ZEMACH-GUREWITSCH-BRUNNEN.
TASSEN SIND MITZUBRINGEN!

Nach dem Besuch des Barbiers bei den Bohrern erlitt Dulnikkers Speisekarte ernstliche Einschränkungen. Hassidoff informierte ihn während eines neuen Gallenanfalls, daß er ihm solange nicht einmal einen Löffel kalter Suppe geben würde, so lange der Schuhflicker aus Mangel an Konkurrenz so glorreich vorwärtsschritte.

»Als ich dort war, waren sie noch nicht auf Wasser gestoßen, aber ich hatte den Eindruck, daß sie jeden Augenblick das Wasserniveau erreichen konnten«, jammerte der Barbier, als er sich an seine Frau lehnte, um nicht in Ohnmacht zu fallen. »Wenn wir ihnen nicht etwas Außergewöhnliches bieten können, sind wir verloren, Dulnikker!«

»Hören Sie, mein Freund Salman, vielleicht möchten Sie auch einen Brunnen bohren?«

»Genie! Warum habe ich ihn dann mein ganzes Leben lang bekämpft?«

»Herr Ingenieur!« Frau Hassidoff fiel plötzlich vor dem Staatsmann in die Knie: »Geben Sie uns Elektrizität!«

Dulnikker schälte das schamlose Frauenzimmer von sich ab und wartete etwas, um den Barbier für seine »impertinente Sprache« zu strafen. Die Hassidoffs lagen ihm buchstäblich zu Füßen, und ihre flammenden Augen blickten in stummem Flehen zu dem Staatsmann auf.

»Schön«, verkündete Dulnikker leutselig. »Es besteht kein Grund, warum ich Joskele Treibitsch nicht ein paar Zeilen schreiben könnte. Innerhalb einer Woche werden Sie die Masten hier haben.«

»Was für Masten?«

»Für die Elektrizität...«

Der Barbier und seine Frau tanzten vor unbeschreiblicher Freude. Dutzende von Jahren hatte das Dorf die Regierungsämter mit Ansuchen um Strom bombardiert, die unbeachtet geblieben waren. Der Staatsmann riß die Vorderseite eines Zigarettenpäckchens ab und kritzelte mit Bleistift darauf:

›Joskele, ich bitte Dich, so bald wie möglich ein Stromnetz für Kimmelquell zu errichten. Grüße an Schula. Dein...‹

»Bitte geben Sie uns die Adresse, lieber Herr Ingenieur, und ich schicke es sofort noch heute mit dem Nachmittags-Lastwagen der Tnuva ab.«

»Eine Sekunde!« Dulnikker rieb sich die Nase. »Bevor ich diesen Brief unterzeichne, will ich eine feste Verpflichtung Ihrerseits hinsichtlich meiner Mahlzeiten haben. Also: Gekochtes

Kalbfleisch, rohen Blumenkohl und Karotten, Rettich, Kuchen und schließlich, aber weit entfernt von endlich, roten Tokayer! Außerdem will ich einen Heizofen haben, weil mich die Kälte ärgert und ich nicht mit einer Verkühlung heimzukehren wünsche, wenn die Wahlen endlich vorbei sind.«

»Bitte, unser lieber Ingenieur, ein Wort genügt«, erwiderte Hassidoff honigsüß.

Als er hinausging, hob er die Hand und sagte: »Fünfte Kolonne!« – nunmehr sein üblicher Gruß.

Die Dinge gingen weiter wie gewohnt.

Eines Morgens fand man den Gemeindeamtswächter in einem Tümpel seines eigenen Blutes liegen, und die Bruchstücke der fünften Säule lagen rings um ihn verstreut. Diese niedrige Provokation veranlaßte die »Kolonniks« zu einer blitzartigen Antwort. Keine halbe Stunde nach der Entdeckung der barbarischen Zerstörung leerte der Barbier einen Sack Zement auf einen der Schreibtische aus. Unverzüglich wurde die fünfte Säule in der Mitte des Büros gegossen. Außerdem wurde sie breiter und höher als die ursprüngliche errichtet, um der Öffentlichkeit zu zeigen, daß Gewaltanwendung den Glauben der »Kolonniks« an die soziale Gerechtigkeit nur erhöht hatte.

Diesmal setzte der Barbier eine Wache von drei muskulösen Männern um die nasse Betonsäule ein. Aber noch in derselben Nacht überwältigte eine organisierte stärkere Macht eine Handvoll Loyalisten, die nach einer verhältnismäßig kurzen Knüppel- und Taschenmesserschlacht davonliefen. Darauf zerlegten die Rohlinge die Holzform um die frischgegossene Säule, sie quoll heraus und warf sämtliche Büromöbel um.

Am Morgen war die Verschalung wieder aufgebaut und die fünfte Säule neuerlich gegossen worden. In dieser Nacht hielten zehn »Barbierniks«, mit Hacken bewaffnete Bauern, die Wache. Sie versuchten ihre frierenden Glieder an einem Feuer zu wärmen, das mit Karteikarten genährt wurde, aber der Regen, der in Abständen fiel und wieder aufhörte, löschte es von Zeit zu Zeit.

Zum Glück der Säule vollzogen sich Veränderungen, die den Brennpunkt des Kampfes in ein völlig neues Zentrum verlagerten. In der Morgendämmerung schlitterte der Tnuva-Lastwagen vor den Hof des Barbiers. Unter dem Drohen eines nahenden Gewitters wurde eine große Kiste abgeladen und in Hassidoffs Haus getragen. Der Barbier war äußerst aufgeregt, als er die Kiste aufbrach und mit Hilfe des Chauffeurs die neue Geheimwaffe herauszog.

Es war ein kleiner Generator, der von einem Kerosin-Motor betrieben wurde, und er war durch ein Drähtegewirr mit einem Holzkasten verbunden, aus dem weitere mehrfarbige Drähte herausführten.

Salman Hassidoff hob die Flasche roten Tokayers hoch, die er als Lohn eigens für diese Gelegenheit gekauft hatte, und rannte – hustend vor Freude – zum Ende des Kuhstalls.

»Herr Ingenieur, mein geliebter Freund«, er umarmte den Staatsmann herzlich, »der Lautsprecher oder wie immer Sie das nennen, ist soeben eingetroffen!«

Dulnikker spürte, wie sich sein Herz hob, als wäre eben ein großartiger alter Freund auf Besuch herübergekommen. Ein echter Lautsprecher! Lieber Himmel! Seit mehr als drei Monaten hatte er kein Mikrofon mehr in Händen gehalten. Der bloße Gedanke daran genügte, um den Staatsmann trunken zu machen. Aber auf alle Fälle trank er auch einen Schluck Tokayer, nur um sicherzugehen.

»Laßt ihn mich versuchen, Genossen!« bat er den Barbier innig.

»Wo ist er?«

»In meinem Haus.« Hassidoff wurde ernst. »Dulnikker, Sie dürfen unter keinen Umständen hier heraus. Aber ich glaube, die Drähte sind lang genug...«

Der Barbier ließ seinen Wohltäter einen Augenblick allein und rannte zu seinen Kumpanen zurück. Er bezahlte den Chauffeur teils in bar, teils mit der Armbanduhr, die er sich nachdenklich vom Handgelenk streifte. Die Mannschaft hob den Motor auf einen Tisch im Nebenzimmer und füllte seinen Tank mit Kerosin. Der Motor begann lärmend zu rattern, so daß jeder Gegenstand im Zimmer klapperte, und spuckte dicken Rauch aus. Aber der Barbier und seine Frau husteten weiter, trunken vor Freude. Dann bat Hassidoff den Chauffeur, »das Dingsda, in das man hineinredet«, zu montieren, und letzterer begab sich daran, die elektrischen Drähte mit dem Generator zu verbinden. Es dauerte lange, bis er die nötigen Verbindungen hergestellt hatte, aber als er fertig war, rannte Hassidoff sofort mit dem Mikrofon in den Kuhstall, den langen Draht hinter sich herziehend.

Dulnikker, krank vor freudiger Erwartung, war es inzwischen gelungen, die Flasche leerzutrinken. Das Klappern des Motors schien ihm mit seinen Herzschlägen identisch zu sein. Der Staatsmann riß dem Barbier das geliebte Instrument aus der Hand und küßte es fast. Dann räusperte er sich mehrmals, bekam einen leichten Schluckauf und sprach mit seligem Lächeln ins Mikrofon.

»Probe«, hörte man seine Donnerstimme im Freien, »eins, zwei, drei, vier. Es funktioniert!«

Die Kimmelqueller wurden Zeugen eines übernatürlichen Ereignisses, das den Juden Tausende Jahre verwehrt geblieben war:

Mit eigenen Ohren hörten sie die Stimme vom Himmel.

Das begab sich an einem regnerischen, düsteren, ungewöhnlich schwülen Tag. Die Winterstürme hatten das Dorf zum erstenmal mit voller Stärke getroffen. Der Donner rollte und grollte, und Blitze durchtränkten die winzigen Häuser mit blendendem Licht. Mit Ausnahme der Gruppe, welche die Säule bewachte, war alles daheim und blickte mißmutig aus den Fenstern in den Regen hinaus. Diejenigen, die zu übersinnlichen Wahrnehmungen neigten, spürten etwas in der Luft, und tatsächlich erhob sich am Morgen eine Stimme, die zwischen den Häusern widerhallte – eine lärmende, stürmische Stimme, keiner irdischen gleich, die von oben und aus allen Richtungen zugleich kam, mitten unter einem seltsamen Pfeifen und Quietschen – als sei der Tag des Jüngsten Gerichts ins Dorf gekommen.

»Eins, zwei, drei, vier«, sprach Die Stimme vom Himmel mit einer Spur slawischen Akzents, »eins, zwei, drei, vier. Es funktioniert! – Stimmt für meinen Freund Salman! Der Schuster ist unaussprechlich impertinent! Möge die fünfte Säule ewig stehen! Funktioniert tadellos, was? Also wie wär's, meine Herren, ich verdiene doch noch ein Glas, wie?« So dröhnte die Stimme an jenem düsteren Morgen, begleitet von einem Donnerschlag, der die Herzen erbeben ließ. Die Dorfbewohner waren durch die Gewalt ihres gruseligen Erlebnisses höchst nervös. Ein frommes Erzittern schickte auch den letzten von ihnen zu seinem Kleiderschrank, um den Hut aufzusetzen und seinen schändlich verstaubten Psalter hervorzuholen. Die Türen sprangen auf, und die Bauern stapften durch den Regenguß zum Haus des Schächters.

»Narren«, sprach plötzlich die Stimme, anscheinend von noch höher herab, »warum rennt ihr zum Schächter? Dreimal hoch für den Barbier!«

Die Männer blieben verwirrt und wie angewurzelt stehen und traten unglaublich benommen in dem tiefen Schlamm hin und her. Endlich entdeckten sie, daß die erstaunlichen Klänge nicht von oben, sondern unklar aus dem Kästchen in Hassidoffs Fenster kamen. Gleichzeitig drang aus dem Barbierhaus ein Knattern, ähnlich wie das des Tnuva-Lastwagenmotors. Diese Entdeckungen änderten ihren ersten Eindruck entscheidend, der weiter modifiziert wurde, als der Kasten losbrach – diesmal in einer tiefen, von einem Schluckauf unterbrochenen Stimme:

»Hört, Genossen, hört! Der Barbierblock ist euer ureigenster Block. Ihr werdet es nie bedauern, wenn ihr für den Barbier stimmt! Genug von der Herrschaft des Schusters! Stimmt für meinen Freund Salman! Der Barbier liebt nur sein Dorf, aber der Schuster hat seine Seele dem Teufel verkauft!«

»Weiter, Herr Chefingenieur, unser Engel«, baten die Hassidoffs ihren Fürsprecher mit einer Glut, die an geistige Umnachtung herankam. »Sie sind wundervoll, Sie sind wunderschön, Sie sind phantastisch, Herr Chefingenieur! Weiter, bitte, es ist egal, was Sie sagen, nur hören Sie jetzt nicht auf, keine Minute lang! Ich schwöre, ich bringe Sie auf der Stelle um, wenn Sie es tun, bitte, reden Sie weiter, lieber Herr Chefingenieur...«

Frau Hassidoff goß dem Staatsmann noch ein Glas von der roten Flüssigkeit ein, während der Barbier zwischen der Zelle und seinem Zimmer hin und her rannte, um durch das Fenster die hingerissene Menge zu beobachten. Dulnikker strengte sein Elektronenhirn an, um sich ehemaliger Schlagworte zu entsinnen, und sie flatterten in primitiver Unordnung durch den Alkoholnebel:

»Hört, Genossen, hört mich! Kommt her, kommt alle her! Der Schuster hat die Inflation herbeigeführt. Er hat den Schwarzmarkt die Nation ruinieren lassen! Der Barbier ist der Vater seines Dorfes. Ehre deinen Vater, und du sollst alt werden! Der Barbier stellt Aufbau und Absorption dar, Freiheit und Fortschritt, Unabhängigkeit und Frieden – der Schuster ist rein gar nichts. Lang lebe die fünfte Kolonne! Oif Kalts blust men nischt! Der Schuster hat einen Handel mit der Bourgeoisie abgeschlossen! Stimmt für die Fünf! Hassidoff wird regieren! Noch? Schön. Trennung zwischen dem Schächter und dem Staat! Nieder mit dem religiösen Zwang! Der Barbier bedeutet einen Lebensstandard, der Schuster ist wie Shimshon Groidiss! Dreimal hoch für Salman! Dreimal hoch für die Fünf!

Dreimal hoch für die Tausendfüßler! Hört! Hört! Eine wichtige Meldung! Eine wichtige Ankündigung...«

Hier schwieg die Stimme kurz, und dann sagte sie plötzlich schnell:

»Hier spricht der Ingenieur«, donnerte der Fensterkasten, »der Barbier hat mich im Kuhstall eingesperrt. Er will, daß ich – Hilfe!«

Es folgte ein etwas unzusammenhängendes Grunzen, und dann kam ein Lärm, als würden Löwen abgeschlachtet, gemischt mit Explosionen. Plötzlich erstarb der Krach, und dieselbe laute Stimme war wieder im Äther und donnerte schnell und schwer atmend:

»Stimmt für den Barbier! Jedermann ist für den Barbier! Lang lebe der Barbier! Kolonne fünf! Funkstille!«

Es war wirklich eine ungewöhnliche Begebenheit. Die Bauern, bis auf die Haut naß und zitternd vor Kälte, warteten noch ein Weilchen, aber da der Wunderkasten des Barbiers Ruhe gab, kehrten sie alle heim und legten ihre Psalter wieder in die Rumpelkammer. Die zwei, drei Stunden nach dem übernatürlichen Ereignis waren die letzte Zeitspanne der Stille in der Geschichte des Dorfes.

Salman Hassidoffs absolute Herrschaft über die Ätherwellen des Dorfes dauerte nur eineinhalb Tage, obwohl der Barbier seinen Vorsprung voll ausnützte. Seine Alleinherrschaft kam an einem verhältnismäßig angenehmen Nachmittag zu Ende, als die Dorfbewohner alle daheim waren, noch immer geschockt von der Heftigkeit der Wahlrundfunksendungen.

»Stimmt für mich, und ihr werdet mir für diesen Rat danken!« funkte Hassidoff selbst. »Stimmt für die Fünf, den Säulenblock! Ein kleiner Grund, bitte sehr: In den nächsten Tagen wird dank unserem Bürgermeister die Elektrizität unser Dorf erreichen! Ich halte euch nicht mit leeren Versprechungen hin. Ich werde euch eine Menge Elektrizität geben! Nur ein toll gewordener, zurückgebliebener Dummkopf würde für den hinkenden Schuster stimmen! Wir sind alle für den segensreichen Barbier, der uns Elektrizität gegeben hat!«

Und da geschah es.

»Das ist eine Riesenlüge!« brüllte eine nicht weniger himmlische Stimme als die des Barbiers – obwohl tiefer und kränker – aus dem zerbrochenen Fenster des Schuhflickers, begleitet von Anfällen durchdringenden Hustens. »Wir bekommen

Strom von dem kahlen Barbier an dem Tag, an dem uns Haare auf den Handflächen wachsen! Es ist alles nur Stimmenbetrug! Die Brunnenbohrung in meinem Namen schreitet trotz der Regenfälle rapide fort. Die Löcher sind bereits voll Wasser! Stimmt für den Schuhflickerblock, den Wasserblock, eure Rettungsleine! Nieder mit den Kolonnen! Nieder mit der Fünf!«

Und so weiter. Die Station des Barbiers wurde so erstaunlich still wie ein Papagei, dem man soeben die Gurgel durchgeschnitten hat, und Hassidoff kam mit zitternden Knien zu Dulnikker gerannt, obwohl er ihm seit dem Versuch des »undankbaren Alten«, das Mikrofon zu benützen, um freizukommen, keinen Bissen Essen mehr erlaubt hatte.

»Lieber Herr Ingenieur«, der Bürgermeister brach in Stöhnen aus, »sie haben auch einen bekommen! Verdammte Diebe! Was tun wir jetzt, bitte?«

»Was wollen Sie von meinem Leben?« flüsterte Dulnikker, der gebrochen auf seinem Bett lag. »Laßt mich in Frieden verhungern, meine Herren!«

»Weib!« brüllte Salman. »Schlachte sofort eine Kuh!«

Das war jener Tag, an dem alle Vögel aus der Umgebung von Kimmelquell verschwanden.

Zuerst widerstanden die Vögel dem gegenseitigen verbalen Gedonner. Als es jedoch offenkundig wurde, daß sich die Stürme des Himmels wirklich gelegt hatten, das dörfliche Getöse jedoch niemals enden würde, flogen die Vögel in weniger lärmende Regionen. Wie man sagen könnte, »die Situation war kritisch«. Während der verhältnismäßig friedlichen Periode, als nur der Barbier sendete, vergingen die Nächte in einem Anschein von Schlaf. Jetzt aber warfen sich die unglücklichen Dorfbewohner auf ihren Betten herum, überzeugt, daß sie um Mitternacht von Zemach Gurewitschs heiserem Husten aus ihnen hinausgeschleudert würden, und dann würde eine Ansprache folgender Art folgen:

»Jetzt bist du also still, du häßlicher Affe? Jetzt hast du nichts mehr zu bellen, was?«

»Halt den Mund, du lepröses, hinkendes Schwein!« Hassidoff ließ die Fensterscheiben erzittern: »Stimmt für Block fünf!«

Das Problem wurde durch den unaufhörlichen Regenguß erschwert, der die Dorfbewohner davon abhielt, den Vögeln vorübergehend in den Schutz der Wälder zu folgen. Auf jeden Fall wurden jedoch die Häuser neben den beiden einander gegenüberliegenden Rundfunkstationen schleunigst von ihren Bewohnern geräumt, die bis nach den Wahlen zu Verwandten oder gütigen Mitbürgern zogen. Aber selbst diese paar Unglücklichen bezogen nur kurzlebige Vorteile aus ihrer Flucht. Zwei Tage vor »dem Tag« trat eine leichte Wetterbesserung ein, die Sonne lächelte hinter den Wolken hervor, und plötzlich tauchte der Schuhflicker in der Dorfstraße auf. Er saß in seinem Karren, von seinem ganz weißen Esel gezogen, während hinter ihm die kleine Kerosinmaschine fröhlich und getreulich knatterte, und er selbst sich das »Dingsda« vor den Mund hielt und im Fahren mächtig hineindonnerte. Nicht nur, daß der Schuhflicker Jiddisch sprach – ein Präzedenzfall, den in den vielen letzten Jahren noch niemand zu setzen gewagt hatte –, es gelang ihm auch, die Substanz seiner Worte dem beweglichen Charakter seiner Rednerbühne anzupassen:

»Hört! Hört! Alle ihr Bewohner am Stadtrand! Der Schuster schützt eure Interessen gegen den kahlen Barbier, dessen luxuriöses Heim sich immer mehr zur Stadtmitte ausbreitet! Es wird keine fünfte Säule in Kimmelquell geben! Der Schuster als Bürgermeister! Hört! Hört! Ihr, die ihr am Stadtrand wohnt! Der Schuhflicker ist ...«

Die Dorfbewohner wurden des endlosen Lärms so müde, daß sie den Mut aufbrachten und beschlossen, die Trommelfellattentäter zum Schweigen zu bringen. Als sie sich jedoch den Rundfunkstationen näherten, wurden sie mit einem derart schweren Trommelfeuer von Schlagzeilen bombardiert, daß selbst die mutigsten Angreifer vor dem Gedonner um ihr Leben rannten. Jetzt, da der Schuhflicker die Reichweite seiner Sendungen bis an den »Stadtrand« erweitert hatte, packten die Flüchtlinge ihre Siebensachen und schlichen in ihre Häuser in der Dorfmitte zurück, wo sie jetzt denjenigen Zuflucht boten, die bisher ihre Gastgeber gewesen waren.

Mitten in der fahrenden Rundfunksendung kam eine plötzliche Wendung zum Besseren, die den Bürgern Erlösung versprach: Der ganz weiße Esel wurde von dem ohrenbetäubenden Krach wahnsinnig, das friedliche Tier begann durchzugehen und jagte dabei mit dem hin und her schlenkernden Karren außer Hörweite. Die Erleichterung, die sich dank der Rebellion des Esels über das Dorf zu senken begann, war verfrüht. Eine halbe Stunde später war der Karren wieder auf der Straße, die Ohren des Esels mit Watte verstopft und um sie ein breites Halstuch gewunden, um die Leiden des armen Tieres zu erleichtern.

Der Schuhflicker selbst brauchte keine Ohrenstöpsel, weil sein Gehör in den letzten paar Tagen sowieso gelitten hatte.

»Ihr, die ihr in den letzten drei Häusern rechts lebt, zu euch spreche ich!« Gurewitsch teilte das Lager der Wähler mit erstaunlichem Instinkt auf. »Was wollt ihr: Süßwasser oder eine mistige fünfte Säule? Der Schuhflicker bringt euch Vorteile. Der Barbier ist kahl und bankrott!«

Die bewegliche Rundfunkbude arbeitete nur kurze Zeit ungestört. Danach konnte man eine große Geschäftigkeit im Hof des Barbiers bemerken – oder sie aus der seltsamen Stille seines Rundfunkkastens erraten. Seine alternde Eselin kam, vom Bürgermeister persönlich kutschiert, aus dem Hoftor, folgte dem Karren des Schuhflickers und zog die ganze notwendige Apparatur – einschließlich der Frau Hassidoff, die auf dem Wagen stand und in titanischer Wut in dem hartnäckigen Rosenesker Dialekt kreischte:

»Ihr, die ihr in den letzten drei Häusern rechts wohnt! Vergeßt ganz schnell, was der hinkende Schuhflicker keift! Der Barbier verschafft euch Elektrizität! Lang lebe Salman Hassidoff und seine Fünfer!«

Wie jede Massenpropaganda, verlangte auch dieses Unternehmen einzelne Opfer von der Menge. Als die zwei Rundfunkkarren einander so nahe kamen, daß der Barbier den ganz weißen Esel auf den Kopf schlagen konnte, lief plötzlich eine Frau aus einem Haus. Sie stopfte sich die Finger in die Ohren und schrie: »Genug! Genug!« Und stolpernd lief das unglückliche Weib durch die Straße auf das Haus des Tierarztes zu.

»Renne nicht, Bilha«, hustete der Kasten des Schuhflickers, »kümmer dich nicht um das Jajern der kahlen Barbierin! Ich verspreche dir, kleine Bilha, es wird mindestens zehn Jahre lang keine fünfte Säule geben! Hörst du mich nicht, Bilha?«

Anscheinend hatte Bilha den Lautsprecher des Schuhflickers ganz gut gehört, denn es war deutlich zu merken, daß sie noch schneller zu rennen begann. Gerade da knallte der Barbier mit seiner Peitsche und eilte ihr nach.

»Höre ja nie auf einen hinkenden Schuhflicker, kleine Bilha!« verkündete Frau Hassidoff. »Alle Frauen in Wehen in diesem Dorf stimmen für die Fünf! Der Barbier ist der beste Freund der schwangeren Damen! Gib dem Barbier die Mehrheit!«

»Lache herzlich, Bilha, lache!« Der Schuhflicker näherte sich von der anderen Seite und verstärkte die Lautstärke an seinem Kasten. »Wage ja nicht, für den kahlen Barbier zu stimmen, sonst bekommst du Fünflinge! Dein Block ist der Brunnenblock! Verstanden, Bilha?«

Es war die erste Frühgeburt, die sich mitten auf der Straße von Kimmelquell ereignen sollte.

Das Glück lächelte dem Dorf zu, und das Gewitter, das der Nordwind hereinblies, fegte die beiden Kampfwagen von der Straße. Die Krieger kehrten in ihre Häuser zurück, von denen aus sie die Schlacht mit stationärem Gedonner weiterführten. Noch nie war soviel Regen auf das Dorf heruntergefallen, aber es kann auch die Stärke des Lärms gewesen sein, die das so erscheinen ließ.

Der Tnuva-Chauffeur sprang mitten in den Wolkenbrüchen aus dem Lastwagen und eilte in Hassidoffs Haus. Sein schwerer Regenmantel schützte ihn kaum. In solchen Zeiten war der Chauffeur sehr glücklich, daß er die Tnuva verlassen und sich einen eigenen Lastwagen gekauft hatte, da sich der alte von der Tnuva in einem solchen Schlamm nicht von der Stelle gerührt hätte.

»Kolonne Fünf!« begrüßte der Chauffeur den Barbier, als er ihm das funkelnagelneue Jagdgewehr mit Munition überreichte. Im Tausch gegen die Bewaffnung gab ihm Hassidoff zwei schwarze Anzüge und den Haarschneideapparat. Der Chauffeur eilte sofort hinaus, um das Zeug in die Fahrerkabine zu stopfen, denn er hatte es eilig, zum Schuhflicker hinüberzukommen. Bevor er ging, fügte er jedoch hinzu: »Ich glaube, der Wadi ist voll Wasser. Glauben Sie nicht, daß ihr die Dämme überprüfen solltet?«

»Natürlich sollten wir das, Genossen! Wir kümmern uns sofort darum!« erwiderte der Barbier brüllend, denn er und seine Frau waren fast taub. Er bat sein Heldenweib, den Kerosin-Motor aufzuwärmen. Nunmehr war Salman Hassidoff einem Galeerensklaven ähnlich geworden, der unter der Peitsche den Erschöpfungszustand erreicht hat und die Ruder nur noch mit einer automatischen Reflexbewegung handhabt. Das ehemals massive Männchen war zu einem Schatten seines früheren Ich geworden, sein Gesicht eingesunken und grünlich infolge seiner häufigen Gallenanfälle. Kam hinzu, daß der Wahltag vor zwei Tagen gekommen und wieder gegangen war, ohne die Spur von einer Wahl.

Der Barbier nahm das Mikrofon auf und begann mit schwacher Stimme zu senden:

»Hört! Hört! Hier spricht die Fünf! Der Barbier kümmert sich um die Sicherheit des Dorfes! Der Barbier hütet die Dämme! Stimmt für die Säule! Stimmt für den kahlen Barbier! Hört! Hört! ...«

Hassidoff hielt inne, um Atem zu holen, wußte jedoch, daß die Antwort bald durch die Luft donnern würde.

»Märchen für dumme Kinder!« stöhnte der Kasten des Schuhflickers. Dann kam ein erstickender Hustenanfall und: »Was versteht der Barbier von Dämmen: Der einzige Garant der Festigkeit unserer Dämme ist der Brunnenblock! Stimmt für die Dämme! Euer Block ist gegen die Fünf!«

»So also läuft der Hase!« stöhnte der Barbier. Mit letzter Kraft lud er sein neuerworbenes Gewehr. Dann kroch er vorwärts und zielte auf das Fenster des hinkenden Schuhflickers. »Mir scheint, immer muß ich alles selber machen«, murmelte Hassidoff, als er auf den Hahn drückte.

Nach dem scharfen Knall der Flinte fiel das Dorf in eine verhältnismäßige Stille, und nur das hartnäckige Rauschen des Regens war zu hören. Aus dem Kuhstall kamen gelegentlich kräftige Fußtritte und wütendes Fäustehämmern gegen die Eisentür.

»Ruhe, Schmarotzer!« heulte Hassidoff. »Wir sind im Kriegszustand! Wir haben in den letzten Tagen auch nicht gegessen!« Dann drehte er sich um und beklagte sich bei seiner Frau: »Er tut nichts, als sich vollstopfen, wie Shimshon Groidiss! Wozu brauchen wir ihn?«

Auch die Frau war einem Zusammenbruch nahe, aber sie zwang sich, weiterzuarbeiten, ›nur um es diesem hinkenden Gurewitsch zu zeigen‹. Sie wies auf die Sandsäcke, die der hinkende Schuhflicker in sein Fenster gelegt hatte, und Hassidoff stöhnte sarkastisch in sein Mikrofon:

»Großer tapferer Brunnenblock! Verstecke dich nur hinter deinen Sandsäcken! Die Hand der Säule wird dich doch erreichen!«

Peng! Die Kerosinlampe oben verschied unter tausend Scherben.

»Huligane!« heulte Hassidoff, als er sich auf den Fußboden warf. »Wir müssen sofort Sandsäcke haben, um die Fenster zu blockieren. Inzwischen antwortest du ihnen, Weib!«

»Nur der Barbier handelt in Dämmen«, flüsterte das Heldenweib, als es mit fest geschlossenen Augen regungslos auf dem kalten Fußboden lag. »Der Barbier bewacht die Dämme!

Damm! Verdammt! Stimmt für Salman! Euer Block – Brunnen ...«

»Der Schuhflicker leitet die Dämme«, hustete Zemach mit ständig schwächer werdender Stimme. »Der hinkende Schuhflicker rettet das Dorf ... der fünfte Damm ...«

Der reißende Strom tobte wütend auf Kimmelquell herunter, als hätte sich der Ozean erhoben, um das Dorf zu verschlingen. Das Regenwasser, das den Wadi bis zum Überfließen anschwellen ließ, hatte die zerbröckelnden Erddämme untergraben, und an diesem stürmischen Morgen kam der Gebirgsstrom vom Flußberg in einer riesigen Welle heruntergestürzt und überflutete Kimmelquell blitzschnell. Die wütenden Gewässer zogen auf ihrem grausam mörderischen Weg über das Dorf hinweg und ergossen sich wild ins Tal.

Dulnikkers Zelle wurde erschreckend schnell überflutet, so daß der Staatsmann meinte, die Gewalten der Hölle seien gegen ihn losgelassen. Er ging wassertretend zur Tür, begann mit beiden Fäusten auf sie einzuhämmern und brüllte dabei gräßlich. Der Barbier sperrte die Tür auf, und auch er stand da, sah aus wie ein Mann, der des Bildes seines Schöpfers beraubt worden war, und jammerte mit rollenden Augen:

»Herr Ingenieur, tun Sie etwas. Sie haben überall gute Verbindungen, Herr Ingenieur. Bitte, Herr Ingenieur, helfen Sie uns nur noch dieses eine Mal. Es ist alles die Schuld des hinkenden Schusters. Es hat mich ganz durcheinandergebracht ...«

Eine Mauer an der Vorderseite des Hauses brach mit ohrenbetäubendem Lärm zusammen. Der Barbier drehte sich um und rannte grauenhaft heulend davon. Dulnikker im Pyjama folgte ihm und bahnte sich einen Weg durch die muhenden Kühe, die entsetzt und verwirrt herumrannten. Der Staatsmann stürzte in das Haus des Barbiers, gegen Wellen ankämpfend, als er versuchte, ein Fenster zu erreichen. Hinter sich konnte er das schrecklich apathische Summen des Kerosinmotors hören.

Gerade da brachen die Erddämme an vielen Stellen gleichzeitig und gaben der Sintflut den Weg frei. Über das Dorf kam eine Sturzwelle herab und zerstörte alles in ihrem Weg. Sie zerrte dicke Äste, Möbel, Tiere mit, und der Regen verbarg alles hinter einer Wand aus dichten Wasserschleiern. Dulnikker sank das Herz, als er die Schreckensszene überblickte, und er erschauerte. Aus irgendeinem Grund hatte er den Drang, in seine Kammer im Kuhstall zurückzukehren, aber in diesem Augenblick hörte er die Barbiersfrau schreien, und der ganze hintere Teil des Hauses brach zusammen.

Dulnikker kniete halb wahnsinnig auf dem Fensterbrett. Seine blutleeren Lippen murmelten Bruchstücke von Gebeten. Auf der Straße gegenüber brach das Haus des Schuhflickers mit einem schrecklichen Krach zusammen, und hinter den Trümmern von Gurewitschs Heim kam ein dreitüriger Kleiderschrank auf dem Wasser herausgeschwommen. Ein Mann in Lumpen klammerte sich ums liebe Leben an ihn. Mühsam zog er sich auf das schwimmende Möbel hoch, und als er am Haus des Barbiers vorbeischwamm, erblickte er den Ingenieur im Fenster knien.

»Dulnikker!« brüllte er. »Spring!«

Der Staatsmann konnte nicht schwimmen, daher hielt er sich zurück. Plötzlich aber brach die Wand zusammen, und instinktiv warf er sich vorwärts. Die rasende Strömung, die ihm bis ans Kinn reichte, zerrte ihn geradewegs zu dem improvisierten Floß, das sich an einer Linde verfangen hatte. Der Mann zog Dulnikker mit Hilfe seiner gelben Aktentasche zu sich herauf. Als sie schwindlig ins Tal getrieben wurden, streckte sich der Staatsmann bäuchlings auf dem Schrank aus und schaute auf die Ruinen des Dorfes zurück, das schnell hinter dem Vorhang des Wolkenbruchs verschwand. Entsetzte Kühe ertranken in der teuflischen Strömung rund um sie herum, und Menschen gingen unter, während sie etwas zum Anklammern suchten. Amitz Dulnikker hielt Zev schweigend umschlungen. Die Arme gegenseitig um die Schultern gelegt, trieben Meister und Sekretär auf dem großen Schrank in Richtung Tel Aviv.

Nicht weit von ihnen sah man die Spitzen von Holzmasten, die über das Gewässer hinausragten. Joskele Treibitschs Lichtmasten hatten das Dorf fast erreicht.

Satirisches von Ephraim Kishon

dtv

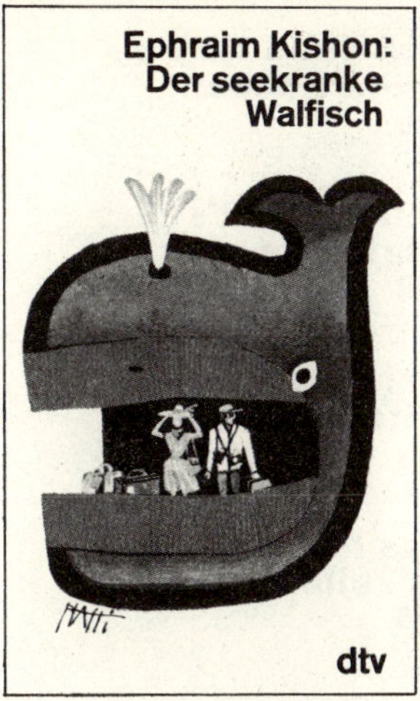

Drehn Sie sich um, Frau Lot!
192

Der seekranke Walfisch oder Ein Israeli auf Reisen
490

Wie unfair, David!
708

Pardon wir haben gewonnen
Mit Cartoons von Dosh
773

Der Fuchs im Hühnerstall
813

Nicht so laut vor Jericho
989

Der Blaumilchkanal
993

Salomos Urteil – zweite Instanz
1038

Kein Applaus für Podmanitzki
Mit Zeichnungen von Rudolf Angerer
1121